다니엘 세레쥐엘, 프레데릭 호뇽, 장 필립 카드리,
시몽 샤르보노, 롤랑 드 미예에게 감사드린다.
— 편집자

La nature du combat
: pour une révolution écologique

par
Bernard Charbonneau et Jacques Ellul
Paris, Éditions L'Échappée, 2021

Traduction en Coréen par **Sungheon Ahn**

Copyright © 2021. Éditions L'Échappée

Originally published in French in 2021 under the title :
La nature du combat : Pour une révolution écologique
by Bernard Charbonneau et Jacques Ellul
Published by Éditions L'ÉCHAPPÉE BELLE , 45 rue Marcel Largillière, 93100 Montreuil, France. This edition published by arrangement with Éditions l'Échappée and their duly appointed agent Agence Deborah Druba. All rights reserved

Used and translated by BIGONG, a division of Daejanggan Publisher Group.
Korean Edition Copyright © 2025, BIGONG Publisher, Nonsan, South Korea

투쟁의 본질
성장 신화와 기술 전체주의에 맞서는 생태혁명

지은이	베르나르 샤르보노, 자끄 엘륄
옮긴이	안 성 헌
초판발행	2025년 8월 1일
펴낸이	배용하
책임편집	배용하
등록	제2021-000004호
펴낸곳	도서출판 비공
	https://bigong.org	페이스북:평화책마을비공
등록한곳	충남 논산시 매죽헌로 1176번길 8-54
편집부	전화 041-742-1424 전송 0303-0959-1424
분류	생태	인격주의	농촌
ISBN	979-11-93272-39-8 03300

이 책은 한국어 저작권은 Éditions L'Échappée와 계약한 대장간에 있습니다.
이 책은 저작권법에 의해 보호를 받는 출판물입니다.

값 20,000원

투쟁의 본질

성장 신화와 기술 전체주의에 맞서는 생태혁명

베르나르 샤르보노, 자끄 엘륄 지음
안성헌 옮김

목/차

서 문 • 행동을 위한 사상…다니엘 세레쥐엘 ················· 15
머리말 • 베르나르 샤르보노와 자끄 엘륄: 21세기 급진 생태학의 원천들
  • 프레데릭 호뇽 ················· 21
  1. 전기 자료와 문헌 자료
  2. 적극적 참여와 저작 활동
  3. 오늘을 위한 사상
「콩바 나튀르」(1974-2004) • 피에르 티세 ················· 40
  '사람'과 '사람이 사는 환경'을 위하여

사상 교류

수렴: 우리가 염려하는 것들과 반항하는 것들 • 자끄 엘륄 ················· 47
공통 사상으로 하나 된 우리 • 베르나르 샤르보노 ················· 55
  1. 총력전의 결과
  2. 나치 전체주의의 승리
  3. 기술 진보의 값에 대한 문제 제기
  4. 실패를 통한 결론
  5. 기술 분석과 과학분석

대화

비능력의 길을 택하라 • 자끄 엘륄 ················· 75
  1. 제도에서 억압으로
  2. 자연 관리와 자연 사랑
  3. 유한성의 수용
  4. 비폭력을 넘어서
자연과 자유 • 베르나르 샤르보노 ················· 84
  1. 자연
  2. 자유
  3. 자연과 자유의 대립을 넘어서

대중 사회 • 자끄 엘륄 ································· 93
   1. 새로운 유형의 사회
   2. 결론: 생산력주의 논리에 대하여

생명 재생산 • 베르나르 샤르보노 ······················ 103
   1. 성(性)
   2. 가족
   3. 질문들

끝없는 성장 • 자끄 엘륄 ································· 112
   1. 생산과 소비의 세계화
   2. 생산력주의의 난관
   3. 해결 불가능한 현 상황

농촌을 구하자 • 베르나르 샤르보노 ···················· 121
   1. 농촌의 조화로운 다양성, 최초 농업 진보의 열매2
   2. 농업의 산업화
   3. 결론: 도시에서 유래한 생태 운동의 활용에 관하여

생태학의 정치화에 반대한다 • 자끄 엘륄 ············· 129
   1. 직업 전문성의 악순환
   2. 역량과 병풍
   3. 선결 조건: 정치 계급의 소멸

지역 사회를 보호하자 • 베르나르 샤르보노 ··········· 137
   1. 국가 중앙집권화
   2. 중심부 주도의 분권화
   3. 중앙집권화에 대한 반항
   4. 결론: 연방

위대한 국가의 이름으로 • 자끄 엘륄 ···················· 146
   1. 국가들의 담론과 '전선에 선 빈자'(PCDF)의 담론
   2. 이웃과 어울려 사는 법을 익혀라.

전면전 • 베르나르 샤르보노 ····························· 153
   1. 전쟁
   2. 전쟁의 진보
   3. 절대 전쟁
   4. 결론

구경꾼이 된 사람 • 자끄 엘륄 ⋯⋯⋯⋯⋯⋯⋯⋯⋯⋯⋯⋯⋯⋯⋯⋯⋯⋯ 162
    1. 빠르게 오가는 정보
    2. 기술의 현혹에 맞서 시간을 되찾자

시공간 파괴 • 베르나르 샤르보노 ⋯⋯⋯⋯⋯⋯⋯⋯⋯⋯⋯⋯⋯⋯⋯⋯ 168
    1. 소비와 공간 파괴
    2. 공간 조직

기술에 종속된 예술 • 자끄 엘륄 ⋯⋯⋯⋯⋯⋯⋯⋯⋯⋯⋯⋯⋯⋯⋯⋯⋯ 175
    1. 실천과 담론
    2. 기술과의 관계
    3. 영원한 예술
    4. 소박함과 개별 창작

정신의 획일화 • 베르나르 샤르보노 ⋯⋯⋯⋯⋯⋯⋯⋯⋯⋯⋯⋯⋯⋯⋯ 184
    1. 집단과 집중화
    2. 교육의 종말과 다양한 대중문화의 종말
    3. 교육과 대중문화가 치러야 할 값
    4. 교육과 문화의 탈(脫)대중화

기술과학의 무질서 • 자끄 엘륄 ⋯⋯⋯⋯⋯⋯⋯⋯⋯⋯⋯⋯⋯⋯⋯⋯⋯ 194
    1. 부조리의 작동
    2. '무질서'에서 '강요'로
    3. '가능한 것'보다 '합리적인 것'을 우선시하자.

폭발적 진보 • 베르나르 샤르보노 ⋯⋯⋯⋯⋯⋯⋯⋯⋯⋯⋯⋯⋯⋯⋯⋯ 201
    1. 조직의 시대는 불안과 혼란의 시대다.
    2. 사회의 위기
    3. 변화에 대한 가치 부여와 변화에 대한 거부

끔찍한 기계 • 베르나르 샤르보노 ⋯⋯⋯⋯⋯⋯⋯⋯⋯⋯⋯⋯⋯⋯⋯⋯ 210
    1. 우리 시공간의 붕괴
    2. 자유정신의 문제

과학의 비신격화 • 자끄 엘륄 ⋯⋯⋯⋯⋯⋯⋯⋯⋯⋯⋯⋯⋯⋯⋯⋯⋯⋯ 215
    1. 모든 결과를 고려하기는 불가능하다.
    2. 과학 사기극의 증가

멋진 신세계를 향하여 • 베르나르 샤르보노 ⋯⋯⋯⋯⋯⋯⋯⋯⋯⋯⋯ 225
    1. 원자 폭탄 이후 유전자 폭탄
    2. 상상할 수 없는 일
    3. 선악 저편에 있는 과학적 추상

근본 이익에 관하여 • 자끄 엘륄 ⋯⋯⋯⋯⋯⋯⋯⋯⋯⋯⋯⋯⋯⋯⋯ 234
    1. 일반 이익은 없다.
    2. 사익과 공익의 혼합
    3. 생태학을 특정 이데올로기로 만들지 말자.

생태학은 우파도, 좌파도 아니다 • 베르나르 샤르보노 ⋯⋯⋯⋯⋯⋯ 242
    1. 우파란 무엇인가? 좌파란 무엇인가?
    2. 우파는 어디에서 좌파가 되고, 좌파는 어디에서 우파가 되는가?
    3. 우파이면서 좌파인 생태 운동

결론: 몇 가지 논의 주제 • 자끄 엘륄 ⋯⋯⋯⋯⋯⋯⋯⋯⋯⋯⋯⋯⋯ 252
    1. 생태 운동은 종종 자발적이다.
    2. 이론의 시급성
    3. 사회 전반 문제와 관련된 생태학
    4. 생태 운동의 동기를 갱신하라.
    5. 소소한 활동: 일상에서 투쟁하라.
    6. 행동의 여정을 떠나야 할 시간

생태 운동의 존재 이유 • 베르나르 샤르보노 ⋯⋯⋯⋯⋯⋯⋯⋯⋯ 259
    1. 총체적 과학과 세계 국가
    2. 무엇을 할 것인가? 해법은 무엇인가?

반등

철저한 생태학을 위하여 • 자끄 엘륄 ⋯⋯⋯⋯⋯⋯⋯⋯⋯⋯⋯⋯⋯ 265
    1. 냉정하게 말하겠다.
    2. 더 철저해야 한다.
    3. 도시화야말로 걸림돌이다.

옮긴이 후기 ⋯⋯⋯⋯⋯⋯⋯⋯⋯⋯⋯⋯⋯⋯⋯⋯⋯⋯⋯⋯⋯⋯⋯ 273

세계적으로 사고하고 지역적으로 연대하라

서문 • 행동을 위한 사상

다니엘 세레쥐엘[1]

보르도 출신의 두 사상가 베르나르 샤르보노1910-1996와 자끄 엘륄1912-1994은 고교 재학 시절인 1927년에 처음 만났다. 두 사람은 산업, 기술, 국가의 발전 가속화가 인간의 자유를 위협한다고 확신했다. 이러한 공통점을 확인하는 데, 오랜 시간이 걸리지 않았다. 둘의 모든 사상과 행동은 바로 여기에서 출발한다. 두 사람에게 '자유'가 중요했다. 자유는 일상의 활동에서 구체적으로 나타나야 하고, 개인의 체험과 맞닿아야 한다. 그러나 두 사람은 '자유에의 외침'과 대립된 '산업 사회와 기술 사회의 비인간적 구조와 모순'도 체험한다. 샤르보노는 엘륄과의 관계를 "공통 사상으로 하나 된 우리"라고 표현했다. 뜻을 모은 두 사람은 스스로 '혁명 행동'이라 칭했던 사회 참여 활동에 적극 나선다. 1935년, 당시 25세였던 샤르보노와 23세였던 엘륄은 「인격주의 선언을 위한 강령」*Directives pour un*

---

[1] 프랑스의 철학자이자 사회학자다. 자끄 엘륄의 제자였으며, 베르나르 샤르보노 전문가다. 『기술과 신체』(*La Technique et la chair*, Paris, L'Échappée, 2021)와 『베르나르 샤르보노: 기하급수적 개발에 대한 비판』(*Bernard Charbonneau ou la Critique du développement exponentiel*, Neuvy-en-Champagne Le Passager clandestin, 2018)을 썼다.

*manifeste personnaliste*2을 작성한다. 가스코뉴3 지방 출신의 두 청년은 총 83개 항목으로 강령을 구성했으며, 각 항목은 산업 지배, 기술 지배, 국가 지배로 점철된 당대 문명의 난맥상을 마치 예언자와 같은 목소리로 진단한다. 이 강령은 오늘날 탈성장la décroissance과 같은 개념이라 할 수 있는 "절제된 도시"une cité ascétique, 즉 "사람답게 살 수 있는 검소한 도시"를 위해 투쟁하자고 호소한다. 두 사람의 결론은 다음과 같다. "도래할 혁명에서 일정한 역할을 할 수 있으리라 생각하는 사람이라면 누구나, 우리를 죽음으로 몰아가야만 지속될 수 있을 현 문명에 맞서 싸울 준비가 된 사람일 것이다. 이들이 우리의 든든한 우군이다." 우리는 여기에서 프랑스 정치생태학의 초석을 확인한다.

둘의 우정은 70년 가까이 지속됐다. 본서의 머리말에서 프레데릭 호눙은 그것을 단계별로 추적한다. 그는 "보르도"의 정치생태학 "학파"를 일군 두 사람의 다양한 서적에서 전개된 예언자적이면서도 폭넓은 분석을 명료하게 제시한다.4 덧붙여, 호눙은 '자유를 향한 사상'으로 하나가 된 샤르보노와 엘륄이 구체적인 실천과 행동에서도 어떻게 하나가 될 수 있었는지를 보여준다. 1970년대 프랑스는 전문 관료층technocrates의 주도로 관광 대중화 개발 계획을 추진했고, 이 과정

---

2) 다음 자료를 참고하라. Bernard Charbonneau et Jacques Ellul, 《Directives pour un manifeste personnaliste》, in *Nous sommes révolutionnaire malgré nous. Textes pionniers de l'écologie politique*, Paris, Éditions du Seuil, 2014, p. 47 - 80. [국역] 베르나르 샤르보노 자끄 엘륄, 「인격주의 선언을 위한 강령」, 『생태 감수성의 혁명적 힘: 인격주의, 자연 감성, 기술 비판』, 안성헌 옮김, 논산: 도서출판 비공, 2021, 55-66쪽.
3) [역주] 샤르보노와 엘륄 연구자들은 둘을 '보르도 사람' 혹은 '가스코뉴 사람'이라고 칭하는 경우가 많다. 보르도는 도시 이름이고, 가스코뉴는 보르도가 속한 광역권 이름이다.
4) 이 주제에 관해 다음 자료를 참고하라. Christian Roy, 《Ecological Personalism: The Bordeaux School of Bernard Charbonneau and Jacques Ellul》, in *Ethical Perspectives*, 1999.

에서 아키텐 지역 해안 개발 계획을 발표했다. 이 때, 샤르보노와 엘륄은 '아키텐 해안보호협회'를 결성해 반대 투쟁을 전개했다. 이 운동은 두 사람의 일치된 실천 활동을 보여주는 대표 사례다. 두 사람은 지성 분야에서도 투쟁을 이어 나갔다. 지금의 대학교 여름 계절 학기와 같은 방식으로 생태 환경에 관해 깊이 생각하는 '캠프'를 열었고, 여러 논문을 작성했으며, 강연장의 연사로 섰다.

1983년에서 1985년 사이에 알랭 드 스바르트Alain de Swarte의 요청으로 두 사람은 공동 집필을 재개한다. 알랭 드 스바르트는 석 달 마다 발간되는 생태주의 계간지 「콩바 나튀르」Combat Nature의 편집장이다. 「인격주의 선언을 위한 강령」1935을 작성한 지 근 50년이 지난 후, 두 사람은 공저 형식으로 글을 쓴다. 물론 단행본 집필이 아닌, 사설社說 형태의 집필이었다. 「콩바 나튀르」는 11회 연속 간행물로 두 사람의 글을 게재한다. 그러나 이 글은 단행본으로 보아도 손색이 없을 정도로 통일성과 일관성을 보였다. 총 22개의 장으로 구성된 이 책은 두 사람의 글을 교차 수록했으며, 각 장마다 저자 고유의 관점을 담았다. 예컨대, 개신교 역사가로서의 엘륄의 관점과 불가지론 입장의 지리학자이자 역사가로서의 샤르보노의 관점이 각각의 글에 고스란히 녹아 있다.

이름에서 명확하게 드러나듯, 생태 잡지 「콩바 나튀르」즉, "투쟁 본질"는 기술과 산업의 폭주로 인한 환경 파괴에 저항하기로 결심한 대중에게 호소한다. 샤르보노와 엘륄은 지역 활동의 필요를 제기하는 데 그치지 않고, 이를 넘어 지역 단위에서 이뤄지는 활동의 필요성을 강조했고, 이러한 활동을 운동의 출발점으로 삼았다. 그러나 한 걸음 더 나아가, 두 사람은 문명의 변혁을 촉진해야 한다고 외쳤다. 문명 변혁의 길을 밝히기 위해, 둘은 교육 활동에 매진했다. 둘은 지역 활동가와 대중의 방향에 맞게 글을 작성한다. 작성된 글은 행동의 의미를 확실히 드러내기 위해, 이론과 실천의 결합을 지향한다. 둘의 기고문은 횡설수설하지 않고, 독자의 이해를 방해하는 은어를 남발하지도 않았다. 어조는 분명하며, 행동에 필요한 시각을 잃지 않는다. 이처럼 두 사람의 글은 행동의 방향을 설정하고 우선 사항을 고르기 위해, 정치생태학의 영점을 재조정해야 한다고 강조한다. 샤르보노와 엘륄은 지난 40년 동안 기술 문명으로 인해 발생하는 위기에 관한 연구와 성찰을 종합하는 작업을 추진했다. 일반적인 행동과 적극적이고 과격한 행동주의 앞에 걸림돌이 있다. 두 사상가는 걸림돌의 정체를 간파하고, 다음 두 가지 시도에 맞서라고 경고한다. 왜냐면 활동가에게 그 두 가지 시도는 끝없는 유혹과 같기 때문이다. 첫째, 정치권력의 유혹을 경계해야 한다. 이 분야에 섣부르게 발 담그지 말아야 한다. 둘째, "녹색" 기술 발전이나 "녹색" 산업 발전으로 도피하자는 유혹을 경계해야 한다.

　40년이 흘렀다. 그럼에도, 본서에 수록된 두 사람의 글은 어느 것 하나 현실성을 잃지 않았다. 우리는 본서의 발간을 결심한 '레샤페'L'échappée 출판사 측에 감사할 따름이다. 본서의 발간으로 많은 사람이 정치생태학에 더 관심을 가지리라 생각한다. 샤르보노의 『산업전체주의』*Le Totalitarisme industriel*[5]와 엘륄의 『무의미의 제국』*L'Empire du non-sens*[6]이 출간된 후, 본서가 사상의 맥을 이어줬다고 할 수 있다. 본

---

5) [역주] Bernard Charbonneau, *Le Totalitarisme industriel*, Paris, L'Échappé, 2019.

6) [역주] Jacques Ellul, *L'Empire du non‑sens. L'art et la société technicienne*, Paris,

서의 독자는 샤르보노와 엘륄의 사상을 더 완벽하고 세밀하게 볼 수 있는 시각을 얻을 것이다. 독자의 그러한 시각 확보를 위해, 우리는 생태학과 정치의 관계를 다룬 글이면서 「콩바 나튀르」에 실린 엘륄의 논문을 맨 마지막에 부록으로 추가했다.

본서에 수록된 샤르보노와 엘륄의 글은 독자에게 현실 과제를 사유하는 데 필요한 관점을 선사할 것이다. 또 관점의 전달과 별개로, 청소년기 말부터 사망할 때까지 이어진 두 사람의 우정과 지적 동행을 감동적으로 증언해 줄 것이다. 샤르보노와 엘륄은 타고난 기질도 달랐고, 정신적 지향점, 즉 '영성'도 달랐다. 그러나 둘의 사상 공동체는 결코 모순되지 않았다. 「인격주의 선언을 위한 강령」을 읽은 독자라면 두 친구가 어느 지점에서 서로의 직관적 사유와 근본 가치를 굳게 신뢰하는지를 알 수 있을 것이다. 따라서 본서는 원숙기에 접어든 두 사람이 서로를 회고하며 작성한 두 편의 글도 포함할 필요가 있다고 봤다. 엘륄은 1985년에 평소 매우 신뢰했던 지역 계간지 「서남부 지역 연구지」*Cahiers du SudOuest*에 「베르나르 샤르보노 사상 입문」*Introduction à la pensée de Bernard Charbonneau*을 기고했다. 엘륄이 사망한 1994년, 샤르보노는 엘륄 사망 이틀 뒤에 「신앙과 삶」*Foi et Vie*, 「콩바 나튀르」에 평생 친구에게 헌정하는 글을 싣는다. 제목은 「같은 생각으로 한 몸처럼」 *Unis par une pensée commune*이었다.

마지막으로, 지면을 빌어 엘리자베타 리베트Elisabetta Ribet[7]에게 감사의 말을 전한다. 지금껏 잊고 살았던 귀중한 보물을 볼 수 있도록 한

L'Échappée, 2021[1980]. [국역] 자끄 엘륄, 『무의미의 제국: 예술과 기술 사회』, 하태환 옮김, 논산: 도서출판 대장간, 2013.

7) [역주] 이탈리아의 엘륄 연구자다. 엘륄의 『선전』(*Propagande*)을 이탈리아어로 옮겼다.

주역이며, 샤르보노와 엘륄의 논문을 최초로 수집하는 작업에 수고를 아끼지 않았다. 또 본서 출간을 맡은 레샤페 출판사의 편집장 피에르 티세Pierre Thisset에게도 감사의 말을 전한다. 그의 인내와 섬세한 작업 덕에 흩어져 있던 글이 훌륭한 책으로 태어날 수 있었다.

머리말 • 베르나르 샤르보노와 자끄 엘륄
: 21세기 급진8 생태학의 원천들

프레데릭 호농9

베르나르 샤르보노1910-1996와 자끄 엘륄1912-1994은 20세기를 거의 통째로 살았다고 해도 과언이 아닌 인물들이다. 20세기는 소망, 기만, 망상으로 점철된 세기였다. 두 사람은, 샤르보노가 "대격변"la grande mue이라 불렀던 당대 현실의 증인이다. 농촌과 생활양식의 전례 없던 변화를 가리키는 이 표현이 뜻하는 바, 우리는 더 이상 선조들이 살았던 세계와 같은 곳에서 살 수 없다. 전쟁, 전체주의, 민주주의에

---

8) [역주] '급진'(radical)이라는 표현은 "뿌리"(racine)와 어원이 같다. 다시 말해, 뿌리까지 파고 들어가는 변혁을 가리킨다. 샤르보노와 엘륄은 정책 몇 개 바꾸는 형태의 변혁은 변죽만 울릴 뿐, 생활에 아무런 변화를 일으키지 못한다고 선을 긋는다. 이들의 생태 혁명은 기존의 문명과 질서 자체를 전복하는 대대적인 혁명이다. 오염된 의식부터 바뀌어야 하며, 강압과 규제에 따른 제한이 아닌 자율성을 바탕으로 한 자기 절제를 이야기한다. 이러한 방식은 "뿌리까지 재검토하고 변혁"하는 생태 혁명을 추구한다는 점에서 '급진적'이면서 동시에 '근본적'이다. 역자는 변혁의 시급함에 방점을 찍어 "급진"이라는 용어를 택했으나 "근본"이라는 용어도 함축됐음을 기억하라.

9) 프랑스 스트라스부르대학교 개신교신학과의 철학 교수이며, 쇠렌 키르케고르와 자끄 엘륄 전문가다. 주요 저작은 다음과 같다. 『자끄 엘륄: 대화의 사상』, 임형권 옮김, 논산: 도서출판 대장간, 2009. *Générations Ellul. Soixante héritiers de la pensée de Jacques Ellul*, vol. 1, Genève, Labor et Fides, 2012; *Générations Ellul. Soixante héritiers de la pensée de Jacques Ellul*, vol. 2, Genève, Labor et Fides, 2022; *Le Défi de la non‑puissance. L'écologie de Jacques Ellul et Bernard Charbonneau*, Lyon, Olivétan, 2020. 본서에 수록된 논문의 출처는 다음과 같다. Frédéric Rognon, 《Bernard Charbonneau et Jacques Ellul. Aux sources de l'écologie radicale du XXIe siècle》, dans la revue *Écologie&politique*, no 44, 2012, p. 67‑76.

대한 착각 등으로 인해 자유는 후퇴했고, 우리 행성은 망가질 대로 망가졌다. 샤르보노와 엘륄에 따르면, 이러한 자유의 후퇴와 행성의 파괴는 서로 긴밀하게 연결된 사건이다. 다시 말해, 두 흐름은 '인간을 더 고귀하게 만드는 것'과 '인간을 인간답게 만드는 것'에 대한 동시 공격이다.

프랑스어권에서는 베르나르 샤르보노와 자끄 엘륄을 정치생태학의 선구자로 여긴다. 그럼에도, 두 사람은 여전히 잘 알려진 인물이 아니다. 흔히 르네 뒤몽, 앙드레 고르스, 세르주 모스코비치, 이반 일리치, 피에르 푸르니에, 드니 드 루즈몽이 인용되지만, 엘륄과 샤르보노의 정치생태학은 시기상으로도 이들보다 앞선다. 샤르보노는 1937년에 「자연 감성, 혁명적 힘」*Le sentiment de la nature, force révolutionnaire*10)이라는 논문을 작성한다. 뒤에서 다시 다루겠지만, 이 논문은 프랑스 생태학의 '출생증명서' l'acte de naissance다. 물론, 현대적 의미의 생태학에서 볼 경우에 그렇다는 말이다. 시대를 거슬러 올라가면, 루소와 같은 인물도 있고, 생태학의 설립자라 할 수 있을만한 또 다른 선조를 충분히 찾을 수 있다. 또 역설적으로, 명민함과 정확한 예측 능력을 동반한 '선구자의 외침' l'antériorité으로 인해, 두 사람은 20세기 인물이면서 21세기 사상가가 된다. 폭넓은 영역에서 재발견될 가치가 충분하다는 평을 받아도 될 정도로, 샤르보노와 엘륄은 현재 우리가 처한 상황을 이해하기 위해 필요한 등대燈臺와 같은 인물들이다.

두 사람의 저작과 생태학 성찰에 관한 공헌을 소개하기 전에, 둘

---

10) [역주] 국내 번역본으로 다음 자료를 참고하라. 베르나르 샤르보노, 자끄 엘륄, 「자연 감성, 혁명적 힘」, 『생태 감수성의 혁명적 힘: 인격주의, 자연 감성, 기술 비판』, 앞의 책, 135-218쪽.

의 생애와 저작에 관련된 몇 가지 내용을 확인하도록 하자.[11]

1. 전기 자료와 문헌 자료

베르나르 샤르보노와 자끄 엘륄은 보르도에서 성장했다. 둘은 1927년에 고등학교 야외 의자에서 처음 만났다. 둘의 깊은 우정은 근 70년 동안 지속됐다. 샤르보노와 엘륄은 1934년에서 1937년까지 인격주의 운동에 투신한다. 에마뉘엘 무니에Emmanuel Mounier가 잡지 「에스프리」*Esprit*를 중심으로 추진했던 이 운동에 가담한 두 사람은 프랑스 서남부 지역에 소규모 집단을 결성해 활발한 활동을 이어간다. 그러나 둘은 얼마 지나지 않아 무니에와 결별한다. 인격주의 운동의 토대와 전략에서 무니에 일파와 대립했기 때문이다. 무니에를 필두로 한 「에스프리」 운동은 '순수 지성 운동'이었고, '파리중심주의'를 표방했다. 그에 반해, 샤르보노와 엘륄은 지역마다 혁명의 소명을 가진 다양한 집단의 탄력적인 연맹체fédération[12] 결성을 꾀했다. 이들에게 유의미한 혁명은 일상에서 나타나는 생활양식의 근본 변혁이었다.[13]

지역에 깊이 뿌리내리고, 본 고장을 숙고한 두 사람은 서남부 지

---

11) 베르나르 샤르보노와 자끄 엘륄의 생애와 사상에 대한 상세한 소개와 관련해, 다음 자료들을 참고하라. Daniel Cérézuelle, *Écologie et Liberté. Bernard Charbonneau, précurseur de l'écologie politique*, Lyon, Parangon/Vs, 2006; Frédéric Rognon, *Jacques Ellul. Une pensée en dialogue*, Genève, Labor et Fides, 2007.(『자끄 엘륄, 대화의 사상』, 대장간 역간)

12) [역주] 샤르보노와 엘륄은 지방의 인격주의 운동을 중심부(파리)의 하위 지부 취급하는 무니에의 운동 방식을 거부하고, 각각의 운동 단체들이 자기 지역의 특수성을 살리면서 수평 연대할 수 있는 '연방제' 운동을 추진하려 했다. 이는 아나키스트 프루동의 연방주의(un fédéralisme de Proudhon) 사상과 공명한다.

13) Christian Roy, ≪Aux sources de l'écologie politique. Le personnalisme "gascon" de Bernard Charbonneau et Jacques Ellul≫, *Annales canadiennes d'histoire*, vol. XXVII, avril 1992, p. 67 - 100. 이 논문은 단행본으로 재출간됐다. Christian Roy, *Aux sources de l'écologie politique. Le personnalisme "gascon" de Bernard Charbonneau et Jacques Ellul*, Paris, Éditions R&N, 2025.

역에 계속 머문다. 베르나르 샤르보노는 역사와 지리를 가르칠 수 있는 교원자격증을 얻었고, 프랑스 서남부의 도시 '포'Pau에 있는 고등사범학교에서 가르쳤다. 그는 평생 파리와 동떨어진 삶을 살았다. 자끄 엘륄은 16세에 학사 자격증을 취득하고, 24세에 법학박사 학위를 받고, 31세에 교원자격증을 얻는다. 몽펠리에, 스트라스부르, 클레르몽페랑에서 교직 생활을 잇다가 1944년에서 1980년까지 보르도대학교 법학과에서 교수로 재직했다. 또 이 대학의 정치연구소에서도 강의했다. 엘륄의 생애에서 기억해 둬야 할 부분이 또 있다. 그는 1940년에 비시 정부의 수장인 페탱 원수를 비판했다는 이유로 교수직에서 해임된다. 2차 대전 기간 동안 가족을 부양하기 위해 지롱드 지역의 작은 마을인 마르트르Martres에서 농부로 살았고, 대독對獨 저항 운동인 '레지스탕스'에 가담한다.

두 사람은 환경 보호를 위해 지역에서 벌어진 다양한 투쟁에 참여했다. 특히 1970년대 아키텐 해안가 "정비"와 "개발"콘크리트 건설을 꾀했던 '파라오 기획'projet pharaotique14에 반대하는 운동에 참여했다. 두 사람은 제2의 코트다쥐르15 건설의 결과를 사람들에게 알리기 위해 해안 정비와 개발에 관계된 마을마다 조직체를 건설했다. 운동은 성과가 있었다. 두 사람은 가론 강어귀의 핵발전소 건설을 비롯해 여러 투쟁에 참여했다. 다만, 이 투쟁의 두드러진 열매를 거두지는 못했다. 자끄 엘륄은 건설에 반대하고 굴복하지 않은 동지들의 재판에 수차례 증인으로 출석했다. 엘륄의 참여와 활동은 사회 분야와 교회 분야

---

14) [역주] 고대 이집트의 파라오가 대(大)공역을 펼쳤던 일을 빗댄 표현이다.
15) [역주] 프랑스 남부 지중해 연안의 지역이다. 니스, 칸, 앙티브 등의 대표적인 휴양 도시들이 즐비하다.

를 가로질렀다. 그는 1957년에 프랑스에서 거의 최초로 비행 청소년 예방 클럽을 창설했다. 이후 1973년까지 대표직을 맡았다.16 그는 프랑스 개혁교회의 전국 회의입법부와 전국 위원회실행 위원의 일원이었다. 그의 방향은 항상 시대의 주류를 거슬렀고, "개신교계의 소수파 안에서도 소수"였다.

베르나르 샤르보노와 자끄 엘륄은 이 기간 동안 허물없는 대화를 잇는다. 둘은 상호 존중과 경쟁심을 바탕으로 진한 지적 우정을 나눴다. 평행선을 긋는 것 같은 두 사람의 작업은 이러한 지적 우정을 통해 서로를 수정해주는 결과로 이어지기도 했다. 자끄 엘륄은 친구에 대한 지적, 정신적 빚을 다음과 같이 명확히 인정한다. "샤르보노는 제게 사유하는 법을 가르쳐 줬습니다. 그는 내게 자유인으로 존재하는 법을 알려줬지요. […] 샤르보노는 도시 사람인 저를 자연으로 인도했고, 자연을 발견할 수 있도록 도왔던 친구입니다."17 "샤르보노는 내 연구와 성찰의 방향을 설정하는 데 결정적인 영향을 미쳤습니다. 어떻게 보면, 제 지적 발전의 빗장을 풀어준 당사자가 샤르보노였지요. 그가 없었다면, 아마도 저는 어떤 것도 발견하지 못했을 겁니다. 이 시대에 중요한 작업을 추진하기 어려웠을 겁니다!"18 "베르나르는 제 지적 생활과 인격의 발달에도 큰 영향을 줬습니다. 그가 결정 요소였지요. 어떤 분야든 쉽게 양도하지 않았던 샤르보노는 제 도덕적 요구, 비타

---

16) Jacques Ellul, *Jeunesse délinquante. Des blousons noirs aux hippies. Une expérience en province*(avec Yves Charrier, 1971), Paris, Éditions de l'Arefppi, 1984; *Déviances et déviants dans notre société intolérante*, Toulouse, Érès, 1992.

17) Patrick Chastenet, *Entretiens avec Jacques Ellul*, Paris, La Table Ronde, 2014 [1994], p. 126.

18) Jacques Ellul, *À temps et à contretemps. Entretiens avec Madeleine Garrigou-Lagrange*, Paris, Éditions R&N, 2021[1981], p. 44.

협성, 엄밀함 등에 영향을 끼쳤습니다."[19] "그가 없었다면, 저는 분명 존재하지 않았을 겁니다."[20] 베르나르 샤르보노는 한 술 더 뜬다. "엘륄과 만나서 난 완전한 절망에서 벗어날 수 있었어요."[21]

자끄 엘륄과 베르나르 샤르보노는 생애 내내 일종의 사상 연합체를 형성했다. 두 사람의 사상은 매우 가까웠다. 그러나 둘은 양보 없는 사상 대결을 펼치기도 했다. 수십 년 동안 우정을 나눈 두 사람의 관계는 서로를 깊이 이해하도록 했지만, 한 편으로는 상대에 대한 비판적인 생각을 갖도록 했다. 어떻게 보면, 비대칭 상황에서 나오는 풍요일 수 있다. 또 두 사람의 우정은 각자 개성이 묻어나는 고유한 사상을 정교하게 다듬는 작업에도 일조한다. 논쟁의 진원지는 기독교 신앙에 관련된 주제였다. 기독교 신앙에 관해 논할 때, 두 사람 사이에는 생생하면서도 유익한 긴장이 흘렀다. 베르나르 샤르보노는 "기독교 시대 이후"의 불가지론자를 자처했다. 그는 예수의 깊은 영성은 인정했으나 예수의 신성, 동정녀 탄생기적, 부활을 믿지 않았다. 그가 인간의 유한성을 지지하는 근거는 이 세계 너머의 내세에 대한 소망의 부재였다. 샤르보노에게 인간의 유한성은 결코 반박할 수 없는 요소이자 인간 실존의 비극적 특징이다. 기독교의 배반, 즉 그리스도인들이 죄인으로 출두해야 하는 상황 앞에서 베르나르 샤르보노는 반기독교적 입장, 즉 자끄 엘륄이 격한 어조로 반기독교적이라고 평가했던 입장에 있는 사람들을 두둔하곤 했다.[22] 엘륄은 다음과 같이 증언한다. "그

---

19) Ibid., p. 46.
20) Ibid., p. 45.
21) 약혼자 앙리에트에게 샤르보노가 보낸 편지(1936년).
22) Jacques Ellul, *À temps et à contretemps, op. cit.*, p. 43, 48.

와 만날 때마다 저는 그리스도인들의 법정 판결(단지 교회의 판결이 아닌)의 고통을 감내해야 했습니다."[23] 일말의 양보도 없고, 가장 확신했던 부분마저 곱씹고 또 곱씹어 보게 했던 날선 비판과 마주한 자끄 엘륄은 기독교 전통과 자신의 관계를 더 세밀하게 다듬고 심화시키려 애쓰는 모습을 발견한다. 그러나 베르나르 샤르보노 역시 엘륄의 변론에 따라 자기 입장을 조정하고, 주장을 개선할 수밖에 없었던 것으로 보인다.

두 저자는 방대한 저술 작업을 폈다. 현재 발간된 단행본만 보더라도 자끄 엘륄은 58권, 베르나르 샤르보노는 24권에 달한다. 또 두 사람의 이름으로 작성된 논문들은 족히 100편이 넘는다. 둘의 문체는 사뭇 달랐다. 엘륄은 대학에서 통용되는 논리와 논증에 기초한 문체를 구사했고, 샤르보노는 매우 목가적이고 개인적인 문체를 사용했다. 두 친구는 다음과 같은 과제를 공유했다. 베르나르 샤르보노는 국가[24], 여가 사회[25], 환경 훼손[26], 개발 비판[27], 생태 운동에 대한 자아비

---

23) Ibid., p. 44.

24) Bernard Charbonneau, *L'État*, Paris, Economica, 1999 [1949].

25) Bernard Charbonneau, *Dimanche et lundi*, Paris, Denoël, 1966; *L'Hommauto*, Paris, Denoël, 2003 [1967].

26) Bernard Charbonneau, *Le Jardin de Babylone*, Saint‐Front‐sur‐Nizonne, Éditions de l'Encyclopédie des nuisances, 2002[1969]; *La Fin du paysage*(avec Maurice Bardet), Paris, Anthropos, 1972; *Tristes Campagnes*, Paris, L'échappé, 2023[1973]; *Notre Table rase*, Paris, Denoël, 1974; *Sauver nos régions. Écologie, régionalisme et sociétés locales*, Lyon, Sang de la Terre, 1991; *Finis Terrae*, À plus d'un titre éditions, 2010.

27) Bernard Charbonneau, *Le Système et le Chaos. Critique du développement exponentiel*, Paris, Economica, 1990[1973]; Sang de la Terre(Lyon), 2012; Éditions R&N(Paris), 2023.

판[28]에 전념했고, 자끄 엘륄은 기술 현상[29]과 사회 전 분야에 미치는 기술 현상의 의미[30]를 분석했다. 그러나 엘륄의 저작은 변증법적 방식으로 구성됐다. 신학과 윤리 관련 저작[31]을 비롯해 성서 주석 관련 저작[32]은 기술 사회에 대한 에누리 없는 비판을 펼친 사람들에게 일종의 대위법contrepoint으로 작용한다. 자끄 엘륄과 베르나르 샤르보노는 각각 다른 전제이지만 심층에서는 상호 수렴하는 형태로 혁명과 자유에 관한 문제들을 다뤘다.[33]

---

28) Bernard Charbonneau, *Le Feu vert. Autocritique du mouvement écologique* [1980], Lyon, Parangon/Vs, 2009; L'Échappée(Paris), 2022.

29) 자끄 엘륄, 『기술, 세기의 쟁점』, 안성헌 옮김, 논산: 도서출판 대장간, 출간예정; 『기술 체계: 인간은 기술의 신성함을 끌어내릴 수 있는가?』, 이상민 옮김, 논산: 도서출판 대장간, 2013; 『기술담론의 허세: 기술담론의 선동과 선전』, 안성헌 옮김, 논산: 도서출판 대장간, 2023.

30) 자끄 엘륄, 『선전: 순수한 신앙과 불온한 선전의 동거』, 하태환 옮김, 논산: 도서출판 대장간 2012; 『정치적 착각』, 하태환 옮김, 논산: 도서출판 대장간, 2011; 『부르주아의 변신』, 논산: 도서출판 대장간, 출간예정; 『새로운 신화에 사로잡힌 사람들: 현대 사회의 새로운 악령들』, 박동열 옮김, 논산: 도서출판 대장간, 2021; 『무의미의 제국: 예술과 기술 사회』, 하태환 옮김, 논산: 도서출판 대장간, 2013; 『굴욕당한 말: 하나님은 말한다』, 박동열 이상민 옮김, 논산: 도서출판 대장간, 2014.

31) 자끄 엘륄, 『원함과 행함: 기독교 윤리에 대한 신학적 비판』, 김치수 옮김, 논산: 도서출판 대장간, 2015; 『원함과 행함 2: 기독교 윤리와 신학』, 김치수 옮김, 논산: 도서출판 대장간, 2021; 『자유의 윤리 1: 현대의 인간 소외와 그리스도의 자유』, 김치수 옮김, 논산: 도서출판 대장간 2018; 『자유의 윤리 2: 참여와 이탈』, 김치수 옮김, 논산: 도서출판 대장간, 2019; 『자유의 투쟁』, 박인택 옮김, 서울: 솔로몬출판사, 2008; 『세상 속의 그리스도인』, 박동열 옮김, 논산: 도서출판 대장간, 2010; 『개인과 역사와 하나님: 나는 무엇을 믿는가?』, 김치수 옮김, 논산: 도서출판 대장간, 2015; 『무정부주의와 기독교』, 이장헌 옮김, 논산: 도서출판 대장간, 2011. Jacques Ellul, *Le Défi et le Nouveau. Œuvres théologiques 1948-1991*, Paris, La Table Ronde, 2007.

32) 자끄 엘륄, 『요한계시록 주석』, 유상현 옮김, 서울: 한들출판사 2000; 『하나님은 불의한가?』, 이상민 옮김, 논산: 도서출판 대장간, 2010; 『머리 둘 곳 없는 예수: 대도시의 성서적 의미』, 황종대 옮김, 논산: 도서출판 대장간, 2013; 『존재의 이유: 전도서 묵상』, 김치수 옮김, 논산: 도서출판 대장간, 2016. Jacques Ellul, *La Genèse aujourd'hui*(avec François Tosquelles), Paris, Éditions de l'Arefppi, 1987; *Le Défi et le Nouveau, op. cit.*

33) 혁명에 관련해 다음 책을 보라. 자끄 엘륄, 『혁명의 해부: 시대가 원하는 혁명에 메스를 대다』, 황종대 옮김, 논산: 도서출판 대장간, 2013; 『혁명에서 반란으로: 자유로운 인간의 존재

2. 적극적 참여와 저작 활동

우리가 보았듯이, 베르나르 샤르보노는 1937년이라는 매우 이른 시기에 생태 문제에 집중한 글을 작성한다.[34] 생태 문제는 그의 초기부터 염두에 둔 문제였다. 그는 1920년대에 개신교 보이스카우트 활동에 활발히 참여했고, 이 문서는 저자 본인의 이러한 경험에 근간했다. 어린이에서 청소년기까지 10세에서 16세까지 베르나르 샤르보노는 자연 환경에 대한 감수성, 숲과 물가에서 단순하고 자유로운 삶에 대한 감수성을 키웠다. 이 감수성의 절정이 드러난 곳은 보르도의 노동조합원 정찰대에 의해 조직된 랑드 연못가의 야영 활동이었다.[35] 베르나르 샤르보노는 개신교 보이스카우트 활동을 통해 자연과의 친화력, 도시 생활의 조건들, 그리고 도시 생활의 영향권에서 어느 정도 벗어날 수 있는 가능성에 관해 의식하게 된다.

베르나르 샤르보노는 27세에 이러한 직접 경험의 문제를 재차 탐색하려 했다. 물론, 당시의 연구는 연구 대상과의 엄격한 거리를 유지했다. 그는 이 과정에서 보이스카우트 제도, 특히 기독교 계열에서 주도하는 보이스카우트 제도의 현실성을 탐색한다. 샤르보노에 따르

와 혁명 의지』, 안성헌 옮김, 논산: 도서출판 대장간, 2019; 『인간을 위한 혁명: 불가피한 프롤레타리아 계급 생산 과정』, 하태환 옮김, 논산: 도서출판 대장간, 2012. Bernard Charbonneau, *Prométhée réenchaîné*[1972], Paris, La Table Ronde, 2001. 자유와 관련해 다음 책을 보라. 자끄 엘륄, 『자유의 윤리 1: 현대의 인간 소외와 그리스도의 자유』, 앞의 책; 『자유의 윤리 2: 참여와 이탈』, 앞의 책; 『자유의 윤리 3: 자유의 투쟁』, 앞의 책. Bernard Charbonneau, *Je fus. Essai sur la liberté*, Pessac, Opales, 2000[1980]; Éditions R&N(Paris), 2021.

[34] Bernard Charbonneau, 《Le Sentiment de la nature, force révolutionnaire》, *Journal intérieur des groupes personnalistes du Sud-Ouest*, juin 1937, p. 1 - 53. [국역] 베르나르 샤르보노, 「자연 감성, 혁명적 힘」, 『생태 감수성의 혁명적 힘: 인격주의, 자연 감성, 기술 비판』, 앞의 책, 135 - 218쪽.

[35] Christian Roy, 《Aux sources de l'écologie politique...》, *op. cit.*, p. 71 - 72.; Daniel Cérézuelle, *Écologie et Liberté*, *op. cit.*, p. 14 - 15.

면, 이 제도의 근본에는 양면성이 있다. 그는 이 양면성의 자국을 판별하는 법을 알았고, 보이스카우트 제도를 비판적으로 회고했다. 먼저, 그는 보이스카우트와 관광을 비교한다. "관광이 부르주아에게 속한다면, 보이스카우트는 어린이를 대상으로 삼는 활동이다. 부르주아가 일상의 도피처를 찾기 위해 떠나는 우스꽝스런 짓이 바로 관광이다."[36] 관광은 "자연 감성의 부르주아식 일탈"[37]이다. 베르나르 샤르보노는 보이스카우트 활동의 모호성을 간파한다. 이 활동은 젊은이를 현실 사회에 동화시킬 목적으로 쉽게 이용당한다. 청년을 온순한 시민이나 훌륭한 기독교인으로 양성하겠다면서, 기술 발전에 따른 시대의 부정적인 면에 고개를 돌리고 현재 구축 중인 사회에 마찰 없이 적응하도록 한다. 이러한 목적으로 젊은 단원을 모집할 때, 가장 쉽게 이용당하는 곳이 바로 보이스카우트다. 샤르보노의 분석은 규탄 정도에 머물지 않는다. 그는 이러한 제도 안에 직접 참여한다. 보이스카우트 열풍의 실체가 무엇인지 알기 위해, 그 속에 들어가 열심히 활동한다. 실제로 그는 보이스카우트 제도에서 두 가지 특징을 알아낸다. 첫째, 스카우트 제도는 성인의 훈육을 위한 보수적 기획이다. 둘째, 이 제도는 아이의 마음에 혁명을 잠재한 씨앗을 뿌리는 기획이다. 베르나르 샤르보노는 이 경험을 바탕으로 직접 야영 활동에서 무엇인가를 깨달은 젊은이들의 영혼에 자연 감성이 피어났다는 사실을 보았다. 그리고 이 감성의 결과물을 끝까지 밀어붙였다. 그럼으로써, 스카

---

[36] Bernard Charbonneau, 《Le Sentiment de la nature, force révolutionnaire》, *op. cit.*, p. 23.
[37] Ibid., p. 26.

우트 제도 안에 숨어 있는 전복적 능력을 알아차린다.38 "자연 감성"은 "아나키즘의 구체적인 표현"39이며, "인격주의 혁명"40의 매개 수단이다. 그렇기에 자연 감성에는 전복적 능력이 잠재됐다. 샤르보노는 자연주의 감수성의 회복은 이 감수성을 반대하는 사람에게조차 유익하다고 생각한다. 그는 이 감수성의 회복과 기독교 전통 안에 숨은 위험 요소를 비교하면서 자신의 비판적 연구를 마무리한다. 그는 "사회는 자신을 부수는 힘을 교묘히 역이용한다. 그것은 어제 오늘 일이 아니다. 기독교의 역사를 보면, 이 말을 이해할 수 있을 것이다."41라고 강조한다.

유년기부터 타의 추종을 불허할 정도로 명민한 두뇌를 자랑했던 베르나르 샤르보노는 두 가지 내용을 파악한다. 첫째, 그는 보이스카우트 활동을 체험하면서, 기독교에 빚을 졌다는 사실을 깨닫는다. 둘째, 그는 이 스카우트 '제도'를 통해, 자연과의 단절이나 자유와의 단절, 사회의 병영화 문제에 기독교도 일부분 책임을 져야 한다는 사실을 알았다. 유년기의 이러한 직관은 훗날 샤르보노의 전 저작을 생산하는 씨앗과 같았다. 이 씨가 싹을 틔우고, 꽃을 피우고, 이쪽저쪽으로 뻗어나가고, 다른 가지와 얽히고, 나뉘었다. 요컨대 베르나르 샤르보노 저작의 발아, 성장, 분화, 급진화는 유년기의 보이스카우트 체험과 그에 관련된 직관적 사유에서 출발한다. 필자는 이러한 평가에 무리가 없다고 생각한다.

자끄 엘륄은 전후 초창기부터 친구 샤르보노의 뒤를 이어 기술

---

38) Ibid., p. 29-31.
39) Ibid., p. 39.
40) Ibid., p. 35, 43.
41) Ibid., p. 43.

현상을 치밀하게 분석하기 시작한다. 엘륄은 기술 연구에 전념한 삼부작의 첫 번째 책[42]에서, 기술이 사회 전체를 규정하는 요소가 됐다고 말한다. 다시 말해, 현대 사회를 규정하는 요소는 경제도, 정치도, 윤리적 가치도 아닌, 기술이다. 기술은 그야말로 현 "시대의 쟁점"l'enjeu du siècle[43]이다. 우리는 "기술"을 통해 무엇을 이해할 수 있는가? 인간에게 기술은 자연 환경과 마찬가지로 항상 '매개체'였다. 그러나 20세기 초부터, 기술은 이러한 조건에서 벗어났다. 기술의 성격이 바뀌었다. 새롭게 바뀐 기술에서 핵심은 뭐니 뭐니 해도 효율성 추구다. 가장 효율적인 해법을 절대 우선으로 취급한다. 효율성과 다른 형태의 경제, 정치, 윤리적 숙고를 비웃으며 사회의 전 단계를 개조하는 주인공이 바로 기술의 효율성이다. 효율성을 추구하는 기술은 결정도 일방적으로 내린다. 기술 사회에서 모든 행동은 효율성을 최고 가치로 삼는 방식에 종속된다. 따라서 합목적성은 사라진다. 다시 말해, **수단이 목적을 대체한다**. 기술은 아무것도 존중하지 않는다. 기술은 지금껏 신성시했던 것을 세속화한다. 그리고 신성의 자리를 박탈한 이 매개물이 신성의 권좌에 앉는다. 앞으로 기술에 대한 모든 문제 제기는 신성모독으로 간주될 것이다. 마지막으로, 사람들은 자끄 엘륄이 예언처럼 주장했던 내용을 영광의 30년1945-1975년 초반에는 전혀 경청하지 않았다. 당시 엘륄의 주장은 다음과 같았다. 곧, **기술은 자율성을 확보했고, 자가 생성하며, 가속화한다.** 인간은 이 가속화 과정에서

---

42) Jacques Ellul, *La Technique ou l'enjeu du siècle*, Paris, Economia, 2008[1954]. [국역] 자끄 엘륄, 『기술, 시대의 쟁점』, 안성헌 옮김, 논산: 도서출판 대장간, 출간예정.
43) [역주] 이 표현은 "시대의 초점" 혹은 "시대의 도박" 등으로도 의역할 수 있다. 또 다른 편에서는 인간의 통제권을 넘어선 기술의 의미를 부각해 "시대의 도전" 혹은 "세기의 도전"으로도 번역할 수 있다.

어떤 통제권도 행사할 수 없고, 결정적인 개입도 할 수 없다. 따라서 정치는 기술 사회의 방향에 아무런 영향을 미치지 못한다. 민주주의와 자본주의 체제에 살든지, 전체주의와 공산주의 체제에 살든지, 어쨌든 우리는 생산력주의와 우주공간 정복이라는 동일 과정에 소속돼 산다. 모든 사안을 결정하는 주체는 정치인이 아니다. 실타래처럼 복잡하게 얽히고설킨 기술 혁신에 전적으로 예속된 전문가와 기술자가 진짜 결정권자다. 따라서 기술을 사용하고 통제해 왔던 인간이 이제는 이렇게 기술의 충직한 종이 됐다.

자끄 엘륄은 『기술 체계』[44]에서 컴퓨터 정보 혁명으로 대변된 대혁신의 내용을 종합한다. 기술 사회는 체계의 질서에 속한다. 다시 말해, 기술 전 분야가 컴퓨터 정보를 통해 '네트워크'로 엮인다. 따라서 한 분야에서 발생한 기술 혁신이 다른 분야의 혁신을 낳는다. 기술 진보의 가속화 현상이다. 마찬가지로, 한 분야에서 재난이 발생하면 체계 전체가 마비된다. 따라서 기술 사회는 극단적인 고성능과 고능률로 작동함과 동시에 매우 취약하다.

엘륄은 『기술담론의 허세』[45]를 비롯해 선전[46] 문제에 집중한 책에서, 민주주의 사회를 살찌우는 자양분을 "사회학 선전" 혹은 "수평 선전"이라고 말한다. 사회학 선전은 시민을 특정 생활양식에 순응시키기 위한 전체주의적 정치 선전으로 기능한다. 선전의 물이 오르고 살이 붙

---

[44] Jacques Ellul, *Le Système technicien*. Paris, Cherche Midi, 2012 [1977]. [국역] 자끄 엘륄, 『기술 체계』, 앞의 책.

[45] Jacques Ellul, *Le Bluff technologique*, Paris, Librairie Arthème Fayard/Pluriel, 2010[1988]. [국역] 자끄 엘륄, 『기술담론의 허세: 기술담론의 선동과 선전』, 앞의 책.

[46] Jacques Ellul, *Propagandes*, Paris, Economica, 2008 [1962]. [국역] 자끄 엘륄, 『선전: 순수한 신앙과 불온한 선전의 동거』, 앞의 책.

는 유일한 이유가 있다. "선전을 듣는 사람"이 자기 조건을 뒷받침하기 위한 선전을 바라고 요구하기 때문이다. 그러므로 전문기술관료, 즉 "기술관료테크노크라트"의 담론은 "허풍"과 "거품"에 기댈 수밖에 없다. 쉽게 말해, 사람들이 여가 활동을 비롯해 자신에게 익숙한 활동이나 일상생활의 곳곳에 침투한 기술을 통해 활동과 생활의 조건을 삼으면 삼을수록, 지속적인 기술 혁신이야말로 인간을 더 자유롭게 할 것이라고 찬양해야 한다.[47] 체르노빌 사건은 재앙이었다. 국가는 이 사건의 결과에 대해 거짓말을 했다. 국가의 거짓말은 담론의 허세에 준한 대중 선동의 상징적 사례일 뿐이다. 기술담론을 퍼트리는 전문기술관료는 기술적 사고에 대해 오로지 기술적 해법만 검토한다. 끊임없는 정보의 유통이 우리를 압도한다. 우리는 이 상황에 갇힌 나머지, 사회에서 한 걸음도 물러날 수 없고, 삶에 대한 최소한의 통제권도 확보할 수 없다. 우리는 자신을 무저갱無低坑으로 끌어내리는 기술의 신기루에 매료된 나머지 기술에게 지배권을 양도한다.

이러한 난관에서 빠져 나오기 위해 자끄 엘륄이 고려했던 유일한 출구는 영적 질서였다. 그러나 그가 생각한 영적 질서는 지난 2,000년 동안 그리스도의 가르침과 정반대 길로 행하면서 교회의 지도에 엄격하게 순종해야 했던 방식의 질서가 아니다. 오히려 엘륄은 엄격하게 전복적 능력을 지켜온 그리스도의 원초적 메시지로 되돌아가는 방식

---

47) [역주] 10가지 장점이면, 10가지 장점에 대한 선전으로 끝나지 않고, 100가지, 1000가지로 마구 부풀린다. 또 10가지 단점이면, 10가지 단점을 말하지 않고, 무결점인 것처럼 은폐한다. 따라서 이것은 "기술의 허세"가 아니라, "기술담론의 허세"다. 기술에 대한 거품 광고, 허위 선전이라는 말이다. 문제는 이러한 선전과 광고가 기술 사회에서 살아가는 현대인의 종속성을 더 강화한다는 점이다. 2025년 현재, 지구 곳곳은 이미 디지털 치매, 스마트폰 개돼지, 전기 노예로 충만하다.

의 영적 질서를 이야기한다.[48] 자끄 엘륄은 자유의지주의libertaire의 눈, 즉 아나키즘의 눈으로 성서를 다시 읽는다.[49] 그가 성서 다시 읽기 작업을 통해 보이려 했던 부분은 다음과 같다. '우리는 본인이 스며들어 사는 체계와 비판적 거리를 둘 수 없다. 사방이 꽉 막힌 체계, 즉 폐쇄된 체계인 현 세계의 외부에 존재하는 전적 타자에 초점을 맞출 때라야 비로소 체계 내부에 새로운 구멍을 뚫을 수 있을 것이다. 그리고 구멍을 뚫었다면, 그 작업을 멈추지 않을 것이다.' 전적 타자만이 기술 우상 숭배에 사로잡힌 우리를 해방할 수 있다. 자유의 윤리는 새로운 신이 된 기술의 신성을 박탈하고, 기술을 숭배하고 기술에게 예배하는 대신, 기술을 인간이 사용하는 단순 도구로 만들면서 인간 자신의 삶을 회복할 수 있도록 한다.[50] 사람의 눈으로 보면, 더 이상 희망이 없을 때, 소망의 꽃이 피어난다. 현실 세계와 다른 어떤 세계를 향해 우리의 방향을 완전히 바꾸자는 식의 소망이 아니다. 또 역사 내부의 구체성을 상실한 채, 모호한 영성을 택하자는 식의 소망도 아니다. 오히려 정반대다. 엘륄의 소망은 우리를 이 세상 속에 완전히 참여하라고 말한다. [이 세계 너머의] 환상은 없다. 그러나 그렇다고 [이 세계 안에서] 절망하지도 않는다.[51]

---

48) Jacques Ellul, *La Subversion du christianisme*, Paris, La Table Ronde, 2019 [1984]. [국역] 자끄 엘륄, 『뒤틀려진 기독교』, 박동열 이상민 옮김, 논산: 도서출판 대장간, 2012.

49) Jacques Ellul, *Anarchisme et christianisme*, Paris, La Table Ronde, 1998 [1988]. [국역] 자끄 엘륄, 『무정부주의와 기독교』, 앞의 책.

50) Jacques Ellul, *Éthique de la liberté*, vol. 1 - 2, Genève, Labor et Fides, 2019[1973, 1974]; *Éthique de la liberté. Les combats de la liberté*, vol. 3, Genève, Labor et Fides, 2020[1984]. [국역] 자끄 엘륄, 『자유의 윤리 1: 현대의 인간 소외와 그리스도의 자유』, 앞의 책; 『자유의 윤리 2: 참여와 이탈』, 앞의 책; 『자유의 윤리 3: 자유의 투쟁』, 앞의 책.

51) Jacques Ellul, *L'Espérance oubliée*, Paris, La Table Ronde, 2004 [1972]. [국역] 자끄 엘륄, 『잊혀진 소망』, 앞의 책.

불가지론자인 베르나르 샤르보노는 기독교에 대해 다른 판단을 내린다. 그는 특별히 기독교와 현 시대의 생태계 위기의 여러 관계성에 관심을 갖는다. 샤르보노의 입장은 매우 변증법적이다. 대격변이 초래한 환경 재앙에 대한 기독교의 책임은 양면적이다. 마치 고대 그리스의 '파르마콘'*φάρμακον*과 같다. 즉, 기독교 신앙은 독약이면서 동시에 해독제다. 세상에 대한 환멸幻滅과 성역의 세속화는 창세기 1장에 등장하는 '지상 지배'*dominium terrae*52 명령의 직접적인 결과들로 여겨질 만하다. 그러나 성서의 유산은 우리 행성 내의 만물 파괴 상태에 저항하는데 가장 신뢰할 만하고 효력을 갖춘 기준이 될 것이다.

이러한 변증법 구조가 정확히 드러난 책은 『청신호』*Le Feu vert*다. 이 책에서 베르나르 샤르보노는 생태 운동에서 기독교 신앙이 차지하는 중요성을 보여준다. 그에 따르면, 생태 운동에서 기독교 신앙이 차지하는 비중은 과거에도 중요했고, 현재도 중요하다. 심지어 운동의 무의식 차원에 영향을 미치기도 한다. 생태 운동이 맞서 싸우는 개발과 발전에서 기독교 신앙의 역할이 중요했던 것처럼, 생태 운동에도 기독교 신앙의 역할은 중요하다. 이러한 모순을 인정하고 용인할 때라야 비로소 모순을 극복할 수 있는 길이 열릴 것이다.53 『청신호』의 저자는 여러 분야를 검토하면서 기독교의 모호성을 의심하고 부각한다.54 과학기술의 진보는 복음적 기독교 신앙과 분리될 수 없으며, 교회는 "기독교의 모호성으로 인해 사슬을 벗고 맹위를 떨치는 진

---

52) 땅에 대한 인간의 지배를 의미하는 라틴어 표현이다.

53) Bernard Charbonneau, *Le Feu vert, op. cit.*, p. 79.

54) Ibid., p. 83-84.

보에 대한 자기 책임"⁵⁵을 계발하는 데 모범이 될 수 있을 것이다. 따라서 베르나르 샤르보노는 이러한 모호성의 본질을 다음과 같이 구체화한다. "인간 본인과 자신의 땅을 파괴할지 모를 위협을 조장하는 인간의 이러한 자유는 파괴의 해독제를 포함한다. 자연 감성과 생태 운동의 탄생지는 기독교에서 비롯된 학문과 개인주의가 가장 발전한 사회 자체였다. 루소가 칼뱅주의의 로마⁵⁶ 출신이라는 점은 우연이 아니다."⁵⁷ 따라서 적당한 선에서 멈추지 않고 끝까지 가보면, 창조 뿐 아니라 육화도 물질과 육체에 대한 정신의 중요성을 강화한다. 다시 말해, 창조와 육화에 담긴 정신적 중요성이 역설적으로 강화된다. 절제는 모든 분야에 서린 한계를 숙고한다. 이 절제를 받아들이도록 하는 유일한 길은 신앙 밖에 없다.⁵⁸

마지막으로, 베르나르 샤르보노 저작의 주요 공헌 가운데 하나는 생태 운동에 대한 자아비판이다. 1970년대 말에 그는 『청신호』⁵⁹를 통해 자신의 판단을 과감하게 표현하고 논증했다. 샤르보노의 그러한 판단은 지금도 전혀 늦지 않았다. 그는 이 책에서 정치꾼이 돼 자기 야망을 해소하려는 생태주의자들의 시도를 규탄하고, 각 정당과 심지어 소비의 사원에까지 환경의 상징인 '녹색' 관련 주제들이 퍼져 있음을 확인한다. 그는 녹색 성장 이데올로기와 기술생태학의 일탈에도 불도장을 찍는다. 재난과 불행의 예언자 '카산드라'와 닮은 그는 가

---

55) Ibid., p. 87.
56) [역주] 스위스 제네바를 가리키는 표현이다. 가톨릭교회의 중심지인 로마를 칼뱅주의의 중심지 제네바에 빗댄 표현이다. 실제로 장 자크 루소는 제네바 출신이었고, 그의 조상은 칼뱅이 설립한 사회 복지 제도의 혜택을 누렸다.
57) Ibid., p. 87-88.
58) Ibid., p. 89.
59) Ibid.

까운 미래에 도래할 상황에 대한 나름의 대본을 작성했다. 그 대본에 따르면, 정치적 착각과 난장판이 된 소비주의가 차지하고 흡수해 버린 생태주의 운동은 무능력 상태에 빠진다. 그리고 이러한 무능력으로 인해, 모든 사람에게 권위주의 생태학을 불가피한 생활 기준으로 부과하려 들 것이다. 불행과 재난의 예언자처럼, 베르나르 샤르보노도 자신이 예고한 불운이 발생하지 않도록 경종을 울렸다. 그의 말은 '과도할 정도로 필요한 의식화'와 '근본적 행동 변화'를 호소한다.

3. 오늘을 위한 사상

베르나르 샤르보노와 자끄 엘륄이 프랑스 사회와 생태주의자들에게 여전히 익명 상태인 이유는 무엇인가? 사회 차원에서 봤을 때, 분명하게 드러나는 이유가 있다. 바로 두 사람이 보였던 '지역성'le provincialisme이다. 제 고장을 중심으로 전개한 사유와 주장은 두 사람의 사상 확장에 약점으로 작용했다. 파리의 지성계, 출판계, 언론계에서 동떨어져 있으면, 대중에게 알려지고 인정받기 어려운 구조 때문이기도 하다. 또 학문과 학문 사이에 존재하는 굴곡을 뛰어 넘겠다는 엘륄의 의지도, 신중한 태도로 일관해 온 프랑스 대학의 오랜 전통과 충돌할 수밖에 없었다. 베르나르 샤르보노의 문체는 대형 출판사들의 입맛에 맞지 않았던 것처럼 보인다. 그러나 두 사람이 인정을 받지 못했던 가장 큰 이유는 당대의 주류 지성계와 문화 흐름에 동조하지 않았기 때문이었을 것이다. 샤르보노와 엘륄은 영광의 30년1945-1975 이전 시기부터 기술 진보를 비판했고, 마르크스주의가 프랑스 대학을 지배했던 시기에 마르크스주의에 대한 전적인 충성을 거부했다. 또 "모든 것은 정치적이다"라는 구호가 통용되던 시대에 정치를 의심과 불신의 눈초리로 바라봤다. 게다가 엘륄의 경우, 기독교 신앙도 문제였다. 주류에 순응했던 사람들은 이러한 내용을 큰 결함으로 여겼고, 두 사람을 반문화에 젖은 사람들, 반시대적 행동을 충실히 따르는 이른바 '반순응주의에 대한 순응주의'le conformisme de l'anticonformisme에 빠진 사람들로 봤다.

생태주의 운동 내부에서는 두 사람의 급진성이 문제였다. 생태 운동가들은 둘의 급진적인 목소리를 경청하지 않았다. 두 사람의 기술 비판과 기술의 영향에 대한 비판, 컴퓨터 정보 체계에 대한 의심과 불신, 정치와 마르크스주의에 대한 아나키즘식의 문제 제기[60]가 두 사람에게 상당히 불리하게 작용했다. 두 사람은 생태 운동의 자아비판을 단행했다. 이러한 비판을 통해, 둘은 **탈성장 운동**la décroissance의 선구자, 특히 **"지속 가능한 발전"** le développement durable **비판의 선구자**로 부상했다.

베르나르 샤르보노와 자끄 엘륄을 재발견하면서 얻는 장점이 있다. 둘의 실수라면, 너무 이른 시기에 옳은 소리를 했다는 점이다. 왜냐하면 우리 행성의 행보를 따라가 보면, 둘의 분석이 얼마나 타당했는지를 단번에 확인할 수 있기 때문이다. 알다시피, 자기 고장에서도, 프랑스에서도, 생태주의 분야에서도, 예언자는 없다. 그러나 당대에 매우 명민한 눈으로 미래를 바라봤던 두 사람은 오늘을 논하기 위해 필요한 핵심과 본질을 담은 씨앗을 곳곳에 뿌려놓았다.

---

[60] 엘륄의 기독교 신앙에 관한 언급과는 별개의 사안이다.

「콩바 나튀르」(1974-2004)

피에르 티세

정치생태학 잡지 「콩바 나튀르」*Combat Nature*의 설립자인 알랭 드 스바르트Alain de Swarte는 1982년에 자끄 엘륄과 베르나르 샤르보노에게 기사 작성을 요청했다. 두 사람의 가담에 의의를 둠과 동시에, 생태주의자들의 사상과 성찰을 배양하려는 목적 때문이었다. 출판 담당자의 설명에 따르면, "나는 생태 운동에 관련된 모든 세력에게 철학적 토대를 제공하는 일을 고심했다. 그만큼 중요한 작업이라고 생각했기 때문이다. 그뿐만 아니라, 현실 정당 정치와 선거를 노선으로 택한 운동가에게도 그 철학적 토대를 제공할 필요가 있다고 생각했다."[61] 생태 운동에 가담한 두 사람은 포괄적인 비판 사상을 바탕으로, 지역 차원으로 투쟁의 방향을 설정해야 한다고 항상 강조했다.

자끄 엘륄의 주장에 따르면, "운동은 협회 형태[62]여야 하며, 지역

---

61) Alain de Swarte, ≪Au revoir à Jacques Ellul, philosophe de l'écologie≫, *Combat nature*, n° 106, août 1994.
62) [역주] 운동원 모두가 수평 연대를 할 수 있는 방식이어야 한다는 뜻이다. 엘륄과 샤르보노는 중앙 본부의 명령 하달 식의 수직적인 조직 운동을 불신했다. 그것은 1930년대 에마뉘엘 무니에 중심의 인격주의 운동과의 결별에서도 드러난다. 보르도 일대를 중심으로 인격주의 운동을 적극적으로 펼친 두 청년은 무니에의 파리 중심, 지식인 중심, 나아가 무니에 개인의

'기반'과 '지식인'의 항구적인 대화를 통해 진행돼야 한다. 특히, 지식인은 일관성, 의미, 예측 가능성 부여라는 역할을 담당해야 한다. 베르나르 샤르보노와 내 논문의 목적은 바로 거기에 있다."[63]

베르나르 샤르보노의 인정에 따르면, "나는 당신과 마찬가지로, 현실에 등 돌리지 않는 심오한 성찰이야말로 협회 활동가들이나 정치 활동가들, 특히 정치 활동에 대해 깊은 성찰을 하지 않으면서 활동하는 사람들을 도울 수 있을 것이라 생각한다. 생태 운동이 존재했던 이후로 내가 하고자 했던 일이다. 뿌리 깊은 나무여야 버티는 힘이 있다. 버텨야 삶을 지속할 수 있다."[64]

두 사람은 각자 작업을 진행하고, 열한 가지 기본 주제를 목록으로 제시했다. 알랭 드 스바르트는 두 저자에게 상당한 자유를 부여했다.[65] 1983년에서 1985년까지 출간된 이들의 문서는 「콩바 나튀르」의 역사를 보여준다. 베르나르 샤르보노와 자끄 엘륄의 논설과 기사를 모은 특집호도 발간됐다. 사람들 생각에, 두 사람은 권위 있는 저자이며, 참고할 가치가 충분한 사상가였다. 알랭 드 스바르트는 2004년 11월 마지막 호에서, 지금까지 게재된 문서를 되돌아보며, 지난 30년 동안 「콩바 나튀르」에 이바지한 수백 명의 저자 가운데 "두 생태철학자"[66]에게 탁월한 지위를 부여했다.

권위주의 성향에 반발해, 결국 결별을 선언한다. 이후, 중앙집권적 수직 구조에 대한 불신은 샤르보노와 엘륄의 사회·정치·생태 사상의 골조를 이룬다. 특히, 엘륄은 아나키즘 성향의 조합주의(l'anarchosyndicalisme)와 노동자 자주관리제(l'autogestion)를 지지했다.

63) Ibid.
64) ≪Des lettres de Bernard Charbonneau≫, *Combat nature*, n° 114, août 1996.
65) 알랭 드 스바르트에 따르면, "예컨대 자끄 엘륄은 [...] 일부 생태운동가의 정치 참여에 매우 놀랐다." Alain de Swarte, ≪Parmi mes racines de l'écologie≫, *Combat nature*, n° 96, août 1992.
66) Alain de Swarte, ≪Dernier numéro≫, *Combat nature*, n° 147, novembre 2004. 그러나

'사람'과 '사람이 사는 환경'을 위하여

「콩바 나튀르」는 1974년 어느 날 「집과 풍경」*Maisons et paysages*과 「더 나은 삶」*Mieux vivre*의 연합으로 탄생했으며, 오랜 기간 밀도 있는 내용을 바탕으로 투쟁의 지속성을 뒷받침한 생태주의 주요 언론이었다. 『집과 풍경』의 편집국장이었던 알랭 드 스바르트는 기자 마르크 앙브루아즈 랑뒤Marc Ambroise-Rendu와 변호사 앙리 파브르 뤼스Henri Fabre-Luce와 자연 보호를 위한 언론인과 작가 연맹 설립자 피에르 펠르랭Pierre Pellerin을 합류시켰다. 그의 일차 목표는 "인간다운 규모에 맞게 문명을 보호"67하고, 시골의 농토와 농지 건물을 보존하며, 마을과 생활환경을 지키고, 그 활동을 널리 확장하는 데 있었다. 초판 제목 "생존이냐 생산이냐?"처럼, 「콩바 나튀르」와 더불어 "인간과 인간의 환경을 위한 포괄적인 싸움을 이끌어 갈 수 있을 거대한 생태주의 사상지"68를 제작하는 일이 중요했다.

이 포괄적인 싸움은 "자연의 자원들과 균형들을 파괴하는" 기술 문명과 "사실상 퇴행"에 불과한 가짜 진보에 반대하는 쪽으로 나아갔다. 또 존재 조건들을 전복하고 좌·우파 모두 도마 위에 올리지 않는 팽창 정책에 반대하는 쪽으로 나아갔다. 개발의 추진력에 반대하기 위한 다양한 보호위원회가 결성됐다. "생태주의 협회들과 환경 보호

자끄 엘륄과 베르나르 샤르보노는 철학자를 자처하지 않았다. [역주] 엘륄과 샤르보노에게 "철학자"는 현실에 의거하지 않는 추상 담화에 매몰된 학자 혹은 책상이라는 비좁은 공간을 자기 세계의 전부로 아는 먹물 정도의 의미다. 따라서 현실에 대한 헌신적 참여를 외치는 두 사람에게 "철학자"라는 표현은 다소 경멸적일 수 있다. 엘륄의 경우, "신학자"라는 표현도 같은 의미로 받아들인다.

67) Alain de Swarte, ≪1971 - 1981: dix ans de Combat nature≫, *Combat nature*, n° 47, novembre - décembre 1981.
68) *Combat nature*, n° 13 (초판은 「집과 풍경」과 「더 나은 삶」의 합본이었다), mars 1974.

협회들의 잡지"인 「콩바 나튀르」가 1차 독자로 삼았던 대상은 지역의 운동 단체들이었다. 페리괴Périgueux 지역에 기반을 두고 3개월 마다 발간된 이 잡지는 연합 기관을 추구했다. "우리는 프랑스 전역에서 이뤄지는 활동과 투쟁을 종합하려 한다. 가능한 가장 객관적인 방식으로 그러한 종합에 이를 수 있도록 노력하겠다."[69] 이 잡지는 대항 의식을 창조하려 했고, 언제나 구체성을 확보하려 했다. 나아가 해로운 기획에 저항할 수 있는 실천 도구들을 어떻게 부여할지를 고심했다.

알랭 드 스바르트는 여러 환경 보호 협회 활동을 개시했다. 특히 그가 사는 페리고르Périgord를 중심으로 협회 활동을 폈다. 또 그는 '자연을 보호하는 프랑스 기업 연맹'의 책임자로도 활동했다. 무역 분야의 전문가이자 프랑스 서남부의 광활한 지역에서 산업 설비들의 공급과 연구를 담당하는 사주社主로 일하면서, 협회의 중책을 맡았다.[70] 또한 「콩바 나튀르」에서 그의 집필은 자발적 활동이었다. 그는 출판 책임자로서의 본인의 활동을 인류애philanthropique 활동으로 여겼다. 심지어 그는 이 잡지의 첫 번째 후원자이기도 했다. 2004년 11월까지 30년 동안 총 147호를 발행했던 「콩바 나튀르」가 발언의 기조와 일관성을 유지할 수 있었던 주된 이유는 자원과 헌신[71], 정기 구독자들의 신뢰, 프랑스 사방에서 생태주의 투쟁을 묵묵히 이어간 운동가들의 확고한 지지가 있었기 때문이다.

---

69) Alain de Swarte, éditorial, *Combat nature*, n° 35, février 1979.
70) Alain de Swarte, 《Vingt années pour l'écologie》, *Combat nature*, n° 93, mai 1991. 알랭 드 스바르트의 고객 중에는 반핵 운동을 반기지 않았던 프랑스 전력공사(EDF)도 있었다. 그러나 알랭 드 스바르트는 「콩바 나튀르」와 협력해, 반핵 운동과 탈원전 운동을 지도했다.
71) 알랭 드 스바르트는 다음과 같이 쓴다. "'콩바 나튀르'는 1971년부터 유지된 운동이다. 나는 결코 굴복한 적이 없기 때문이다"(*Combat nature*, n° 107, février 1995).

이들의 현장 생태학이 맞서 궐기한 상대는 다음과 같다. 발기인, 기업가, 기술 관료, 슈퍼마켓 사회, 광고 사회, '스크린' 사회, 관광객의 침략, 해안가와 야산을 뒤덮은 시멘트, 민간과 군대의 원자력, 댐, 에너지 경쟁, "암과 같은 자동차", 파괴적인 운송 기반 시설, 멈춤 없이 질주하는 도시화, 집단 수용소처럼 뒤바뀐 마을, 과시하듯 상품마냥 진열된 교외의 호화 가옥, 농약 살포, 농민의 파괴 등이다. 이 생태학은 수질 및 대기 오염, 토양 살균, 울타리 뽑기[72], 채석장 증가, 폐기물 누적에 관여하면서, 풍경, 숲, 동식물, 강과 수림, 전통 서식지를 보존하려 한다. 우리네 생활공간들의 아름다움과 깊은 연관성에서 출발하고 "프랑스가 추한 국가가 되기를 결단코 바라지 않는 사람들"의 연맹체를 결성하려 백방으로 뛰는 이들은 "이익 독재, 단기 수익 독재, 공해 유발 산업화 독재"와 맞서 싸운다.[73] 이들은 "성장을 향한 맹목적인 경주"에 맞서, 자기를 제한하고 개발 폭주를 중단하는 사회를 외쳤다. 다시 말해, 이들은 절제 사회, 중앙집권에서 이탈한 지방 자치 사회, 민주주의 사회에서 인간과 생활환경의 균형 잡힌 관계를 적극 옹호했다.

「콩바 나튀르」는 "이러한 성찰과 행동의 단계에 도달했을 때, 생태학은 분명 정치학이 된다."[74]라고 주장한다. 이 잡지는 생태주의자들의 선거 활동에도 적극적이었다. 1974년 대선에서 르네 뒤몽을 지

---

[72] 브르타뉴 지방의 한 농민이 경지 정리에 반대하는 편지를 썼고, 「콩바 나튀르」는 이를 게재했다. 이와 관련해, 프랑스 농업부 장관 피에르 메에네리는 「콩바 나튀르」에게 명예 훼손 명목으로 소송을 제기했다.

[73] Alain de Swarte, 《Éditorial: le seuil de rupture écologique》, Combat nature, n° 18, février 1975.

[74] Combat nature, n° 24, mai 1976.

지했고, 1981년 대선에서는 브리스 라롱드를 지지했다. 녹색당 창당을 지원하고, 자신들의 입장문도 전달했다. 알랭 드 스바르트 본인도 1979년에서 1989년까지 생태주의자 목록에 이름을 올리며 유럽연합 의원 선거에 참여한다. 1993년을 기점으로 알랭 드 스바르트는 방향을 바꾼다. 녹색당이 좌파 정당에게 종속되고 정치생태학도 특유의 자율성을 잃게 되면서, 그는 정치 참여라는 방향에서 벗어난다.

「콩바 나튀르」는 생태주의 연맹의 확성기 역할을 하면서 독립성을 지키는 법도 알았다. 생생한 현장의 논쟁을 멈추지 않았고, 생태 운동의 다양한 감수성을 표현하는 법을 잊지 않았다. 덧붙여, 생태학의 일탈에 대한 경계도 늦추지 않았다. 대표적으로 "지속 가능한 발전"le développement durable이라는 기만 문구를 규탄했고, 대형 풍력 발전기의 확산도 비난했다. "녹색"이라는 도장이 찍힌 농촌의 "과잉 산업"hyper-industriel과 대면한 프랑수아 테라송은 다음과 같이 예고하기도 했다. "나는 나체裸體 시위와 같은 적나라한 투쟁으로 일관하는 생태학이나 오로지 자연 지향성만 추구하는 사람들이 공식적으로 '생태학적' 정책으로 간주된 내용들을 장기간 유지할 것이라 보지 않는다."[75] 「콩바 나튀르」는 항상 이러한 관능과 매력을 유지하려 했다. 즉, 인간의 자장 안에 있는 문명과 아름다움을 위한 투쟁의 지속성을 추구했다. 그리고 자끄 엘륄과 베르나르 샤르보노의 글은 이러한 투쟁의 안내자 역할을 멈추지 않았다.

---

75) François Terrasson, ≪Du VTT sous les éoliennes ou l'horrible monde écolo≫, *Combat nature*, n° 140, février 2003.

사상 교류

자끄 엘륄과 베르나르 샤르보노는 상호 우정의 중요성을 강조했다. 각자의 작업에서 우정의 영향력이 그만큼 컸다는 뜻이다. 두 사람은 젊은 시절부터 서로의 생각을 공유하고, 영향을 주고받으며, 지적 성숙을 일궜다. 이제 독자들이 접하게 될 문서들은 엘륄과 샤르보노가 서로에게 보낸 헌사獻詞다. 본 편집진은 서로가 서로의 증인 자격으로서 작성했던 이 문서들을 첫 머리에 배치한다.

자끄 엘륄(왼쪽)과 베르나르 샤르보노(오른쪽)

수렴: 우리가 염려하는 것들과 반항하는 것들[76]

자끄 엘륄

최근에 필자는 지그프리드 기디온의 책 『기계화가 명령한다』[77]를 받았다. 책을 받았을 당시, 베르나르 샤르보노는 필자의 연구실에 있었다. 우리는 기디온의 책과 전혀 다른 주제에 대해 이야기하던 중이었다. 샤르보노는 기디온의 책을 집어 들었고, 몇 장을 뒤적거렸다. 사실, 샤르보노는 영어를 잘 모른다. 무심하게 몇 장을 훑었고, 사진과 삽화에 비상한 집중력을 보였다. 그리고 몇 가지 설명을 보태기 시작했다. "한 마디로, 이 미국인은 기계의 진보가 인간을 파괴했다고 생각하는군. 하지만 미국 특유의 낙관적 이상주의가 보여. 저자는 절대 차원의 인간을 굳게 믿어. 그리고 갈등을 해결할 수 있을 주역을 예술로 보는군." 그는 이 책을 읽지 않고도 특유의 직관력을 바탕으로 한 시간이나 설명을 이었다. 삽화들과 그 삽화들의 배열을 왜 이런 식으로 택했는지를 짚어가면서, 탁

---

76) Jacques Ellul, 《Une introduction à la pensée de Bernard Charbonneau》, *Ouvertures. Cahiers du Sud-Ouest*, n° 7, janvier-mars 1985.
77) Siegfried Giedion, *Mechanization Takes Command. A Contribution to Anonymous History*, Oxford University Press, 1948. Édition française: *La Mécanisation au pouvoir* (trad. Paule Guivarch), Denoël, 1983.

월한 지적 역량이 발휘된 이 책의 주요 취약점을 들춰냈다. 필자는 현상을 "포착"하는 그의 놀라운 능력과 날카로운 판단력이 드러난 사례를 보여주기 위해 이 일화를 소개했을 뿐이다.

우리는 이미 1930년대 초부터 서로가 무엇을 염려하는지, 그리고 무엇에 반항하는지, 그 수렴점을 발견했다. 그러나 샤르보노는 필자의 비교 대상이 아니었다. 그는 언제나 몇 걸음 더 앞에 있었다. 그는 혁명 사상에 관한 해박한 지식을 가졌고, 필자가 사회의 매력에 푹 빠져 살 때에도 우리 사회의 심층을 이해하고 있었다. 필자는 국제노동자협회 프랑스 지부SFIO의 물렁한 태도와 공산주의의 독재를 모조리 거부하면서, 혁명을 위한 근원적인 길을 모색했던 이 사회주의자를 뒤따라가며 학창 시절을 보냈다. 이 무렵부터 샤르보노는 뚜렷한 특징을 보였다. 사람들은 그러한 특징 때문에 지금도 그의 글을 읽는데 애를 먹는다. 바로 "끝없는 비판"이다. 하지만 필자는 바로 이러한 비판에서 샤르보노의 긍정적인 측면을 발견할 수 있다고 생각한다. 다만, 샤르보노는 자신과 가까운 사람에게도 비판을 날을 세웠다. 그는 지인을 1차 비판 대상으로 삼았다. 그는 나치즘 비판에 주저하지 않았다. 왜냐면 우리의 사상은 나치즘에서 동떨어져 있었기 때문이다. 그러나 샤르보노는 [친구라 여긴] 좌파에 대한 비판도 서슴지 않았다. 왜냐면 좌파는 우리의 뿌리였고, 돌이켜보건대, 그는 좌파의 타협, 취약점, 오류 등을 도무지 지지할 수 없었기 때문이다. 머무는 터전이 좌파였기에, 좌파를 더 혹독히 비판했던 셈이다.

1930년대 들어, 도처에 파시즘의 기운이 높아졌다. 당시 '에스프리'라 불렸던 운동이 움텄고, 샤르보노와 필자는 이 운동을 접했다. 극도의 고독감을 느끼던 터라 우리는 약간의 망설임이 있었지만 이 운동에 합류했다. 샤르보노는 '에스프리'라는 운동 명칭을 별로 좋아하지 않았다. 정신주의를 우려했기 때문이다. 즉, 정신적인 것이나 영적인 것으로 도피하려는 시도처럼 보일 수도 있었고, 사회기독교 사상의 재탕처럼 보일 수도 있었기 때문이다. 우리는 한 단체를 찾았다. 이 단체와 함께 일정한 기준에서 대화를 나눌 수 있는 기회를 잡았다. 또 이 단체와 함께 우리는 공통된 반항 정서를 공유할 수 있었다. 나아가, 우리는 우파와 좌파, 스탈린주의와 히틀러주의를 모두 거부했고, 자유민주주의[78]와 미국도 거부했다. 이러한 거부는 19세기 개인주의에서 벗어나려는 인격주의의 근 현대 세계에 대한 해석과 현실 기획에 매우 가까웠다. 또 인간의 본질 차원을 재발견하고, 인간의 단일성, 역사 내부의 현실화를 말하는 '육화'incarnation, 인격체의 진정성 있는 선택과 결심에 따른 사회 참여, 그리고 이러한 종류의 기획에 관련된 정치적 특징, "필연 혁명"을 강조했다. 이는 무기한으로 연기할 성질이 아니었다.

우리는 철학으로서의 인격주의에 별 감흥이 없었다. 특히 서구 세계를 정치적으로 해석하는 방식과 거리를 뒀다. 베르나르 샤르보노는 우리 시대의 규정 요소와 주된 특징이 기술이었다는 점을 이미

---

[78] [역주] 당시, "자유민주주의" 표방하는 나라치고 식민주의에 뛰어들지 않은 나라가 없었다. 엘륄과 샤르보노는 19-20세기 유럽의 정치와 경제를 장악한 자유주의의 함정에 빠지지 않는다. 두 사람이 추구하는 자유는 민중 사회의 철저한 자치와 자율의 단계에 있기 때문이다. 반면, 근대 자유주의가 떠드는 자유는 정치와 경제의 결정권자 및 대리자의 자유, 쉽게 말해 부르주아 엘리트의 자유였다. 이것이 대의민주주의와 교묘하게 결합돼 "자유민주주의"라는 변태 언어가 탄생했다. 자유주의의 자유는 소수 엘리트의 자유이며, 민주주의와 완전히 반대말이다. 근대 자유주의는 민주주의를 실행한 적이 없다. 더욱이, 고전 자유주의 이후의 20-21세기 신자유주의는 세계화라는 총체적 획일화 기획을 추구하며 전체주의를 노골적으로 표방한다.

인지했다. 샤르보노는 거기에서 결과를 도출해 내기 시작했다. 그러나 '에스프리' 운동 진영에서는 누구도 이 부분을 이해하지 못했다. 이론 대립이 급속도로 가중됐다. 베르나르 샤르보노는 기계주의 비판과 산업 비판 너머의 비판을 단행한 최초의 인물이었다. 그는 현대 사회를 구성하는 힘인 기술을 포괄적 시선으로 보는 접근법을 채택한 인물이다.

다양한 단체와 활동하는 중, 우리는 무니에보다 당디외에 더 가깝다는 사실을 알았다.[79] 그러나 「새 질서」사실, 필자는 「에스프리」보다 이 잡지를 더 선호했다가 만들어졌을 때, 샤르보노는 이 잡지를 엄히 비판했고, 「에스프리」 진영에 남았다.[80] 그러나 이후에 전술 추구의 문제를 두고 첨예한 갈등이 일었다. 당시, 우리는 운동을 실천하는 첫 번째 행보로 '의식화 작업'을 꼽았다. 우리는 확신을 갖고 민중의 의식화를 추진하려 했다. 그러나 이러한 의식화 작업은 「에스프리」 강독이나 무니에와의 개별 접촉만으로 이룰 수 없었다. 샤르보노는 운동의 기반을 이루는 소규모 단체들의 전개를 구상했다. 이 단체들은 단지 강독에 국한되지 말아야 하고, 「에스프리」의 지지자 역할에 그쳐서도 안 된다.

---

[79] 아르노 당디외(Arnaud Dandieu, 1897 - 1933)는 인격주의 단체 「새 질서」의 지주였다. 로베르 아롱(Robert Aron, 1898 - 1975)과 함께 『미국의 암』(*Le Cancer américain*, Rieder, 1931), 『프랑스 국민의 퇴폐』(*Décadence de la nation française*, Rieder, 1931), 『필연 혁명』(*La Révolution française*, Grasset, 1933)과 같은 책을 썼다. 에마뉘엘 무니에(Emmanuel Mounier, 1905-1950)는 잡지 「에스프리」를 창간한 인물이다. 『20세기에 대한 소소한 두려움』(*La Petite Peur du XXe siècle*, Le Seuil, 1948)에서, 이 기독교 철학자는 진보에 대한 믿음을 표명했고, 특히 "반기계주의"(l'antimachinisme) 노선에 섰다. 특히, 그는 "재난의 설교자"였던 기술 사회를 비판했다.

[80] [역주] 파트릭 샤스트네(Patrick Chastenet)가 샤르보노와 나눈 대화에 따르면, 샤르보노는 「새 질서」의 프리메이슨과 같은 비밀결사체 성향을 못마땅하게 여겼다. 다음 자료를 보라. Jacques Ellul et Patrick Chastenet, *À contre - courant. Entretiens*, Paris, Éditions La Table Ronde, 2014[1994], p. 34, 각주 1번.

샤르보노는 이 단체들이 현대 사회의 근본 양식인 국가, 광고, 선전la propagande에 대한 비판과 같은 특수 분야에 대한 비판을 단행하고, 그와 더불어 일정한 혁명 작업을 수행해야 한다고 생각했다. 또 독자성과 자율성을 확보한 소규모 단체들이 곳곳마다 구성될 필요도 있었다. 왜냐면「에스프리」의 핵심 사상 가운데, 근·현대 국가 비판과 더불어 중앙집권화 이탈, 즉 지방자치가 있었기 때문이다. 우리는 탈(脫)중앙집권화와 근 현대 국가 비판을 실행에 옮기는 작업부터 시작해야 했다. 그러나 이내 한계에 봉착했다. 바로「에스프리」의 핵심부가 표방한 파리중심주의 때문이다. 이 잡지의 수뇌부는 자율적이고 제 고장 중심의 단체들에 큰 관심을 보이지 않았다. 또 당시에 구성 중이던 사상의 정통성을 분명하게 설명할 수 없다는 구실로 '지역 우선권'[81]을 의심했다. 또「에스프리」의 견고한 가톨릭 성향의 주장에 대해, 불가지론자였던 베르나르 샤르보노는 큰 거부감을 느꼈다. 우리는「에스프리」를 혁명 활동 가담에 무능력한 좌파 가톨릭 문화 단체로 봤다. 이 잡지와의 단절은 매우 극적이었다.「에스프리」와 절연한 이후, 베르나르 샤르보노는 소규모 단체 구성 활동에 열을 올렸다. 그것은 2차 대전을 전후로 혁명의 의식화에 초점을 맞춘 단체들이었으며, 행동과 생활양식에서 현대 세계에 의해 강제 부과된 요소들과의 근본적인 단절을 추구하려는 단체들이었다. 그가 이러한 단체 구성에 열심을 보인 이유는, 전체화 된 현대 사회 때문이었다. 현대 사회의 전체화는 더 근본적인 문제 제기를 요구했다. 그것은 마르크스주의자들의 문제 제기를 넘어서는 깊이도 요구했다. 우리는 사람들을 의식화

---

81) [역주] 지역 상황에 맞는 운동의 자율성과 관련된 표현이다.

단계로 견인하는 일에 많은 힘을 쏟아야 했다. 왜냐면 총체적이면서 동시에 심층적인 작업이었기 때문이다. 또 의식화에서 실천과 행동으로 이행하는 작업이기에 힘에 부칠 수밖에 없었다. 우리는 두 번 정도 성공할 뻔 했다. 하지만 두 가지 난관이 있었다. 샤르보노의 비타협성과 엄격한 비판이었다. 그는 반쪽 가담, 반쪽 기준, 지적 만족, 선명성 결여를 좌시하지 않았다. 이런 운동 방식에 만족하지 않았던 샤르보노는 상황을 쉽게 넘기지 않았다.

지면을 빌어, 필자는 그를 따라 잡기 위해 최선을 다했음을 이야기하고 싶다. 할 수 있다면, 찰나의 순간이라도 그의 충실한 대화 상대자가 되고 싶었다. 그러나 근대 서구 사회에 대한 샤르보노의 이해는 멈출 줄 모르고 갱신되고 심화됐다. 필자는 그의 새로움과 깊이에 압도됐다. 이 날카로운 비평가는 끊임없이 문제를 도출하고 검토했다.

이러한 질서와 기획에 발 담근 베르나르 샤르보노에게 글쓰기는 부차적인 작업이었다. 그에게 글쓰기는 성찰과 연구의 토대이자 공동의 진보를 위한 가늠좌 역할을 할 뿐이다. 그러므로 샤르보노의 수많은 글은 자신의 모임이나 단체에 속한 회원을 일차 독자로 삼는다. 그러나 샤르보노가 원했던 혁명 운동을 제대로 이해하지 못했던 사람들이 있었다. 이를 위해, 샤르보노는 책 몇 권을 썼다. 그러나 샤르보노의 책은 읽기 어렵다. 그의 문체는 거침없으며, 방대한 원고를 엮은 책은 사유의 밀도와 심도를 곳곳에 심어 놓았다.

샤르보노의 글이 왜 어려운가? 구체적인 이유가 있다. 단순히 난해한 어휘를 사용하고 모호한 형식으로 구성된 글이기 때문에 어렵다고 단언할 수 없다. 샤르보노의 글이 어렵다는 평가와 관련해, 필자는 두 가지 이유를 제시하려 한다. 첫째, 단 한 번도 제대로 전개된 적 없는 베르나르 샤르보노의 방대한 역사적, 사회학적 지식 때문이다. 그는 문서의 출처를 밝히거나 요점을 제시하는 형태로 글을 쓰지 않는다. 요컨대 대학이나 학계의 방식대로 쓰지 않는다. 샤르보노는 독자의 지적 수준을 자기와 동등하다고 전제한 상태로 글을 쓴다. 또 "암시"를 사용해 여러 사건을 논하거나 간략하게 거론하고 넘어가는 식의 사고를 펼친다. 또 그가 참고하고 거론하는 사건의 순서도 그의 "직관"적 파악의 결과다. 그러므로 독자 입장에서는 무엇이 쟁점이고 관건인지 도무지 종잡기 어렵다. 샤르보노는 사회 현상을 파악하고 거기에 중요성을 부여할 때, 주로 "직감"un flair을 사용한다. 보통 학계에서 사용되는 방식과 병립하기 어려운 방법이다. 직감을 활용한 판단은 때로 논란과 문제를 일으키기도 했다. 1959년인지, 그 이듬해인지 연도는 정확치 않지만, 필자는 그 무렵에 있었던 한 사건을 회상한다. 당시 샤르보노는 강연 중에 알제리 전쟁이 하나도 중요치 않다고 선언했다. 그의 이 발언 이후, 청중은 더 이상 강연에 집중하지 않았다! 그러나 표층에 해당하는 사건이나 "사태의 힘"에 따라 규정되는 사건, 결국 새로울 것 하나 없는 진부한 사건과 그 "힘" 자체를 구성하는 일, 곧 핵심에 해당하는 일을 구분하는 작업은 매우 중요하다. 베르나르 샤르보노의 글이 독자에게 어려운 두 번째 이유는 책 곳곳에 등장하는 독창적인 개념 때문이다. 샤르보노의 책은 전 분야의 집합소와 같다. 역사, 개인 성찰, 사회 분석, 논증, 목가적 시상 등이 뒤섞여 있다. 특히, 사회학 요소와 개인 요소가 밀착됐다는 점이 가장 큰 부분이다. 베르나르 샤르보노의 책은 이러한 집합된 요소에 대한 이해 및 설명과 본인의 개입을 완벽하게 응축한 결과물이다. 필자는 샤르보노야말로 이 수준에 도달한 유일한 사람이라 생각한다. 둘 사이에는 어떤 분리도 없다. 그러나 샤르보노는 매우 명민한 문체로 글을 작성한다. 독자는 마치 최면에 걸린 것처럼 글에 빨려 들어간다. 한 문장 한 문장이 매우 의미심장하다. 필자가 자주 접하면서 또 멈추지 않은 샤르보노에 대한 독자들의 오해가 바로 그 때문이다. 엄밀하고 복합적인 사고를 독창적인 문체로 완벽하게 구성해 낸 결과물을 행복한 수사학 정도로 읽는 독자가 대부분이니 말이다. 샤르보노는 자신의 경험을 사회 전반의 지식에 통합하고, 직접 체험한 내용을 곱씹어 비판하며, 미학적 형식을 통해 쉽게 이해할 수 있도록 했다. 그러한 복합물이 단행본으로 엮였다. 샤르보노의 책이 어렵다는 평가를 받는 이유가 바로 그 때문일 것이다.

공통 사상으로 하나 된 우리[82]

베르나르 샤르보노

오랜 벗이 돌아오지 못할 먼 곳으로 떠났다. 아직 할 말이 많지만, 그러기에 "너무 늦었다."

동료도 여럿 있었고, 친구도 있었다. 그 중에서 유독, 엘륄과 필자는 삶의 기쁨을 깊게 나누던 사이였다. 우리는 서로의 삶을 이해하고 공유하려 부단히 애썼다. 내 친구 자끄 엘륄, 그는 우리 생애에 가치와 내용을 부여한 인물이다. 혹자는, 우리가 공유했던 여러 사상을 이야기할지 모르겠다. 하지만 그 사상은 적어도 우리 시대의 것이 아니라, 우리 자신의 것이었다.

엘륄이 법학을 공부하고 필자가 사학과 지리학을 공부하던 대학생 시절, 그리고 여행객에게 잘 알려지지 않은 스페인 갈리시아 지역을 배낭 하나 메고 탐험하던 시절, 우리는 일상의 고통을 나눌 기회를 거의 갖지 못했다. 청년 시절을 회상해 본다. 당시 엘륄에게 가장 중요한 사건은 기독교 신앙으로의 회심이었다. 여전히 비밀에 싸인 이 회

---

82) 원문의 출처는 다음과 같다. Bernard Charbonneau, 《Unis pas une pensée commune avec Jacques Ellul》, *Combat nature*, n° 107, novembre 1994. 이 기사는 「신앙과 삶」에도 실렸다. *Foi et Vie*, vol. XCIII, n° 5 - 6, décembre 1994.

심 사건에 대해, 엘륄은 늘 묵묵부답默默不答이었다. 반면, 필자는 과학과 기술의 진보로 인한 폭발적 변화가 부른 인간의 운명과 인간이 누려야 할 자유의 운명 문제에 골몰했었다. 전쟁 발발 몇 해 전, 우리는 서로의 생각을 바꿔보려 노력했다. 지금 생각해 보니, 절반 정도는 성공한 듯하다. 퐁데도주 거리83)에 있는 그의 집 문 앞에서 한 백보 정도 떨어진 곳에서 나눴던 대화가 아른거린다. 세상이 최악을 향해 돌진하던 시절, 백척간두와 같던 절대 위기의 시절, 그럼에도, 이따위 세상이어도, 반드시 세상을 뒤엎어야 한다는 혁명가의 결기와 의욕으로 충만했던 시절, 우리는 이 세상에서 살아감에 담긴 의미를 두고 격론을 벌였다. 엘륄에게는 그리스도인의 자유, 필자에게는 인간의 자유를 뜻했던 "자유", 바로 이 자유가 위협을 받던 시절에 말이다. 짧게는 우파와 좌파의 정치적 전체주의의 발흥으로 인해, 길게는 기술이 대기업과 국가에 공급한 선전 수단과 억압 수단으로 인해, 자유는 위협을 받았다. 전쟁과 혁명이 몰고 온 위협이 정치적 열정을 들끓게 했던 시절이었다. 물론, 어떤 이들은 이 문제를 생각조차 하지 않았지만 말이다.

    파리 중심부에서 멀리 떨어져 있던 관계로, 별로 알려지지 않았던 우리는 적어도 프랑스에서는 누구도 제기하지 않았던 문제들을 논하기 위해 보르도에서 몇 명의 친구와 의기투합해 단체를 조직했다. 필자는 랑드 지역의 외딴 곳이나 피레네 산맥을 거닐며 깊은 성찰을 추구하는 야영 단체를 조직했다. 우리는 이 활동을 통해 몇 날 며칠 자연에서 공동생활을 유지했다. 우리 모임은 자끄 엘륄과 공동으

---

83) 프랑스 보르도에 있는 거리 이름이다.

로, 당시로서는 아직 산업 사회나 기술 사회라고 명확하게 평가하지 못했던 우리 사회에 대한 비판적 시각을 유포하려 했다. 등사기로 대량 인쇄한 글을 모임마다 읽을 수 있도록 유포하는 작업이었다. 에마뉘엘 무니에는 1933년에 잡지 「에스프리」를 창간했다. 이 잡지는 "인격주의" 사상의 중심부 역할을 했던 새로운 사상지였다. 당시 「에스프리」는 좌·우파 지식인들이 무시했던 현대 사회의 문제들을 제기하며 새바람을 일으켰다. 우리는 1934년에 이 운동에 합류했다. 우리는 프랑스 서남부 지역에서 이 잡지를 지지하는 단체들을 조직했다. 특히 포Pau 지역의 단체와 긴밀하게 접촉했다. 사람들은 이 잡지에서 우파 전체주의 발흥의 심층 원인들을 분석했다. 원인의 검출 과정은 이데올로기보다 당대의 사회 통념들, 대형 출판사나 라디오, 영화와 같은 대중 매체들에 의해 만들어지는 사회상을 통해 이뤄졌다. 우리는 현실 극복을 추구하는 단체의 구성원들을 돕기 위해, 「에스프리」의 분석을 활용했다. 자끄 엘륄이 자유주의 산업 사회에서 파시즘의 기원들을 제시하기 위해 「파시즘, 자유주의의 자식」Le fascisme, fils du libéralisme84이라는 논문을 출간했을 무렵, 필자는 자연 감성에서 목가적 문학 요소를 제거하고 사회 정치 운동을 추진하려는 목적을 갖고 「자연 감성, 혁명적 힘」Le sentiment de la nature, force révolutionnaire85이라는 논문을

---

84) [역주] Jacques Ellul, 《Le fascime, fils du libéralisme》, dans *Esprit*, 1er février 1937, N° 53, pp. 761‑797.
85) 이 논문은 「서남부 지역 인격주의 단체 내부 사상지: 바욘, 보르도, 포, 툴루즈」 1937년 6월호에 실렸고, 이후 베르나르 샤르보노와 자끄 엘륄의 글을 모은 『그럼에도, 우리는 혁명가들이다』(*Nous sommes des révolutionnaires, malgré nous*, Paris, Seuil, 2014)에 재수록 됐다. [역주] 국역본으로 다음 자료를 참고하라. 베르나르 샤르보노, 「자연 감성, 혁명적 힘」, 베르나르 샤르보노/자끄 엘륄, 『생태 감수성의 혁명적 힘: 인격주의, 자연 감성, 기술 비판』, 앞의 책, 135-218쪽.

작성했다. 「에스프리」는 「광고」La publicité 86라는 제목으로 필자의 논문을 실었다. 필자는 이 글에서 상품 하나를 팔기 위해 광고가 어떻게 취향, 풍습, 사회도덕을 바꾸는지를 보이려 했다.

그러나 우리의 행동 이유는 가톨릭교회를 우파 반동 세력에서 떼어내는 일을 1차 과제로 여겼던 「에스프리」의 가톨릭 사상가들과 점점 분리되기 시작했다. 에마뉘엘 무니에에게 이 단체는 잡지를 기념하는 기능 정도에 한정됐지만, 우리에게는 기술 진보로 인한 사회 변화에 대한 독창적 성찰의 중심지였기 때문이다. 우리는 「에스프리」와 다른 성향의 인격주의 운동과 교류하기 시작했다. 바로 아르노 당디외, 로베르 아롱, 알렉상드르 마르크, 드니 드 루즈몽 중심의 「새 질서」L'Ordre nouveau였다. 어떻게 보면, 우리는 좌파 인격주의와 우파 인격주의의 접합점을 만든 장본인일지 모른다. 인민 전선의 도래는 가톨릭 성향의 「에스프리」 운동원을 좌파에 가담하도록 하는 데 성공했다. 우리의 본능적인 동정심이 그 방향으로 나아갔는지도 모르지만, 가톨릭 신자들이 우선시한 문제는 개신교도와 불가지론자였던 우리와는 간접적으로 연결됐을 뿐이다. 특히, 『20세기에 대한 소소한 두려움』La Petite Peur du XXe siècle의 저자인 무니에와 달리, 우리는 진보에 "아멘"으로 화답하지 않고, 진보의 성과로 인해 치러야 할 값인 자연과 자유의 위기의 문제를 숙고하려 했다. 무니에는 변화 중인 사회에 적응하는 문제를 최고의 과제로 뽑았지만, 우리는 사회 변화를 위해 민주주의와 자유를 토대로 삼고 그러한 변화를 판단하는 문제를 우선 과제로 삼았다. 변화하는 사회의 상태에 적응하는 문제는 이후 시대

---

86) 이 논문은 「에스프리」 1935년 4월호에 실렸다.

에도 반복됐다. 무니에는 먼저 페탱주의 심지어 1940-1941년 무렵에는 볼셰비키주의에 반대하는 십자군[87]에 가담했고, 1942년에는 '레지스탕스'에 가담했으며, 전쟁 말미에는 승기를 잡은 공산주의에 환한 미소를 보냈다.

마르크스주의와 국가주의를 넘어서 사회사상과 정치사상의 갱신을 꾀했던 인격주의의 정체성은 전쟁으로 인해 박살나고 말았다. 인격주의 운동에 가담했던 옛 동지들은 자포자기 상태에 빠지거나 유럽을 사분오열시킨 갈등의 온상지인 좌파와 우파로 흩어졌다.

1. 총력전의 결과

총력전을 위해 모병 활동에 매진한 결과, 개인은 철저히 고립됐다. 전쟁은 전쟁 이전 시대의 모든 것을 금지했고, 원점으로 돌려놓았다.

인격주의자라 불린 여러 청년 지식인의 소단위 모임들이 세계 변혁의 밑그림을 그렸다. 그러나 전쟁은 그것을 갈기갈기 찢어 공중에 날렸다. 전쟁은 기술 진보의 엄청난 가속화를 불렀다. 한 편, 전쟁은 비판 정신과 지적 창조성의 퇴보를 불렀다. 백인이 또 다시 흑인과 대립하고, 선과 악이 대치했다. 더 이상 사유의 순간은 존재하지 않고, 즉각 반응만 있을 뿐이다. 나치라는 괴물에게 잡혀 먹히고 싶지 않다면, 무슨 수를 써서라도 이 괴물을 없애야 할 것이다. 히틀러에 맞서 열전熱戰을 벌였던 동지들이 전쟁이 끝나니 냉전冷戰으로 으르렁댔다. 전쟁의 연장이다. 비판 능력에 담긴 생산성은 사라지고, 토론은 마르크스주의 대 자유주의의 논쟁에 환원됐다. 아마도 생태학과 관련된

---

[87] 다음 자료를 참고하라. *Dictionnaire des girouettes*, de Galtier-Boissière (Crapouillot, 1957).

분야에 깊이와 현재 생태학에 결여된 인간적 차원을 부여할 수 있었을 유럽의 '정신적, 사회적 운동'이라는 태아를 낙태한 주인공은 바로 2차 대전일 것이다.

전쟁으로 자끄 엘륄과 필자는 한 동안 떨어져 지낼 수밖에 없었다. 1939년 7월에 피레네 산맥 부근의 니스토스Nistos 삼림에서 몇몇 친구와 밤새도록 이야기꽃을 피운 적이 있었다. 그 때 자끄 엘륄은 교회에서 주관하는 야영 활동에 참여했던 관계로, 우리 모임에 참여하지 못했다. 필자는 동료들 앞에서 진보를 문제 삼고 심의하는 작업에 전력을 다하겠다고 맹세했다. 당시 나치의 전체주의와 반유대주의가 널리 퍼졌던 시기였음에도, 진보 자체에 대한 문제 제기는 여전히 낯선 분야였다. 1940-1941년 프랑스의 패전 이후, 비시 정부는 필자의 장인인 앙리 도댕Henri Daudin을 체포하라는 명령을 내렸다. 도댕은 철학 교수였으며, 독소 불가침 조약이 성사되기 전까지는 공산주의에 매우 호의적이었다. 그 무렵, 필자는 항복한 지역 거주민의 권리를 보장하는 협약이자 필자 개인과도 관련된 협약을 근거로 점령군에 맞서 싸웠다. 이후에 나치가 패하고, 소련과 미국의 참전으로 인해, 필자는 1942년 말에 결성된 레지스탕스 활동을 단념한다. '에스프리'의 대표자 한 명이 보르도 지부 활동에 참여하자고 제안을 했을 때, 필자는 거부했다. 왜냐면 당시에 보르도와 포 지역의 고등학교 교사직으로 마음이 움직였고, 시골 생활에 대한 열정에 사로잡혔기 때문이다. 지역 활동을 통해 레지스탕스에 가담한 친구들과 긴밀하게 접촉할 수 있는 기회도 있었다. 필자는 전후에 있을 일에 관해 몇 가지 생각한 바가 있었다. 이를 바탕으로 친구들을 설득하려 했다. 어쨌든, 이 친구들과의 만남을 필자의 레지스탕스 활동이라고 평가하기는 어려울 것이다. 페탱주의와 계속 거리를 뒀기 때문에, 훗날 '왜 그대는 레지스탕스에 가담하지 않았는지'를 정당화하기 위해 자아비판을 단행할 필요는 없었다. 독일이 물러간 이후 히로시마에 터진 섬광원자폭탄을 보며, 필자의 판단이 옳았음을 확인했다. 왜냐면 필자는 그때도 본질적인 문제로 고심하던 중이었기 때문이다.

친구 엘륄의 상황은 필자와 매우 달랐다. 가족의 출신과 종교적 견해로, 그는 레지스탕스 활동에 투신한다. 그의 부친은 체포돼 옥사했고, 엘륄 본인도 법학과 교수직에서 해임됐다. 그와 식솔은 나치의 눈을 피해 랑트르 두 메르l'Entre-deux-Mers의 작은 마을에 숨어 지냈다. 해방된 바로 다음 날, 우리는 재회했고, 전쟁으로 잠시 단절됐던 공통 기획을 재개할 수 있었다. 공통 기획을 재개할 수 있다는 이유 때문인가? 엘륄은 파리에 진출하지 않았다. 정권에 참여하기 위해 상경한 다른 레지스탕스 활동가와는 사뭇 다른 처신이었다. 현실 정치인으로서의 짧은 경력이 있었지만, 이마저도 포기하고 보르도대학교 법학과 교수로 남았다. 필자는 보르도와 포에서 고등학교 교사로 재직하다 레스카의 고등사범학교로 자리를 옮겼다. 시골에 푹 빠져 살 수 있는 환경이었고, 영원히 머물고 싶은 곳이었다.

2. 나치 전체주의의 승리

나치 전체주의가 승리했다. 그러나 그것은 공산당 전체주의의 승리 덕이다. 최악은 바로 스탈린 공산주의다.

동유럽이 굴복한 값으로 서유럽이 해방을 맞았다. 프랑스에서 스탈린주의는 좌파에게, 나치는 우파에게 각각 권위라는 유산을 물려줬다. 그 유산은 전통적으로 좌파 성향을 보인 개신교에도 흘러갔고, 프랑스 가톨릭 사상계에도 일부 영향을 미쳤다. 보헤미아와 헝가리 개신교 교회 지도자들은 스탈린주의에 항복했다. 엘륄은 교회의 이러한 항복 승인에 반발했고, 거부 의사를 명확히 밝혔다. 제도에 대해 시종일관 거리를 둔 그의 행보에 부합하는 행동이라 하겠다. 필자의 경우, 자연과 자유에 대한 깊은 애정의 원천은 기독교였다. 필자는 이를 잘 안다. 그렇기 때문에, 엘륄과 필자 사이에 전쟁 이전 시기보다 더 가까운 사상 교류가 이뤄졌다.

문제를 제대로 제기하려면, 문제를 은폐한 오류들을 치우는 일이 급선무다. 우리는 1950-1960년대에 개인 심리학에서 프로이트주의를 비롯해, 모든 문제를 마르크스주의와 레닌주의에 환원시키는 진리들, 정확히 말해 진리로 받아들인 것들을 비판하려 힘을 합쳤다. 우리의 생각에, 부르주아 이데올로기를 정당화하는 몇몇 연구를 제외하면, 마르크스 이후에는 이 학문이든 저 학문이든 사회 발전이 경제 발전에 따라 규정된다는 점에 동의하는 분위기였다. 그러나 경제 발전과 기술 발전을 어떻게 분리할 수 있는가? 더군다나 기술이 국가 권력을 실현하는 데 필요한 수단을 공급한다는 점에서, 국가 발전과 기술 발전을 어떻게 분리할 수 있는가? 특히 경제와 정치의 진리가 종교의 진리를 추종하는 시대에 말이다. 행동을 규정하는 모든 진리가 군사, 정치적인 시대에, 기술 분석은 국가 분석과 분리될 수 없었다. 이에 1952년에 「르몽드」에 실린 자끄 엘륄의 장문 비평 기사[88] 덕에 타

---

88) 자끄 엘륄의 기사를 확인하라. Jacques Ellul, ≪L'homme et l'État≫, *Le Monde*, le 16 décembre 1952.

자 인쇄된 상태였던 필자의 책 『국가』가 출판사를 통해 세간에 유통될 수 있었다. 그의 기사 이전만하더라도 출판은 꿈도 못 꿨다. 출판사의 안중에도 없는 책이었기 때문이다.[89]

그러나 우리에게 이러한 분석은 다른 분야의 분석을 위한 사전 작업이었을 뿐이다. 숨은 작업이라 할 수 있을 작업, 바로 기술 진보에 대한 분석을 위한 사전 작업이었다. 이 목적에 맞춰 필자는 야영 활동을 재개했다. 자끄 엘륄도 참여했었던 이 야영 활동은 토리즈의 코르비에르, 우르탱 지역의 해안과 호수 사이에 있는 숲에서 진행된 '크로셰 드 카발' 등이었다. 활동을 재개했지만, 토론은 지속되지 못했다. 결국 활동을 접을 수밖에 없었다. 그러나 보르도 학생들에게 권위 있는 교수로 존경 받았던 자끄 엘륄은 이 계획을 복구해 보자고 제안했고, 필자는 그를 보조하는 위치에서 제안을 수용했다. 따라서 1950년에 팔미르 지역의 숲에서 모임을 가진 이후로, 보르도 인근의 지역에서 몇 주 동안 야영 활동을 지속했고, 필자의 집이 있는 아스프 계곡 인근에서도 활동이 이뤄졌다. 1957년 '레름 에 뮈세'LermetMusset 지역에서도 야영 활동이 이뤄졌다. 소수의 인원이 모였지만, 몇날 며칠을 동고동락하는 공동생활을 체험했고, 평등한 관계에서 토론하고, 현실에서 출발해 문제의 근원까지 들어가면서 다양한 질문을 제기했다. 우리는 당대 실권자들이나 침묵으로 일관했던 이들의 경계를 뛰어넘어 우리만의 문제와 대결할 수 있었다.

그러나 이러한 모임은 결코 학술적이지 않았다. 오늘날 전문가의 학회와는 성격이 전혀 달랐다. 사실 이들 모임은 여러 참가자의 헌신

---

89) 샤르보노의 이 책은 1987년과 2020년에 각각 편집돼 재출간됐다. Bernard Charbonneau, *L'État*, Paris, Economica, 1987; Paris, R&N, 2020.

이 있었기에 가능했다. 당시 필자는 엘륄에 비해 교계에 덜 알려졌고, 사회 활동도 미미했다. 그런 필자는 이러한 토론 모임을 통해, 여론 조성 작업보다 기술에 대한 문제를 제기할 수 있을 특정 기관의 창설에 더 관심을 기울였다. 참고로, 당시 엘륄은 이브 샤리에[90]와 협력해 지역의 비행 청소년을 위한 사회 운동에 참여했다. 어쨌든, 현재 사람들이 기술에 대해 문제를 제기하고 그 문제에 집중할 수 있게 됐다면, 그것은 캘리포니아가 아닌 보르도 덕분이다. 훗날 생태 운동이나 환경 운동이라 불릴 운동의 뿌리도 보르도에 있다. 이러한 우선성을 인정한다면, 친구 엘륄과 펼친 활동이 단순히 그의 정치 이력 정도로 축소되는 저평가를 벗어날 수 있으리라 확신한다.

제도적 속박의 문제와 대면하게 된 이 모임의 구성원들도 퇴행을 면하지 못했다. 사실, 기존의 속박에 통합되기보다 새로운 속박을 만드는 일이 더 쉽다. 퇴행은 곧 이 모임의 격하였다. 친구들 사이의 시답잖은 잡담이나 나누는 장소로 격하될 위험 신호였다는 말이다. 모든 내용을 과감하게 상정하고 열정적으로 토론했어야 할 모임이 신변잡기 친목회로 떨어지는 순간이다. 우리는 결국 모임을 중단했다. 그러나 필자는 자끄 엘륄과 긴밀한 접촉을 유지했다. 당시 우리는, 개인이 사용할 수 있는 유일한 수단에 집중할 수밖에 없었다. 바로 글쓰기다. 숱한 난관을 거친 끝에, 엘륄은 1954년에 『기술 혹은 세기의 쟁점』 출간에 성공한다. 출판 담당자이자 엘륄의 동료 모리스 뒤베르제

---

[90] 특수 학교 교사였던 이브 샤리에는 자끄 엘륄과 함께 페사크(지롱드 지역)에 청소년 예방 클럽을 세웠다. 그는 1970년 12월 2일에 익사 사고로 사망했다. 자끄 엘륄은 그와 공저한 책을 완성해 『비행 청소년들: 불량배에서 히피까지』(*Jeunesses délinquantes. Des blousons noirs aux hippies*, Mercure de France, 1971)라는 제목으로 출간했다.

는 이 책을 냉혹하게 비판했다.[91] 엘륄은 이 책으로 프랑스가 아닌, 미국에서 명성을 떨쳤다.[92] 필자는 1963년에서 1967년까지 "베스트셀러" 한권을 찾았노라고 굳게 믿은 드노엘Denoël 출판사에서, 우리 사회의 변화를 비판하는 몇 권의 시론을 출간하는 데 성공했다. 이후, 필자의 친구이자 마르크스주의자인 앙리 르페브르Henri Lefebvre 덕에 1969년 갈리마르 출판사에서 『바빌로니아의 정원』Le Jardin Babylone을 출간할 수 있었다. 그러나 파리의 지식인 랑데르노와 함께 짤막한 악명을 떨친 이후, 필자의 책은 거의 잊혀 졌고, 판매도 부실했다. 결국 베아른의 초야에 묻혀 살았고, 인세를 받는 전문 작가로서의 경력도 끝났다. 매체는 일시적으로 "참고할 가치 있는 정보"notitia dignitarum란에 엘륄의 이름을 올려놓았다. 공적 유명세를 확보한 엘륄은 각고의 노력을 기울여 필자의 저작을 출간해 주려 애썼으나, 아직도 책의 절반은 미 출간 상태이거나 세간에 전혀 알려지지 않은 상태다.

덧붙여, 친구의 속 깊은 의리 덕에 필자는 개신교 사상지인 「개혁」1950-1965 지와 엘륄이 편집장으로 재직1971-1989했던 「신앙과 삶」의 "2000년의 연대기"란을 통해 사상을 펼칠 수 있었다.

3. 기술 진보의 값에 대한 문제 제기

결국, 1970년에 유네스코혹은 캘리포니아의 신호탄과 더불어 진보의 값에 대한 문제 제기가 시작됐다.

---

91) Maurice Duverger, ≪Ésope et les techniques≫, *Le Monde*, 4 novembre 1954, 자끄 엘륄의 다음 책도 참고하라. Jacques Ellul, *La Technique ou l'Enjeu du siècle*, paru en 1954 aux éditions Armnad Colin. [국역] 자끄 엘륄, 『기술, 시대의 쟁점』, 대장간, 출간예정.
92) 『기술, 시대의 쟁점』의 영어 번역서 제목은 『기술 사회』(*The Technological Society*, Vintage Books, 1964)다. 대서양 반대편(특히, 북미 지역)에 알려진 엘륄의 책 가운데 가장 큰 반향을 일으킨 책이다.

프랑스인들은 텔레비전에서 해로운 문제를 발견한다. 특히, 텔레비전은 시력에 큰 문제를 일으킨다. '과학적'이라는 수식어가 붙은 "생태" 운동이 기지개를 켰다. 자연에 대한 착취에 맞서 자연을 보호하자는 진지한 운동이었다. 앵글로색슨 세계에서 나온 용어인 "환경"l'environnement이 위협을 받는다는 이야기들이 나돌기 시작했다. 앵글로색슨 국가에 이어 라틴계 국가에서도 진보의 문제를 성찰하며, 진보의 결과물에 대해 논하기 시작했다. 초창기 "생태 운동"은 개인 차원의 운동이었고, 자신의 주변 환경 문제에 한정됐다. 필자는 프랑스의 주간지 「샤를리 엡도」Charlie Hebdo의 주필 피에르 푸르니에 Pierre Fournier와 함께 1972년에 생태 사상지 「열린 입」La Gueule ouverte의 창설에 참여했다. 필자는 이 사상지에서 1977년까지 "황무지 연대기"Chronique du terrain vague라는 분야를 맡았다.[93] 또 1972년부터 부코Boucau 지역의 가브Gave 연안에 있는 자택에서 다양한 인사와 모임을 가졌다. 이 모임에 참석한 사람 중에는 앙리 르페브르, 피에르 사뮈엘[94], 자끄 엘륄, 필립 말리외[95], 리오넬 베니슈[96] 등이 있었다. 이 모임에서는 중요한 문제에 관한 다양한 발표가 이뤄졌다. 엘륄은 「전문기술관료제를 통한 자연 보호는 거짓말이다」Le mensonge de la protection de la nature

---

93) "황무지 연대기"의 마지막 연재 글은 1977년 7월 14일 「열린 입」 166호에 실렸다.
94) 피에르 사뮈엘(Pierre Samuel, 1921-2009)은 수학자이며, "생존과 삶을 위한 과학 비판"과 "대지의 친구들"을 통해 투쟁한 활동가다. 『생태학: 이완과 악순환』(Écologie: détente ou cycle infernal, Union générale d'éditions, 1973)과 『문제는 핵이다』(Le Nucléaire en questions, avec Claude - Marie Vadrot, éditions Entente, 1975)를 썼다. 그는 샤르보노의 책 『우리 지역을 구하라: 생태학, 지역주의, 지역 사회들』(Sauver nos régions. Écologie, régionalisme et sociétés locales, Sang de la terre, 1991)의 서문을 작성하기도 했다.
95) 필립 말리외(Philippe Malrieu, 1912-2005)는 툴루즈대학교의 심리학 교수였다. 베르나르 샤르보노의 부인인 앙리에트 샤르보노의 자매 "쉬잔 도댕'과 결혼했다.
96) 리오넬 베니슈(Lionel Bénichou)는 피레네 아틀랑티크 지역의 생트 쉬잔의 시장을 지낸 인물이다. 오르테즈 지역에서 활동한 신경정신학 전문의다.

par la technocratie를 발표하기도 했다. 모임 구성원의 글은 「부코 지역 연구지」 Les Cahiers du Boucau에 실렸다. 프랑스에서는 곳곳에서 통제되지 않는 발전의 위협을 지적하는 목소리가 나왔고, 각종 보호위원회가 창설되기도 했다. 필자는 1973년에 세르주 마예[97]의 요청으로, 아키텐 해안보호위원회의 위원장을 맡았다. 위원회의 주요 업무는 해안 난개발에 반대하는 투쟁이었다. 정부는 해안 보호를 구실로, 해안가를 관광특구로 개발하려 했다. 1979년에 위원장직을 사임해야겠다고 결심한 이후, 엘륄에게 직위를 위임했다. 1974년 『체계와 혼돈』 *Le Système et le chaos*과 『침울한 농촌』 *Tristes Campagnes*이 출간된 이후, 필자는 칼카 Calcat 지역의 수도원에서 열린 '에코로파' 창설 대회에 참가했다. 유럽의 중요 인사들이 자연과 인간의 보호를 위해 이 모임을 중심으로 뭉쳤다. 에두아르 크레스만[98]이 창립자였고, 자끄 엘륄 역시 모임의 핵심 인사였다.

1980년에 필자는 생태 운동에 대한 자아비판을 담은 책 『청신호』 *Le Feu vert*를 출간했다. 이후로 정치생태학이 출현한다. 그리고 그 사이에 외부에서는 각종 보호위원회가 우후죽순 생겨났다. 모두가 고속도로에는 찬성하지만, "제 집 앞마당"의 고속도로 건설에는 반대했다. 변두리 현상이었던 생태학이 사회 전체 통합되는 기현상이 벌어졌다. 매체들은 연일 생태 운동 대표자들을 초청하기 바빴다. 브리스 라롱

---

[97] 세르주 마예(Serge Mallet)는 사회학자였고, 연합사회당의 당원이었다. 1973년 자동차 사고로 세상을 떠났다.

[98] 에두아르 크레스만(Édouard Kressmann, 1907-1985)은 원래 포도주 무역에 종사했다. 1976년에 "생태에 관한 성찰과 행동을 위한 유럽 네트워크"인 "에코로파"(ECOROPA)의 공동 창립자이다.

드Brice Lalonde[99]는 텔레비전 방송의 주연 배우가 된 것 같았다. 여론 조사는 녹색당의 구미에 딱 맞는 수준으로 발표됐다. 이제 환경은 녹색당의 주무 사업이 됐고, 담합 구조를 형성한 대기업들은 그간 자기들이 뿜어냈던 공해를 제거하겠다고 팔을 걷어붙였다. 공해를 뿜어내며 이익을 보더니, 이제는 공해를 제거하면서 또 다른 이익을 보겠다는 심산이다. 사람 손이 닿지 않는 설원과 해변을 담은 그림들이 해안과 산을 뒤덮은 시멘트를 교묘하게 가린다. 개발은 여전히 진행 중이다. 그러나 이제 개발의 색깔은 회색이 아닌 녹색이다.

현실 사회에 대한 비판은 더 이상 무명의 자원 봉사자의 업무가 아니다. 1980년에서 1990년으로 이동하면서, 이 비판은 사회의 유행이 됐다. 생태 운동에 가담한 신세대 운동가 중에는 정기적인 급여를 받거나 영업 허가를 받아 이를 전문직으로 삼기도 했다. 과학과 기술이 야기한 여러 문제는 해당 분야 전문가의 손에 넘어갔다. 반면, 사회학자들은 모호하기 이를 데 없는 문제를 생태 문제랍시고 찾고 분석했다. 변죽만 울릴 수밖에 없었다. 이러한 상황에서 필자는 『청신호』를 썼고, 이보다 몇 년 전에 자끄 엘륄은 『기술 체계』*Le Systéme technicien*, 1977를 썼다. 어쨌든, 개인의 철저한 의식화에서 비롯된 산업 사회 비판이 이제는 누구나 떠드는 상투적이고 진부한 표현이 됐고, 그 내용은 중화됐으며, 결국 권력을 지향하는 쪽으로 전향하고 말았다. 시간은 흘렀고, 정치생태학의 선구자들도 하나 둘 씩 세상을 등졌다. 생태 운동의 1세대는 과연 무엇을 유산으로 남겼는가? 1968년 5월 운동이 유일하게 남은 긍정적인 유산인가? 생태 운동을 앞세우는 사람들은

---

99) [역주] 프랑스의 환경 운동가로서 미테랑 정부에서 환경부 장관(1988-1992)을 역임했다.

베르나르 샤르보노를 거론하지도 않고, 유명인이 된 자끄 엘륄도 언급하지 않는다. 엘륄과 필자는 생태 운동권에서 완전히 잊혀졌다. 프랑스에 생태 운동이 본격적으로 등장한지 10년 혹은 20년이 흐른 지금, 대중 매체는 이 운동을 따르고 추진하는 잡다한 지식인들을 입맛대로 띄우기 바쁘다.

4. 실패를 통한 결론

실패로 평가된 지점에서, 우리는 어떤 결론을 도출할 수 있는가?

'성공이냐 실패냐'를 따지지 않겠다. 진실에 대한 열망이면 족하기 때문이다. 그러나 '의미냐 무의미냐'의 문제는 중요하다. 모든 삶은 미완성 작품이다. 우리가 지금까지 확인했던 엘륄과 필자의 작업에도 보충할 부분이 있다. 지하 세계에서 수행해야 할 작업이다. 우리의 말을 모아 출판하고 대중에게 유포하는 작업이 여전히 남아 있다. 그러나 엘륄이나 필자에게나 조직을 구성하는 재능이 없었다. 심지어 우리 주변의 측근 중에도 그런 재능을 가진 사람이 없었다. 서로 다른 이유가 작용했다. 자끄 엘륄의 경우, 사회적 권위를 갖춘 교수직과 사회 참여 운동가로서의 위치, 개신교와 유대인이라는 환경에서 맺은 여러 관계로 인해 공적 활동에 참여할 수 있었디. 반면, 필자는 아직까지 인정받지 못했던 한 가지 질문에 천착했고, 초야에 묻혀 사는 기쁨을 누렸다. 이런 선택으로 인해, 필자는 주위의 비난을 사거나 이기주의자라 불리기도 했다. 여하튼, 필자에게는 이러한 삶이 침묵, 물러남, 고립을 견디는 데 도움이 됐다.

그러나 우리의 실패는 모든 선구자의 실패였다. 사회가 제기한

다양한 문제를 개인이 정확하게 의식하는 때는 그 시대의 문제에 대한 증거가 명확하게 드러날 때이다. 예컨대 선진국이 "영광의 30년"으로 인해 누적된 공해와 폐기물에 눈을 뜨는 데 무려 30년이 걸렸다. 개인의 의식이 시대에 동떨어져 있다면, 공적 차원의 행동은 사후에 이뤄질 것이다. 또 완결된 사실을 뒤집는 일도 불가능할 것이다. 사회, 대형 이익 단체, 국가가 각자의 편견과 수단을 바탕으로 문제 해결사 역할을 맡는다. 돈 없고, 힘없는 개인이나 소수 변두리 집단에게 그러한 역할은 주어지지 않는다. 1935년, 심지어 1960년에도 사회의 모든 것을 규정하는 '규정 주체'로서의 기술에 대한 문제 제기는 매우 이른 작업이었다. 1990년을 맞은 지금, 기술에 대한 문제 제기는 매우 늦은 작업이 됐다. 전문기술관료가 이른바 '과학적' 해법이라 떠들면서 다양한 기술적이고 전문적인 해법으로 문제를 해결하려 들기 때문이다.

지금 사람들은 문제의 바탕에 도착했다고 생각할지 모른다. 그러나 자끄 엘륄과 필자에게는 여전히 해결되지 않은 문제다.

5. 기술 분석과 과학분석

기술 분석이 과학 분석을 포함하지 않는다면, 오늘날 기술 분석의 근본을 돌파하는 일은 불가능할 것이다.

과거에, 비물질 기술을 공격하지 않은 기술 비판은 하나마나였다. 마찬가지로, 오늘날의 비판은 기술과 과학으로 거슬러 올라가야 한다. 경제 발전이 기술 발전과 연결됐고, 기술 발전은 과학 발전과 연결됐다. 방법의 복제가 이뤄진 셈이다. 우리가 근원까지 파고 들어가는 방식으로 기술 사회에 대한 비판 수위를 높이지 않는다면, 확신하건대 일각에서는 지금의 사회 변화가 부른 문제를 회피하기 위해 기술이나 과학기술의 폐해와 과학의 이익을 대조하려 할 것이다. 그러나 오늘날 과학기술이 아닌 과학이 있던가? 있다면, 어떤 과학이 기술에서 떨어져 있는가? 심지어, 이 분야의 원조라 할 수 있을 아르키메데스나 갈릴레이도 다방면의 학식을 두루 갖춘 학자이면서 동시에 기계 발명가였다. 노벨상이 제조한 것이나 다름없는 원자 폭탄으로, 이론 물리학은 1930년에 끝났다. 오늘날 생물학자와 유전학자는 다양한 지식을 두루 섭렵하면서 자기 연구에 매진하는 학자인가? 아니면, 제 전공 분야만 파고드는 기술자인가? 과학 이후에도, 과학 뿐 아니라 기술 이후에도, 연구의 눈부신 진보를 일궜다 하더라도, 윤리와 도덕은 지속돼야 한다. 이러한 판단을 내린 배경에는 지난 시절 친구 엘륄과 나눈 수많은 대화가 있다. '비판을 하려면 끝까지 밀고 가야 한다.' [기술 사회 비판을 그렇게 해야 한다는 점에서] 필자는 엘륄의 생각을 배반하지 않았다. 지금도 필자에게 엘륄의 생각은 진행 중이다.

그러나 우리는 생태 문제 너머의 문제에 도달했다. 바로 인간 자유의 문제였다. 과연 인간의 자유란 무엇인가? 이 자유를 어떻게 지킬 수 있는가? 기술보다 과학을 문제 삼기란 더 어려운 일이다. 본래 과학은 자유정신의 산물이기 때문이다. 우주의 힘을 신성시하던 기존의 관념을 부수고 우주를 탈脫신성화한 기독교 사상에 따라 생각해 보면, 과학을 통해 우리는 우주의 힘을 알 수 있고, 활용할 수 있게 됐다. 우리는 과학 법칙에 대한 인식으로 인해, 필연성의 일부였던 상태에서 해방됐다. 그야말로 진정한 마술 아닌가? 이 진정한 마법인 과학은 우리에게 힘을 공급했다. 바로 도구들과 수단들이다. 과학이 없다면, 이 지구에서 어떻게 잘 살아갈 수 있겠는가? 의료 분야의 진보만 보더라도 그렇지 않은가? 그러나 과학은 우리에게 결코 목적을 이야기하지 않는다. "네 이웃을 네 자신처럼 사랑하라"는 말은 과학 법칙이 아니다. 따라서 의학의 진보에 대해서도 동일한 문제가 제기된다. 단순히 사물들에 대한 앎, 지식을 위한 지식, 힘을 위한 힘은 터무니없는 비이성에 불과하다. 물질적으로 해방된 인간을 명분으로 내세우면서 전 분야에서 극단까지 치달은 연구들은 결국 인간을 '과학 전체주의'에 가두고 말았다. 과학 연구가 이 사실을 인식하지 못하거나 통제하지 못할 경우, 위협에 노출된 개인이나 사회의 광적인 반응을 유발할 위험이 크다.[100]

그러나 과학의 발전에 비례해, 수단도 성장하며, 수단에 의미와 내용을 부여하는 도덕적이고 정신적인 목적은 희미해진다. 과연 누가 거기에 생명과 힘을 공급하는가? '신앙의 소유'를 '사고의 거부'와 똑같은 일로 여기는 여러 종파나 종교 원리주의가 없다고 하더라도, 필자는 의구심이 든다. 과연 교회의 현실 상황에 대한 직면이 곧 상황에 대한 "아멘"으로의 화답을 뜻하는지 말이다.[101] 이 부분에서 필자는 다시 한 번 친구 엘륄의 사상을 벗어난다고 생각하지 않는다.

이제는 자끄 엘륄도, 베르나르 샤르보노도 더 이상 중앙에 서지 못할 것이다. 본성과 자신을 거슬러, 영원한 정신적 투쟁을 수행해야

---

100) 필자가 『체계와 혼돈: 기하급수적 개발에 대한 비판』(*Le Système et le Chaos. Critique du développement exponentiel*, Anthorpos, 1973)과 『밤과 낮: 과학과 문화』(*Nuit et jour. Science et culture*, Economica, 1991)에서 발전시켰던 내용을 요약했음을 밝혀둔다.
101) [역주] 아무런 의구심 없이 현상을 수긍하는 태도는 과연 종파주의나 원리주의와 다른지 꼬집는 표현이다.

할 과제는 여전히 남아 있다. 그러나 그 과제는, 우리가 아닌 타인의 몫으로 남겨 놓겠다. 이 투쟁에 충실했던 사람도 제대로 파악하지 못한 어떤 신께서 '호모 사피엔스'에게 그 과제를 제시하셨도다. 남은 자들이여, 그대들이 이 투쟁을 계승할 시간이다.

대화

1983년에서 1985년까지 「콩바 나튀르」는 11차에 걸쳐 베르나르 샤르보노와 자끄 엘륄의 글을 대화식으로 엮어 출간했다. 이 사상지에 따르면, 두 사람의 글은 생태 운동 진영에 "활동을 더 깊게 이해하고, 방향성을 제대로 짚으면서, 운동의 존재 이유를 곱씹고 또 곱씹을 것"을 주문한다. 우리는 출간 일자 순서를 따라 두 사람의 사상이 서린 글을 교차 게재한다.

비능력[102]의 길을 택하라[103]

자끄 엘륄

현대인은 다음 두 가지 비난에 동의한다. 첫째, 자연 파괴에 미친 기독교의 영향에 대한 비난에 동의한다. 둘째, 권위주의 국가와 중앙집권 국가의 제도에 기독교가 미친 영향에 대한 비난에 동의한다.

단도직입적으로 말하겠다. 과도한 비난이다. 필자는 이러한 비난을 지지하는 이들이 있다는 사실에 흥미를 느낀다. 모든 것을 단일한 공식으로 묶어 설명하는 것처럼 보인다. 다시 말해, 기독교가 불꽃 역할을 했고, 이 불꽃을 제어하는 법을 몰랐다는 식이다!

관련된 도식을 재빨리 추적해 보자. 예언자의 메시지를 계승한

---

102) [역주] "비능력"(la non-puissance)이라고 번역한 이 용어는 엘륄이 고안한 용어다. 힘이 있는 상황을 "능력"(la puissance)라고 하고, 힘 자체가 없는 상태를 "무능력"(l'impuissance)이라 한다. 반면, "비능력"은 힘이 있어도 그 힘을 쓰지 않는 한계선과 통제선의 자주적 설정을 가리킨다. 폭력과 비폭력 차원의 문제에서 비롯된 이 사고는 단순히 폭력 상황에 국한되지 않고, 정치, 생태, 사회, 인간 윤리에까지 확장된다. 엘륄과 비슷한 의미에서, 이반 일리치(Ivan Illich)는 "자기 제한"(l'autolimitation) 개념을 이야기했다. "비능력"과 "자기 제한" 모두 사람 속에 존재하는 자기 통제력과 스스로 한계선을 설정할 수 있는 자율적 힘으로서, 오늘날 산업주의, 소비주의 시대에 매우 중요한 요소다.

103) 원문의 출처는 다음과 같다. Jacques Ellul, ⟪La responsabilité du christianisme dans la nature et la liberté⟫, *Combat nature*, n° 54, janvier - février 1983.

예수의 설교는 모든 것에서 해방된 인간을 선포했다. 인간은 권력에서, 율법에서, 사회도덕에서, 종교에서 해방된 존재다. 필자는 이 해방된 존재로서의 인간에서 진정한 기독교를 이야기한다. 진정한 기독교란 1세대 그리스도인의 기독교다. 기독교는 종교에서 인간을 해방했다. 본래 기독교는 일반 종교와 같은 종교가 아니었고, 그 자체로 특정 종교가 되지도 말아야 했다. 어쨌든, 기독교는 사물과 자연에 부착됐던 전통적 거룩함을 파괴했다. 기독교는 그 후로, 환경에 대한 인간의 통제를 선포했고, 인간이 절대 주인으로 등장하는 세계에 대한 인간의 총체적이고 자유로운 통제를 용인했다. 신이 인간을 해방했다. 미지의 차원에 있으며 포착할 수 없는 이 신은 절대 초월자로서, 인간을 해방하는 신이다.

그러나 기독교는 결국 극단적으로 개인화됐다. 말하자면, 개인의 가치를 사회의 가치보다 우선하는 종교로 탈바꿈했다. 우리가 예수의 설교에서 곱씹어야 할 대목이 있다. 예수가 무리 가운데서 콕 집어 이야기하는 "너"Tu라는 호칭이다. 그럼에도 저항할 수 없는 여러 상황이 존재한다. 기독교의 메시지에는 일종의 대위법un contrepoint이 존재한다. 인간은 만물에서 자유롭다. 그렇다. 하지만 인간이 신에게 방향을 돌릴 때, 그리고 신과 이웃 안에서 살아갈 때라야 자유롭다고 말할 수 있다. 인간은 개인이 됐다. 옳다. 그러나 인간은 타자와 새로운 공동체, 색다른 공동체, 다양한 토대에서 구축된 공동체, 모든 타인이 제 역할을 수행할 수 있는 공동체, 요컨대 진정한 의미로서의 교회를 형성할 때라야 개인일 수 있다. 인간은 더 이상 신성시되지 않는 세상을 무제한 통제할 수 있을 권한을 부여 받았다. 맞다. 하지만 이 세상을 신의 창조로 생각한다는 조건에서만 그렇다. 달리 말해, 성스러움은 더 이상 이 세상 '안에' 존재하지 않는다. 신의 작품이며 선물인 이 세상을 온전히 그리고 완전히 존중해야 한다. 틀림없다. 그러나 우리는 다음과 같이 말해야 한다. 기독교의 신은 초월자다. 이 신이 예수 안에 성육신했고, 우리는 이 땅에서 육신을 입고 살았던 신의 형상을 지닌 존재다. 이 사실을 망각하지 말아야 한다. 우리는 타 종교에 등장하는 신들만큼, 아니 어쩌면 그 신들보다 더! 신의 형상에 가까운 존재들일지 모른다.

1. 제도에서 억압으로

예수의 설교는 과거의 '모든' 질서를 파괴했지만, 새로운 질서를 세웠다. 인간은 허공, 사막, "아무 곳"에나 내던져진 존재가 아니다. 종교적인 것을 위한 새로운 뿌리가 있었다. 그뿐만 아니라, 도덕과 정치를 위한 새 뿌리도 있었으며, 본성에 대한 태도도 있었다. 그러나 자유와 사랑에서 출발하는 새로운 세상의 재건을 가능케 할 이 뿌리를 제대로 취하지 못했다. 만사의 타락은 바로 여기에서 시작됐다.

어떻게 보면, 인간은 예수의 메시지를 충실히 누렸다. 예수의 메시지에서 딱히 특정한 결과를 도출하지 않고도, 새로운 의무와 지시를 동반한 새 세상의 창조에 복종하지 않고도, 그것을 충실히 누렸다. 인간은 모든 것에서 자유롭다. 그러나 동시에, 인간은 사랑과 자유를 토대로, 타인 및 사물과 존중의 관계를 맺고, 자기 이익보다 타자의 이익을 우선시하는 새로운 사회와 새로운 도덕을 건설하라는 자리에 부름을 받았다. 인간은 절대 초월자이면서 예수 안에 현존하는 신 가까이에 있는 존재라는 사실을 잊지 말아야 한다. 따라서 파괴가 발생할 때, 그에 상응하는 건설이 이뤄지지 않는다면, 말 그대로 비극이다.

재건된 세상은 권위주의 국가의 재탕이었고, 예수의 설교를 종교로 바꿨으며, 교회를 억압 종교 사회로 만들었고, 개인을 외부 사회의 통제나 다름없는 방향으로 몰아갔다. 이제 인간은 자연에 대해서도 자신을 절대 주인으로 여긴다. 바로 거기에 실패가 있다. 은총을 기반으로 세워진 제도가 자연을 압도하니 말이다. 이와 더불어, 무원칙적인 자유, 기준 없는 개인주의, 무도덕주의, 착취의 씨앗이 뿌려졌다.

[혁명 이후의 세속화와 맞물려] 교회가 높였던 여러 장벽이 무너졌다. 바로 그 때, 기독교의 이 결과가 가시화되고 효력을 발휘하기 시작했다. 역설적 상황이 발생했다. 그동안 기독교가 일종의 방어막 역할을 했던 셈이니 말이다. 예수의 설교가 계속 파괴되고, 새로운 인간, 새로운 세계, 새로운 관계가 탄생하지 않는 한, 몇 가지 예외가 있을지 몰라도, 이러한 파국적 결과[104]는 지속될 것이다.

필자는 이 대목에서 다음과 같이 말하고 싶다. 곧, 현재의 자연과 자유의 모험에서, 기독교 사상은 중요한 역할을 맡아야 한다. 그러나 과거로 회귀하자는 말이 아니다. 즉, 중세 시대나 "기독교" 사회, 기독교 사회에 대한 교회의 지배 시절로 되돌아가자는 말이 아니다. 그 시절로의 회귀라니, 말도 안 되는 소리이고, 정확히 말해 틀렸다! 필자는 오히려 성서의 메시지에 담긴 진정성을 다시 생각하고, 베르나르 샤르보노가 되찾았던 자연과 자유의 모순과 변증법에 성서의 메시지가 구체적으로 어떻게 기입될 수 있을지를 고찰하는 일에 집중해야

---

104) [역주] 앞에 기록된 '무원칙적인 자유'에서 '착취'에 이르는 실패를 말한다.

한다고 생각한다. 다시 말해, 샤르보노가 가리키는 노선에 성서의 메시지가 어떻게 도움이 될 수 있을지를 가늠해 볼 필요가 있다.

2. 자연 관리와 자연 사랑

필자는 세 가지의 간단한 교훈을 밝히려 한다. 첫 번째 생각은 '관리' 문제와 관련된다. 더 이상 자연에 성스러움이 존재하지 않는 탓에, 인간은 자연의 절대 주인 행세를 한다. 그러나 인간은 본질에 해당하는 내용을 망각했다. 바로, 이 자연이 신의 피조물이라는 사실이다. 신은 인간에게 자연을 맡겼다. 그러나 자연을 갖고 아무거나 만들라는 뜻도 아니었고, 아무렇게나 사용하라는 뜻도 아니었다. 신의 이름으로 자연을 관리하라는 뜻에서, 인간에게 자연을 위임했을 뿐이다. 무엇을 의미하는가?

구약성서 관점에서 봤을 때, 두 가지를 의미한다. 첫째, 신은 본인 스스로 이 피조물에 대한 직접 통제를 원치 않는다. 즉, 자연을 불변하는 작동 기제에 따라 운행되는 사물처럼 지배하기를 원치 않는다. 신은 자연 안에 인간의 자리를 마련한다. 그런데 그 목적은 만물을 기계 작동처럼 전능에 예속시키기 위해서가 아니다. 오히려 만물에 자유를 주고 신 자신과 다른 뜻을 도입하기 위해서다. 따라서 신은 일종의 "여유 공간"을 두려, 자신과 피조물 사이에 매개자를 세운다. 둘째, 신의 반영反影이자 형상인 인간은 피조물에 대해 마치 신처럼 행동하도록 부름을 받았다. 그러나 전능자 행세를 해서는 안 된다. 성서가 말하는 전능한 신은 사랑의 신이기도 하다. 신이 어떤 것을 창조한다면, 그것은 사랑을 통한 창조일 것이다. 또 신이 피조물에 독립성을 부여한다면, 그 역시 사랑의 행위일 것이다. 그러므로 인간은 신의 이러한 방식을 좇아 자연을 다뤄야 한다. 다시 말해, 맹목과 이기주의에 사로잡혀 이익이나 얻을 요량으로 자연 관리에 나서지 말고, 전심을 다한 사랑으로 자연을 관리해야 한다. 바로 이것이 창세기 신화 속에 담긴 중요한 의미다.

따라서 인간이 자연의 절대 주인이라는 해석은 우리와 매우 동떨어진 해석이다. 덧붙여, 자연의 관리자에 대한 명확한 해석도 필요할 것이다. 자연의 관리자로서의 인간에 대한 관념은 끝없이 예수의 가르침으로 되돌아간다. 자연의 관리자는 책임을 진다. 그는 누군가의 앞에 서서 응답해야 할 존재다. 설령 우리가 성서의 신앙을 수용하지 않더라도, 이러한 이중 측면은 유지돼야 한다. 요컨대 인간은 세상의 관리자이며, 그 목적은 타인을 위해서다. 인간은 타인 앞에서 자연을 관리하는 존재로서의 책임을 감당한다. 이러한 우리의 책임이 산산조각 난 순간, 우리는 그 행위의 결과로 말미암아 심판 받을지 모르는 위험한 상태에 처했다.

3. 유한성의 수용

필자가 성서의 가르침에서 도출하려는 두 번째 교훈은 다음과 같다. 우리는 유한성, 임계점, 한계선이라는 세 가지 관점에서 인간을 제한된 존재로 본다. 유한성은 간단히 말해, 인간과 인간이 사는 세상이 "유한"하다는 사실을 가리킨다. 시간의 유한성이 존재한다. 인간은 태어나서 죽는다. 성장의 유한성, 자원들의 유한성, 공간의 유한성도 존재한다. 마찬가지로, 우리는 이러한 유한성을 결코 바꿀 수 없다. 성서는 시종일관 우리를 향하여 이 유한성을 가르치며, 유한성에 예속된 존재로서의 삶을 수용할 것을 일종의 의무로 이야기한다. 그러나 인간은 매 순간마다 유한성을 부인하려 했고, 이는 결국 대재앙을 낳았다. 유한성은 인간의 자유를 엄히 제한한다. 유한한 인간이야말로 자연의 필연성을 이루는 한 부분이다.

또 이반 일리치와 장 피에르 뒤피가 명료하게 밝힌[105] 개념인 "임계점"도 있다. 이들이 강조한 임계점이란, 어떤 경향이 일정 지점을 넘어서면 역효과를 부르는 현상이다. 부족한 상태를 보충하기 위해 어떤 것을 추가했는데, 기대했던 것과 정반대의 결과가 나타나는 경우가 있다. 약물 과다 복용이 새로운 질병을 유발하는 경우가 그에 해당할 것이다. 이것은 한 가지 사례일 뿐, 이 밖에도 수많은 사례가 있다. 현대인은 언제 어디에서 "자동으로" 발생할지 모를 역효과와 마주해야 할 형편이다. 그러므로 임계점 개념도 인간의 자유에 한계를 부과한다. 성서는 우리에게 많은 사례를 제시하면서, 임계점이라는 이 문지방을 넘지 않도록 각별히 행동을 주의하고 평가해 보기를 권한다.

마지막으로, "한계선"이 있다. 여기에서 우리는 앞의 두 개념과 반대로, 인간의 자유의 가능성과 대면한다. 인간이 할 수 있는 능력이 있음에도 불구하고, 그 길을 선택하지 않을 자유를 나타내는 최상의 표현이 바로 한계선 개념이다. 예컨대 인간은 "살인하지 말라"는 한계를 설정할 때, 인간다운 인간이 된다. 실제로, 인간이 할 수 있는 행동

---

[105] 이반 일리치와 장 피에르 뒤피는 특히 수송과 의료 분야의 역생산성(la contre-productivité) 문제를 연구했다. 다음 자료들을 참고하라. 이반 일리치, 『행복은 자전거를 타고 온다: 에너지와 공정성에 대하여』, 신수열 옮김, 고양: 사월의책, 2018, 『병원이 병을 만든다』, 박홍규 옮김, 서울: 도서출판 미토, 2004. Jean-Pierre Dupuy et Serge Karsenty, *L'Invasion pharmaceutique*, Le Seuil, 1974; Jean-Pierre Dupuy et Jean Robert, *La Trahison de l'opulence*, Presse universitaire de France, 1976.

이 있다고 가정하자. 인간은 스스로 선택하고 부여하는 여러 이유를 내세우면서 그 행동을 극단까지 밀고 나가지 않겠다고 결단한다. 이는 인간의 자유로운 결단이다. 그리고 이러한 결단을 내리는 순간, 인간은 자유로운 존재가 된다. 자기 행위, 무력에 준하는 힘, 각종 능력을 무한대로 신장시키면서 자유로운 존재가 되는 것이 아니다. 말을 달리하면, 인간 스스로 법, 도덕, 행동 규칙을 제정하고, 그러한 길을 스스로에게 부여할 수 있을 때라야 비로소 인간은 자유롭다. 아무 일이나 행한다고 자유로운 존재가 아니라는 말이다. 자연의 관리자로서 인간이 짊어져야 할 책임이 바로 이 지점에서 등장한다. 왜냐면 인간은 자신에게 주어진 자연과 함께 많은 것을 할 수 있으나, 모두를 위험에 빠뜨리지 않도록 자신을 제한해야 하기 때문이다. 성서는 이러한 질서의 선택을 곳곳에서 표출한다.

4. 비폭력을 넘어서

마지막 세 번째 교훈이다. 이 교훈은 세 가지 요소로 이뤄졌다. 지금까지 우리는 스스로 제한할 수 있는 능력의 사례를 제시했다. 예수야말로 모든 상황마다 능력이 있으나 그 능력을 함부로 쓰지 않는 비능력비폭력보다 훨씬 멀리까지 확장 가능한 시각의 길을 택한 사례 중의 사례다. 우리가 "예수 그리스도의 길을 모방"한다면, 바로 이러한 비능력의 길 외에 다른 길은 없을 것이다. 그러나 비능력의 선택은 자연, 동물, 타인을 대하는 우리의 방식을 문제 삼을 뿐만 아니라, 군국주의 사회, 기술 지배 사회라는 현 사회의 토대와 방향, 그리고 자율성, 절대 독립성, 주권 등과 같은 자유에 관련된 우리의 이념도 모조리 도마 위에 올려놓는다. 그러나 우리의 "자연스러운 경향들"과 비춰봤을 때, 비능력의 길을 선택하는 문제는 우리의 자유에 해당하는 문제다. 자연은 이미 우리에게 "삶을 위한 투쟁"과 적자생존의 사례를 보여줬다. 우리가 적자생존이라는 이 놀이판에 들어간다면 이미 가담했지만, 오로지 필연성 추구라는 조건에 매몰돼, 자기 생존을 위해 타자를 짓밟는 힘만 키우며 살아야 할 상황을 모면키 어려울 것이다. 요컨대, 이러한 필연성을 숙명으로 안고 살아야 한다. 그에 반해, 우리는 각종 숙명으로 점철된 이 세상 한 가운데 '자유'를 도입해야 한다. 곧, 타자를 지배하지 않을 자유, 타자를 소외시키지 않을 자유, 자연 환경이든 타인이든 그 무엇이든 착취하지 않을 자유, 타자에게 결단코 폭력을 휘두르지 않겠다는 결단을 통해서만 표출되는 자유를 도입해야 한다.

필자의 생각에, 세 가지 교훈은 성서의 메시지를 올바로 설명한다. 그리스도인들이 이러한 삶의 경계선을 거부하고 책임, 존중, 비능력, 사랑의 표현을 짊어지지 않은 채 자율성만 누리려 했을 때마다 대재앙이 발생했다. 그리스도인들이 성서의 원천으로 되돌아가 근본 가치를 다시 발견하려 한다면, '책임'에서 '사랑의 표현'에 이르는 이 요소들이 생태 문제를 든든하게 보강할 수 있을 여러 이유를 공급해 줄 것이다. 더불어, 이것이 바로 신의 가르침이라는 확신도 줄 것이며, 결코 실패로 귀결되지 않을 기회도 선사할 것이다. 아울러, 이 어려운 작업에 기꺼이 위험마저 감수할 수 있을 용기와 소망도 생길 것이다.

자연과 자유[106]

베르나르 샤르보노

생태 운동의 기본 동기와 목적이 무엇인지를 연구할 경우, 우리는 표면상 모순된 두 가지 용어로 이를 요약할 수 있을 것이다. 바로 자연과 자유다.

1. 자연
(1) 인간과 관련된 자연: 행성 생명체, 바로 지구

얼핏 보기에, 생태주의자들은 모두 자연 보호 운동가들이다. 이들은 동식물, 농촌, 먹거리, 자연 생명체를 위해 싸운다. 하지만 이들의 자연은 과연 어떤 자연인가? 운동가들은 철학이나 신학을 '투명 인간'*vulgum pecus*[107] 취급한다. 다시 말해, 이들은 신학이나 철학의 유산을 중심으로 자연 문제를 고찰하지 않는다. 불타거나 냉랭한 우주의 자연 과학, 물질이 먼지처럼 사라지는 텅 빈 무한 세계를 연구하는 자

---

106) 원문의 출처는 다음과 같다. Bernard Charbonneau, ≪La nature et la liberté, fondements du mouvement écologique≫, *Combat nature*, n° 54, janvier - février 1983.
107) [역주] 문자적으로 해석하면, '평범한 짐승'이다. 무시해도 좋은 것들로 의역할 수 있다. 인간 존재 변형 문제에 대해 사유하지 않고, 사안들에 경도된 생태주의자들의 태도에 대한 샤르보노의 질책이 관건인 바, 철학과 신학에 대한 생태주의자들의 무시를 부각하는 의미로 "투명 인간"이라는 번역어를 택했다.

연 과학을 유산으로 삼는다. 그러나 인간의 유일한 거주지인 자연, 모든 인간과 생명체에 관련된 자연은 바로 지구다. 우리는 이를 행성 생명체 la planète Vie라 부른다. 왜냐면 지금까지 생명체가 마른 목을 축이고 맘껏 산소를 공급 받을 수 있었던 유일한 공간이 바로 행성 생명체 '지구'이기 때문이다. 자연 문제의 주원인은 지금도 진행 중인 '개발'이다. 여기서 말하는 자연은 아인슈타인의 팽창 우주가 아닌, 석양의 해안가, 시원한 그늘을 만드는 떡갈나무 잎사귀의 살랑거림, 하늘을 나는 매가 존재하는 곳이다.

우리가 이야기하려는 자연은 우주나 은하계가 아니다. 우리가 우주나 은하계 차원의 자연에 대해 많은 지식과 심지어 지배를 추구하려고 해도, 결코 그렇게 할 수 없다. 불굴의 자연이라고 할 수 있으리라. 언젠가 생명체와 우리 자신이 파괴되더라도 우주의 성운들은 그 잿더미 위에서 운행을 계속할 테니 말이다. 개발과 발전의 위협에 직면한 자연, 우리가 반드시 보호해야 할 자연은 바로 지구다. 곧, 모든 사람의 몸으로 그 의미를 이루는 생생하게 살아 숨 쉬는 이 땅이다. 우리는 이 자연의 존재 가능성을 위해 의무를 다해야 하며, 이 자연에서 누릴 기쁨을 위해서도 의무를 다해야 한다. 목마르지 않도록 충분히 마시고, 빵을 잘라 나눠 먹는 기쁨 말이다. 일상에서 매일 먹는 음식에서 얻는 기쁨, 사랑을 나누며 얻는 기쁨 말이다. 일상에서 누리는 이러한 기쁨이야말로 삶의 일차 요소다. 그에 비해, [기술] 진보가 추가하는 것들은 모두 부차적이다.

(2) 우리를 만족시킬 수 없는 자연

자연은 매우 관대하면서도 아름답다. 그러나 자연은 생명체에게 노화와 죽음이라는 값을 치르라 한다. 사랑하는 사람이 늙어가고, 죽음 앞에서 신음한다. 자연은 이처럼 우리에게 생명 값을 치르도록 한다. 무엇보다 이 자연 속에서 치러야 할 값을 헤아려 볼 때, 이익이나 값이 얼마가 될지 더 이상 가늠키 어렵다. 우리는 평화를 꿈꾼다. 그러나 강자가 약자를 잡아먹는 처절한 생존 투쟁이 자연을 지배한다. 우리는 자유를 갈망한다. 자유는 필연의 영역이다. 그러나 자유가 필연의 영역에 속하지 않는다면, 사고들이 언제든 우리를 습격할 수 있는 우연의 영역만 남게 될 것이다.

그래서 사람들은 매우 이른 시기부터 자연을 다스리고 고치는 데 힘을 모았다. 또 사람들은 고통과 근심에서 자기를 구원할 수 있을 지상의 예루살렘을 세우려 했다. 집요하기 이를 데 없는 사람들은 야생 채집으로 살아가는 대신, 땅에서 작물을 재배하려고 숲을 개간하기 시작했다. 맹수와 적의 공격에서 자신을 지키려 마을과 도시에 장벽을 쌓았다. 과학이 물질과 생명의 비밀을 꿰뚫고 있는 현 시대에, 인간은 자신을 무소부재하고 전지전능한 신, 불행과 유한한 시간에서 영원한 해방을 이룰 수 있을 신으로 만들어 줄 초자연적 존재를 굳건하게 세웠다. 그러고는 이 목표치에 도달했다고 생각한다. 하지만 핵의 위협에서 우리는 다음 내용을 배우기 시작했다. 곧, 우리가 지구의 상태를 경원시하거나 지구를 과도하게 착취할 경우, 종국에는 우리 자신도 파멸하게 될 것이다.[108] 앞으로 우리의 자유를 달아보는 무게 추

---

108) [역주] 샤르보노는 2차 대전 당시 히로시마와 나가사키의 원폭을 보며, 향후 폭탄 정치의 도래와 인류 공멸의 시각을 더욱 공고히 다졌다. 다음 자료를 참고하라. 베르나르 샤르보노,

는 자연의 성장 무게가 아닌, 과도한 자연 착취의 주범인 사회 조직의 성장 무게일 것이다. 시대는 바뀐다. 어제는 초목이 무성한 밀림을 밀어야 한다고 하더니, 오늘은 밀림처럼 빽빽한 아스팔트를 밀어야 한다고 말한다. 어제는 전염병에서 우리를 보호하자고 하더니, 오늘은 대홍수보다 더 끔찍한 참사가 될지 모른다고 호들갑을 떨며 경제 위기나 핵전쟁으로부터 우리를 보호해야 한다고 말한다.

2. 자유

우리는 자연의 위협과 속박에서의 해방을 추구함과 동시에, 국가로 조직된 사회충분히 전체화 될 수 있을의 위협과 속박에 스스로 예속됐다. 이것은 더 이상 자연의 문제로 끝나지 않는다. 신체적 인간의 실존 문제이며, 현재 우리가 쟁점으로 논의 중인 '인간 자유'의 문제다. 따라서 현실 사회에 대한 생태학적 반응의 특징은 크게 두 가지로 갈린다. "야생 자연"으로의 귀환을 꿈꾸는 우파 자연주의 진영과 사회 및 국가의 속박으로부터 남성과 여성의 해방을 주장하는 좌파 아나키즘 진영이 그것이다.[109]

그러나 빌라도는 "자유가 무엇인가?"[110]라고 물었다. 연쇄 사슬처럼 이어진 필연성에 대한 거부인가? 갈 길을 잃고 헤매는 우연성에

「서기 2000년」, 베르나르 샤르보노/자끄 엘륄, 『생태 감수성의 혁명적 힘: 인격주의, 자연감성, 기술비판』, 앞의 책, 219-245쪽.

109) 세부 사항과 관련해, 베르나르 샤르보노의 다음 책을 참고하라. Bernard Charbonneau, *Le Feu vert. Autocritique du mouvement écologique*, éditions Karthala, 1980[réédition Parangon/Vs 2009, L'échappée 2022].

110) [역주] 빌라도는 "진리가 무엇인가?"(요 18:38)라고 물었다. 샤르보노는 이 문장을 의도적으로 바꿨는지, 어떤 문학적 수사를 담았는지, 정확히 밝히지 않는다. 샤르보노 문장의 특성이기도 하다.

대한 거부인가? 우리는 자유를 자연과 사회의 제약에서 벗어나려는 인간의 욕구에 환원시킬 수 있는가? 또 우리는 자유의 요구에 따라 제약도 재창조하려는 인간의 욕구에 이 자유를 환원시킬 수 있는가? 이 경우, 자유는 필연과도 대립하고, 우연과도 대립한다. 그러나 자유정신은 필연에 대한 의식이다. 말하자면, 자유정신은 자연과 사회의 필연이 무엇인지를 의식하는 정신이다. 마치 직각 삼각형을 정의하듯, 모든 사람과 상황에 맞는 철저한 자유 개념을 규정하고 부여하기는 어렵다. 그러나 자유가 없을 때, 자유는 밥 먹고 사는 일 이상으로 현실적인 문제가 된다. 과연 자유란 무엇인가? 텔레비전 보면서 편하게 음식이나 먹는 이에게 제기할 문제가 아니다. 오히려 아프가니스탄 사람, 폴란드 사람, 아우슈비츠 수용소와 소련의 굴락Goulag에서 노예처럼 구른 사람에게 제기해야 할 문제다. 우리는 자유를 잃었을 때라야 비로소 자유가 무엇인지를 안다.

우리는 자유에 관한 모든 이야기를 할 수 있다. 자유가 존재하지 않는 곳이든, 자유가 존재하는 곳이든, 자유에 관해 이야기할 수 있다. 제국보다는 인민, 국가보다는 도시국가, 마을보다는 마을 주민들에서 더 자유롭게 자유에 대한 이야기를 할 수 있을 것이다. "작은 것이 아름답다"Small is beautiful. 우리는 에른스트 슈마허의 이 말에 다음 말을 추가한다. "작은 것이 참이다. 그리고 작은 것이 최선이다"True, the best.[111] 이는 규모와 양을 기준으로 삼는 사회에 반대하는 생태학자들이 간파한 진실이다.[112]

---

111) 다시 쓰면, 다음과 같다. "작은 것이 아름답다, 그것이 참이며, 최선이다."
112) [역주] 다음 자료들을 참고하라. 에른스트 슈마허, 『작은 것이 아름답다: 인간 중심의 경제를 위하여』, 이상호 옮김, 서울: 문예출판사, 2001; Leopold Kohr, *The Breakdown of Nations*, Routledge & K. Paul, 1957.

요컨대, 자유는 개별 주체들의 자유다.113) 자유가 개념과 단어에 고착되지 않는 유일한 장소는 바로 우리 각자의 마음이다. 그러나 자연이 없는 현실인은 있을지 몰라도, 사회 없는 현실인은 더 이상 없다. 개별자의 자유는 오로지 사회의 다양성을 통해서만 보장될 수 있다. 그것은 생태계의 평형이 종의 평형에 의해 이뤄지는 것과 같은 이치다.

3. 자연과 자유의 대립을 넘어서

(1) 가짜 딜레마: 자연이냐 인간의 자유냐

기술 체계는 지구의 파괴를 앞당기는 원동력이자 정당화다. 파괴를 일삼는 이 체계는 결국 인간의 자유를 위협한다. 생태 운동의 반란을 지탱하는 힘은 추상 논리와 대별될 인간 조건의 양극단 용어들에 달렸다고 해도 과언이 아니다. 바로 자연과 인간의 자유라는 두 용어다. 지금은 이 둘이 동시에 위협을 받는 상황이다. 우리는 이를 무의미한 일로 여기지 않고, 하나의 전체를 이룬 사건으로 여겨야 한다. 둘을 고스란히 담은 우리 자신의 사건이기 때문이다. 우리는 인격을 갖춘 개별자의 의식을 통해 다음 내용을 재빠르게 확인할 수 있다. 우리는 이 지구에 속한 몸을 지닌 존재들이다. 몸은 정신을 탄생시키는 데, 정신은 살점에 불과한 우리의 육체적 조건의 한계를 극복한다. 인간의 모든 행위는 역설적으로 신체적 혹은 사회적 물질 속에 사상을 구현시키는 일이다.

인간은 '자연이냐 자유냐'가 아니다. 인간은 자연'과' 자유다. 우

---

113) [역주] 자유주의자들이 떠드는 자유가 아니다. 자유주의자들이 말하는 자유는 돈과 권력을 쥔 엘리트가 누리는 자유일 뿐이다.

리 각자가 바로 이 접속사다. 자연을 망각한 인간이나 자유를 망각한 인간은 자기를 기만하고 파괴한다. 인간이 자연만 본다면, 결국 자연을 보존하는 수단만 갖게 될 것이다. 즉, 자연의 조화를 방해하는 이질적인 것을 제거하고 말 것이다. 인간이 자유만 보려고 하면, 자유를 지배하려는 인간의 욕망과 한계에 대한 무시로 인해, 결국 현재 우리가 겪는 현실에 이르고 말 것이다. 그러나 진화가 아니라면, 이 권력에 미친 유인원을 누가 창조했단 말인가? 자연 아닌가? 또 이 유인원이 사라진다면, 그 이유는 공룡과 같은 생물 종이 멸절할 때까지 태생과 증식을 담당하는 이 자연 법칙에 맡겨진 탓이리라. 인간은 자유 혹은 자연이 아니다. 인간은 자연과 자유다. 한 인격체의 능력과 마찬가지로, 생태 운동의 풍요와 생명도 자기모순을 인식하고 극복할 수 있는 능력에 달렸다.

(2) 인간의 자유만이 자연을 구할 수 있다.

어떻게 보면, 악이 만들어졌던 분기점은 히로시마 원폭 투하였다. 우리에게는 더 많은 의식화 작업이 필요하다. 그래야 구원도 가능하다. 다시 말해, 더 많이 의식해야만 지구의 실상을 제대로 알 수 있고, 반쪽 지식으로 지구를 지배하려고만 하는 실책에서 벗어날 수 있다. 우주의 아름다움을 대변하는 초록별 지구가 태양 주위를 계속 공전한다면, 우리가 권력의 본능에 대해 '아니오'를 외침으로써 이 아름다운 행성을 지키는 길을 선택했기 때문일 것이다. 유아기의 자유 상태에 머문 청소년들은 자신을 젊은 신으로 여긴다. 반면, 성인의 자유는 필연성을 의식한다. 즉, 자기만의 한계를 의식하는 일이 성숙한 자유의 본 모습이다. 지구의 통치자가 된 인간에게 남은 것은 인간 자신이 되는 것 밖에 없다. 다시 말해, 지구라는 거대한 몸을 파괴하면서 결국에 인간 자신마저 파멸시키고 말 이 미친 권력에 제동을 걸 수 있어야 한다. 인간다운 자유란 이 힘을 멈출 줄 아는 존재가 됨을 뜻한다. 우리가 제어해야 할 대상은 더 이상 물질이나 생명의 비밀과 힘-물론, 여전히 의심해야 할 대상이다-이 아니다. 개인과 사회의 무의식에 새겨진 비밀과 힘을 제어해야 한다. 과연, 어떤 과학이 이 제어 작업을 도울 수 있을지 의문이다.[114]

자연과 마주한 우리에게 남은 것은 보다 전진할 수 있는 길을 닦는 일이다. 혁명과 방향 전환을 이룰 수 있는 길을 닦아야 한다. 옛 법을 대체하는 혁명과 전환의 길을 만들어야 한다. 처음에는 자기를 약화시켜 자연을 신성시했다가 그 후에는 자연에 덤비고 대들었던 세력들과 달리, 사랑을 통해 자연을 존중하는 쪽을 지향하는 혁명과 전환의 길 말이다. 자연 사랑, 그리고 이 사랑이 낳고 기른 생태 운동은 순응주의에 덜 길들여진 개인들이 살아가는 사회에서 발전한다. 두말하면 잔소리다. 거기에는 '해독'과 '독'이 동시에 작용한다.

진정한 진보는 고철덩이의 진보도 아니고, 약물의 진보도 아니다. 진정한 진보는 '인간의 진보'다. 비록 매우 낡은 방식일지는 모르나 우리가 지금과 전혀 다른 새 길을 걷고자 한다면, 거대한 타격용 돌

---

114) [역주] 동일 선상에서, 자끄 엘륄, 이반 일리치, 세르주 라투슈 등이 말하는 과학기술연구의 "모라토리엄" 선언과 같은 일이 현 시대에 벌어질 수 있는지 생각해 봐야 한다. 경제 및 정치와 끈끈하게 맞물려 돌아가는 이 분야의 연구가 과연 한계선을 설정할 수 있는지 말이다. 자본이 투자되지 않으면, 과학기술의 발전은 불가능하며, 정치가 그 연구의 성과물을 선택하지 않으면, 그 역시 폐기물에 불과하다. 연구의 결과물이 인류와 자연을 파괴하는 해악으로 작용할 수 있다면, 과연 연구자는 그 한계를 어떻게 설정해야 하는가? 자금을 투자하고 정책으로 채택하는 이 후견인들의 눈초리를 과감하게 무시할 수 있는가?

도끼에 불과한 원자폭탄으로 무장된 유인원의 방식을 벗어나야 한다.

무생물에서 생명을 낳고, 생명에서 인간의 정신을 낳은 자연의 추진력인 '진화'가 이 땅에서 지속될지 그렇지 못할지는 향후 우리 각자의 손에 달렸다. 서기 2000년을 앞둔 이 시기, 마치 새 시대의 새벽과도 같은 이 시기에 모든 생태 운동가와 모든 자유인은 그리스 신화의 아틀라스처럼 양 어깨에 온 우주를 짊어져야 할 책임당사자들이다. 그 책임이 막중하다. 모두 기운내자!

대중 사회[115]

자끄 엘륄

현대 세계가 겪는 가장 큰 불균형이자 일차적인 불균형, 필자의 생각에는 나머지 다른 불균형의 견인차 역할을 하는 불균형의 출처는 바로 인구 성장이다. 우리는 16세기 이전에는 인구 성장과 관련된 어떤 문제도 없었다는 점을 알아야 한다. 거주자는 풍부한 천연 자원을 공급하는 광활한 땅에 듬성듬성 떨어져 살았다. 물론, 일부 지역에서는 인구 과밀 현상이 나타나기도 했다. 그러나 광활한 영토에서 사는 자들과 과밀 인구 지역에서 사는 자들은 완벽히 고립된 상태였다. 예컨대 아스테카 문명과 잉카 문명을 생각해 보라. 사람들은 무인 지대와 같은 광범위한 영토에 흩어져 살았다. 상대적으로 인구 밀도가 높고, 넓은 영역에 많은 사람이 살았던 곳은 전 세계에 딱 두 곳이었다. 바로 중국과 유럽이다. 두 지역의 인구도 현재 해당 지역의 인구 10% 정도의 수준이었다.

덧붙여, 도서 지역과 같은 무인無人 지대까지 인구 팽창이 불가능한 집단도 있었다. 사람들은 다양한 수단을 동원해 일종의 산아 제한

---

[115] 원문의 출처는 다음과 같다. Jacques Ellul, ≪Croissance démographique et société de masse≫, *Combat nature*, n° 55, mars - avril 1983.

정책을 폈다. 인구 성장을 피하기 위해 자행된 이 정책은 이따금 잔혹한 형태로 나타나기도 했다. 물론, 이 정책을 어디에서도 선정善政으로 여기지 않았다. 사람들은 빈번하게 공동체의 식량 자급력과 인구 밀도 간의 균형을 추구했다. 마지막으로, 기근과 전염병 같은 자연 재해는 과도한 인구 증가에 대한 걱정 없이도 인구를 급감시키는 결과를 낳았다. 유대인의 유명한 공식이자 훗날 종교와 도덕 분야의 논증에서 숱하게 활용되는 공식인 "생육하고 번성하라"가 바로 이러한 상태에 영향을 미쳤다. 유대인은 온 세계의 관습에 복종한다. 그리고 더 이상 다른 민족보다 더 번성하려 하지도 않는다. 이 공식은 후일 로마 제국과 맞물려 기독교로 넘어온다. 그러나 기독교에서 이 공식은 출산성 문제에 영향을 미치지 않았다. 4세기 로마 제국은 지속적인 인구 감소를 겪었다.

주민 숫자의 중요성을 의식하기 시작한 시기와 장소는 16세기 유럽이었다. 이러한 의식을 공식으로 다듬은 인물은 바로 장 보댕Jean Bodin이다. 그는 "사람이 유일한 재산이다"는 유명한 공식을 제시했다. 보댕은 권력을 추구하는 자들이나 스페인처럼 금권을 바탕으로 국가의 위대함을 추구하려는 자들에 반대했다. 그는 명민하게 정책을 분석한 이후, 다음과 같이 결론 내린다. 한 국가나 왕국의 거주민과 노동자의 숫자가 국가나 왕국의 힘을 가늠한다. 이 공식은 훗날 유럽에 지대한 영향을 미친다. 당시에 중국은 급격한 인구 감소를 겪었음에도, 여전히 하나의 벽처럼 광대한 인구 분포 지역에 해당했던 반면, 유럽은 왕국들 간의 크고 작은 갈등으로 인해 무수한 영역으로 나뉘어 있었다.

가장 강력한 수단을 추구하고 이 경쟁에서 승리를 갈구했던 자들에게 인구는 매우 중요한 문제가 됐다. 그리고 이러한 생각은 인구 증가가 관건이라는 발견에 이른다. 이를 기점으로 인구를 증가시키려는 의지가 발동한다. 물론, 자연적 장애들로 인해 늘 성공했던 것은 아니었다. 그러나 큰 방향성을 제시했다는 점에 주목해야 한다. 자식을 낳아 기르는 일이 선이요, 의무가 됐다. 따라서 위생, 의약, 농업 개량과 같은 인구 발달 수단은 그 등장과 더불어 즉각 활용됐다. 요인들을 뒤집어서는 안 되고, 위생과 감자 수확이 인구 성장의 견인차였다고 말해서도 안 된다. 실제로, 인구 성장은 위생과 농업 생산량 증가 이전부터 추진되고 갈망되던 사안이었다. 다만, 수단이 없었을 뿐이다.

1. 새로운 유형의 사회

우리는 인구 폭발을 안다. 인구 폭발은 먼저 유럽에서 일어났고, 시간이 지나면서 나머지 세계로 확산됐다. 특히 1930-1980년 사이에 세계 인구는 말 그대로 폭발했다. 인구 폭발은 유럽, 미국, 일본에 새로운 유형의 사회인도, 중국에 나타났던를 낳았다. 사람들은 이 사회를 대중 사회라 불렀다. 오르테가 이 가세트는 대중에 관한 연구서[116]를 썼다. 1930년대 출간된 이 책은 당시 상황에서 매우 설득력 있고, 현실에 부합하는 책이라는 평가를 받았다. 저자에 따르면, 개인은 익명 사회의 마그마 속에 녹아 없어졌다. 그러나 얼마 지나지 않아 사회학자들은 이 주장을 철학자의 특정 시각에 불과할 뿐, 현실과 맞지 않는다는 점을 보이려 했다. 물론, 오르테가 이 가세트의 주장은 수많은 사람,

---

[116] 호세 오르테가 이 가세트, 『대중의 반역』, 황보영조 옮김, 고양: 역사비평사, 2005.

특히 도시에서의 경험과 맞물리는 측면이 없지 않았다. 그럼에도, 사회학자들은 두 가지 내용을 논증했다. 첫째, "대중"은 존재하지 않았으며, 사회 현실도 아니었다. 둘째, 자율성을 확보한 사람들과 조직된 집단들이 항시 "대중"을 구성했다. 가족의 중요성을 잃은 반면, 활력 넘치는 다른 집단, 조합, 협회 등이 구성됐고, 개인은 '익명적 대중'이라는 바닷물 속에 결코 가라앉지 않았다. 이는 "과학적" 사회학자들의 중요한 지향점으로 작용했다. 이 사회학자들에게 "대중"은 추상 개념일 뿐이며, 가치 평가를 배제한 순수 이론 개념에 불과하다. 그러나 혼란스러운 부분도 있다. 예컨대, "과학적" 사회학자들은 대중을 영화 관람을 마치고 나오거나 전시회장을 거니는 "무리" 정도로 인식한다. 그러나 현실에서 접하는 현상은 그와 매우 다르다. 조르주 프리드만은 의도치 않게! 대중 사회의 이념을 부활시킨 주역이다. 그는 아래에서 상호 결합된 세 가지 공통 주제를 강조한다.

- 인구 밀도 증가
- 집단으로 이뤄지는 재화 "생산과 소비"
- 집단 의사소통의 확산

여기에서 우리는 아이러니하게도, 대중 사회의 존재를 거부하던 사회학자들이 '대중 소통 매체를 수용하는 대중'이나 '소통되는 정보 집단'과 같은 표현을 별 거부감 없이 사용하는 모습을 확인한다!

덧붙여, 우리는 양적 변화가 일정한 중요성을 확보하면, 그것은 질적 변화로 이어진다는 공식을 참고할 필요가 있다. 인구 1,500만의 프랑스는 인구 5,000만의 프랑스와 같은 나라가 아니다. 하물며, 같은 생활, 같은 사회도 아니다. 민족학에서는 특정 토양에서 쥐들의 양적 과밀이 부르는 영향을 이야기한다. 양적 과밀은 쥐들의 성적 행동에서 질적 변화를 유도할 뿐 아니라, 행동 전반에 걸쳐 질적 변화를 야기한다. 필자는 대중 사회를 현실로 본다. 이는 오늘날 규정자의 위치에 선 현실이며, 상당한 결정권을 발휘하는 현실이다. 따라서 필자는 대중 사회의 몇몇 측면을 세 가지로 압축해 독자에게 제시하고자 한다.

첫째, 밀집화의 근본적 사실: 거주, 노동, 여가, 이동이나 출장 등에서 우리는 다소간 익명의 군중과 점차 어깨를 나란히 하며 산다.

이러한 밀집 현상은 기만적인 사귐, 대책 없는 혼합체를 낳는다. 과밀로 인해 불거지는 불관용, 인종 차별, 폭력 등을 간과할 수 없다. 타인과의 관계는 다층적이고 피상적으로 바뀐다. 원격 통신 수단에 대한 선호와 같은 변화로 인해, 인간관계의 유지가 힘들다. 매우 빈번하게 회자되는 익명성만을 문제로 볼 수 없다. 생명이 없는 무생물 상태로의 자맥질 역시 큰 문제다.

전통 사회는 유기체 기능을 담당하는 여러 집단으로 구성된다. 또 전통 사회의 모든 구성원은 자기 위치와 기능을 인지했다. 대중 사회는 본질적으로 유기체와 같은 생명력이 없는 무기질 사회다. 안정적이고 근본적으로 소규모의 집단이 사회의 구조적 역할을 보충할 수 있는 데도 지나치게 숫자가 많고, 다양하며, 변동 사항도 과하다. 그러나 사회를 용암과 무관심 상태에 둘 수 없다. 이러한 무능 상태를 보충해야 한다. 따라서 또 다른 보충 요소가 개입한다. 곧, 사람들은 사회를 조직하려 한다. 사회는 자발적, 유기적으로 조직될 수 없기 때문에, 역할을 분류, 부여할 수 있는 외부 조직, 활동을 통제하고, 운행 방향을 강제하며, 집단을 만드는 외부 조직이 개입한다. 바로 대중 사회가 필요로 하면서 동시에 가능케 했던 행정과 관료주의 가 등장한다. 관료주의 원리가 바로 익명성과 자가 통치이기 때문이다. 행정과 관료주의가 조직되는 순간부터 살아있는 집단으로 존속할 수 있었던 모든 것이 관료주의 체제 속에 포섭된다. 그리고 그 포섭을 피할 수 있는 가능성은 없다. 권력과 대면한 개인은 고독한 존재가 된다.

둘째, 인구 증가로 인해 소비재 생산도 계속 증가해야 한다.

우리는 정신 차리기 힘든 순환 구조 속에 던져졌다. 주민 숫자는 재화와 같다. 이제 이들을 먹여 살려야 한다. 이를 위해 더 많은 생산이 이뤄져야 한다. 또 대중이 생산물을 소비하고 생산하려면, 항상 더 많은 인구가 필요하다. 그러나 이러한 소비는 단지 물질 재화에 국한되지 않는다. 정보, 예술, 사상 등에도 동일한 놀이가 작용한다. 모든 것의 무한대 증폭이 인구 성장의 가능성, 정당성, 방향성을 지시한다. 그러나 인구 증가는 지금껏 충분히 강조된 바 없는 세 가지 결과를 낳는다. 첫째, 인구 증가는 사회 통제, 규제 열망, 한계선 제거, "사회 주변화", "부적응자" 등의 문제를 낳는 주요인 가운데 하나다. 그리고 인구 밀도가 빚어낸 이 단순한 사실로 인하여, 우리는 '전자 파일 체제'와 같은 총체적 통제 체제로 이행할 수밖에 없다.

우리는 대규모 인구를 형성한 사회의 출구가 단 두 곳뿐이라는 점을 알아야 한다. 모든 것을 조직, 목록, 통제 형태로 전환해야 한다. 다시 말해, 총체적 전자 체제로 바꿔야 한다. 아니면, 아무런 조직도 하지 말고 방치해야 한다. 이러한 방치 상태에서는 대혼란이 벌어질

가능성이 크다. 두 가지 출구 사이에 중간은 없다. 대중의 자발성으로 조직되는 사회는 존재할 수 없다. 인구 증가가 빚은 두 번째 결과는 저개발이다. 사람들은 이 문제를 수차례 논했다. 저개발은 인구 성장의 직접 산물이다. 제3세계 국가의 인구 성장에 따른 문제일 뿐 아니라, 프랑스의 인구 성장에 따른 문제이기도 하다. 저개발은 제3세계의 부를 유럽 대중의 필요와 욕구에 병합한 극단적 방식이 부른 결과다. 또 내부적으로는 유럽 사회의 여러 형식이 저개발을 부른다. 제3세계 국가를 수용하지 않기 위해 선을 긋고, 수용해 봤자 결국 그 세계에 이미 구축됐던 조직의 파괴자 밖에 되지 않을 도시화나 관료제를 추진한다. 이와 같은 유럽식 구조가 저개발의 원흉이다.

마지막으로, 조직된 대중 사회의 세 번째 결과는 다음과 같다. 심리적 압박, 광고, 생활 표본, 정보, 선전을 수단 삼아 다수의 군중고독한 인간이 유기적으로 얽히지 않은 단위에게 권력이 작용할 수 있다. 이 역시 인구 과밀/대중 사회의 결과물이다. 실제로 사람이 일관된 유기체 집단 가족, 마을, 기업, 부족 등에서 살면, 정보 구별 "유용", "무용"이 더 쉽다. 더군다나 각 사람이 속한 집단은 외부의 공격으로부터 구성원을 지킨다. 이 집단 안에서 다양한 관계와 사건에 관한 정서적 기억, 행동 판단, 각자가 누구인지에 관한 정확한 지식이 실행되고 작용한다. 이러한 요소가 한데 얽혀 집단에 대한 일관성 없는 심리 조작을 금한다. 반대로, 인구 과밀/'대중 매체' 소비 사회에서는 언제나 무방비 상태의 개인이 등장한다. 이들 개인은 익명성으로 이뤄진 세계에 산다. 아니, 이 개인들 자체가 익명이다. 또 이들은 어떤 일을 선택하거나 긍정이나 부정을 이야기하는 경우, 변변한 참고 기준 하나 확보하지 못한다. 한 마디 더 보태면, 익명 사회는 망각 사회이기도 하다. 사람과 집단은 그가 무엇을 했는지, 무엇이 중요한 사건이었는지 등을 전혀 기억하지 않는다. 소화하기에 벅찰 정도로 사건이 쏟아지기에 이를 통째로 기억할 수 있는 유일한 수단은 기계다. 이제 기계만이 기억할 것이다. 그런데 그 기억이 과연 모두에게 공개될까? 누군가에게는 비밀에 부쳐야 하는 선택적 기억 아닐까? 어쨌든, 유기체 집단이 수행했던 역사에 대한 기억마저 이제는 인간의 바깥에 있는 기계의 소관이 되고 말았다. 오늘날 기억은 이런 식으로 세대를 이동한다. 이러한 상황에서는 권력 역시 색을 달리한다. 거주민의 숫자가 권력을 구성하는 유일한 요소였지만, 지금의 권력은 익명성과 망각을 발판으로 작용한다.

마지막 세 번째 측면은 파괴다. 필자는 이 문제에 대해 길게 서술하지 않겠다. 다만, 시골, 숲, 강, 바다와 같은 자연 환경이 짓이겨질 정도로 파괴된다는 사실만 간략히 언급하겠다.

사람 숫자가 증가하는 순간부터, "나머지"동식물에 속하는 모든 것이 줄어든다. 무엇보다 이 많은 사람을 먹여 살려야 하는 데, 이를 위해서는 순환 속도가 매우 빨라야 한다. 인구 증가로 인한 점유지도 두 배 혹은 열 배까지 늘어날 것이다. 인간이라는 종의 확산으로 자연계는 심각한 불균형 상태에 처한다.

2. 결론: 생산력주의 논리에 대하여

이러한 상황에서 우리는 두 가지 결론을 도출할 수 있다. 첫째, 인구의 가파른 성장을 멈춰야 한다. 인구가 이처럼 급증하는 한, 유럽 사회나 제3세계 사회에 존재하는 비극을 해결할 도리가 없다. 그러나 인구 증가의 중단도 인구와 국력을 동일시하는 셈 법을 포기할 때라야 가능하다. 그것은 서구 세계 국가에도 해당하고, 서구를 적대시하는 제3세계 국가에도 해당한다. 국력과 인구 증가의 상관성을 두고 국가 간의 경쟁이 비화되면, 결국 집단 자멸로 질주할 것이다. 또 "문명"을 "주민 숫자"에 동화시키기를 멈춘다면, 다수의 인구가 포진된 중심부가 고차원 문명의 중심부였고 이를 현재에도 확대 적용할 필요가 있다고 보았던 쇼뉘[117]의 주장도 확실히 오류일 것이다. 쇼뉘가 이 부분을 인지하지 못한 이유는 과거의 역사 시대와 우리 시대의 질적 차이 때문이다. 우리가 사는 현재의 세계와 전통 세계 간에는 아무런 공통 척도가 없다. 현재 우리에게는 역사적 교훈이 무용지물이나 다름없다. 따라서 지성, 이념, 심리 등의 차원에서 조치가 이뤄져야 한다.

[둘째,] 그런데 오늘날 생태주의자들은 실천 문제에서 선택이 필요하다는 점을 인지해야 한다. 왜냐면 인위적인 수단으로 인구 성장에 맞서 싸운다고 떠들지만, 실제로는 인간과 동물의 자연적 충동인 번식과 재생산에 맞서 싸우기 때문이다. 100년 전에 존재했던 "자연의 힘"에서 비롯된 평형 상태와 다른 평형 상태를 이루려 하지만, 그것은 인위적으로 이룬 평형이다.

덧붙여, 관료주의와 정보 중심 구조가 존속하는 한, 우리는 그 효과에 대한 환상을 만들지 말아야 한다. 인구 성장이 우리 시대 모든 현상의 하부 구조라면, 인구 성장으로 인해 발생한 상부 구조에 대한 공세와 거부를 통해서만 이 과정을 문제 삼을 수 있을 것이며, 체제의 파

---

117) 피에르 쇼뉘(1923-2009)는 다음 저작에서 유럽이 인구 감소에 경각심을 가져야 한다고 주장했다. Pierre Chaunu, *Un futur sans avenir. Histoire et population*, Calmann-Lévy, 1979.

괴도 이 상부 구조에서 출발해야 할 것이다. 생산력주의 논리가 경제 성장소비관료주의 조직과 학계에 팽배하는 한, 우리는 맹목적으로 인구 증가에 찬성할 수 없다.

따라서 필자가 위에 쓴 것처럼, 우리가 특정 이념 작업을 주도해야 한다면, 자주관리제 가능한 집단, 기능 일체를 담당할 수 있을 공동체, [익명성에 준한] 대중 사회의 행동 방식에 근본적인 문제를 제기할 수 있는 "다른 형태의 사회"와 평행을 이룰 조직 형성이 토론과 투쟁의 관건이 될 것이다. 다만, 폭력 행동은 대중 사회의 폐쇄성과 재생산을 강화할 뿐, 별다른 효과를 내지 못할 것이다.

생명 재생산[118]

베르나르 샤르보노

우리는 이전 논문에서 인간적 생태학의 기초인 자연과 자유의 문제를 다뤘다. 자연과 자유는 근본적으로 다르지만, 인간 속에 하나로 연결된다. 동시에 둘은 인간에게 위협적이다. 그러나 자연과 자유, 육체와 정신이 서로 결합하는 지점이 존재한다면, 그곳은 성性과 가족일 것이다. 여기에서 생태학은 사회적이고 정치적으로 바뀔 것이며, 지금까지 실행된 적이 없고 우파와 좌파 모두에게 동의를 받기 어려운 고유 명사를 드러낼 것이다. 이어질 글에서 필자는 개인 의견과 생활을 표현하는 방식으로 주제를 간략하게 논하겠다. 본문의 목적은 문제 제기다. 문제를 제기하지 않는다면, 대답도 없을 것이다.

1. 성(性)

두 개의 성이 존재함에도, 프랑스어는 성 le sexe을 단수형으로 쓴다. 모든 생명체에게 성은 생명의 원천이자 힘이다. 특히 남성에게 여

---

118) 원문의 출처는 다음과 같다. Bernard Charbonneau, ≪Sexualité et famille≫, *Combat nature*, n° 55, mars - avril 1983.

성이 없다면, 남성은 반쪽 성에 불과할 것이다.[119] 성관계는 생명의 번식을 보장한다. 성관계가 없다면, 생명을 살아있는 것으로 보기도 어려울 것이다. 왜냐면 욕망 중의 욕망인 성욕은 핏기 없는 파리한 욕망이 아니기 때문이다. 프로이트는 틀리지 않았다. 어린 시절부터 육신은 영이 된다.[120] 영적 육체는 그리 중요치 않다. '에로스'는 우리의 감각, 열정, 꿈을 일깨운다. 그것은 본성상 사랑을 창조한다. 즉, 에로스의 사랑은 하나의 성이 다른 성을 향해 보이는 사랑이다. 과학이 지금보다 더 진보한 기술을 조정하지 못하는 상황에서도, 성욕으로 인한 사랑은 그 열매로 자식을 선사할 수 있다. 사람들은 여기에 '이즘'isme이라는 용어를 덧붙여, '에로스'를 '에로티즘'으로 만들었다. 그것은 시장에서 유통되는 상품과 같은 용어로 기능한다. 그러나 생명에게 성관계를 선물로 준 자연 혹은 알려지지 않은 신은 의심할 여지없이 더 먼 곳까지 볼 수 있는 시야를 가졌다.

성은 남성과 여성이다. 밤과 낮, 음과 양이 연결되지 않는다면, 반쪽만 남을 것이다. 남성과 여성, 남편과 아내, 아버지와 어머니라는 짝은 차이의 구현이며 이 차이를 넘어서는 연합의 구현이다. 이성애는 성애의 여러 형태 중 하나다. 오늘날 이성애라 평가되는 사랑만이 출산과 번식의 결실을 얻는다. 아이는 자라서 또 다른 사람을 낳고, 둘은 어머니와 아버지가 돼, 또 다른 아이를 낳는다. 탄생의 반복이다. 성적 분화에는 인간이라는 종의 영속성을 뛰어 넘는 의미가 담긴다. 성적 분화는 유전자 결합을 증대하고, 개인을 무한히 다변화하며, 인간의

---

119) 라틴어 '팔로'(phallo)처럼 프랑스어 '옴'(homme)은 전인적 인간을 가리키는 독일어 '멘쉬'(Mensch)와 그 용법이 다르다.

120) [역주] 기독교 사상의 '성육신'의 과정을 모방한 표현이다. 물론 그 방향은 다르다. 기독교의 성육신은 '영'에서 '육'으로 이동한다.

미래를 연다. 그에 반해, 과학의 단색 문화는 실험실에서 표준화되고 번식력 없는 잡종을 제조함으로써 종의 씨를 말릴지 모른다.

인간은 짝이다. 둘 가운데 하나가 없는 상황은 마치 하늘과 땅의 이혼과 같다. 성의 무분별한 혼합이나 성과 성의 전쟁도 마찬가지다. 성은 생명의 원천이면서 긴장과 갈등의 원천이기도 하다. 그럼에도, 성은 사랑을 낳는다. 즉, 한 사람은 다른 사람을 성적으로 사랑한다. '성애주의자들'이나 '출산장려주의자들'은 성을 성관계 정도로 축소하지만, 성과 성의 결합은 사실 이들의 생각 그 이상이다. 쾌락이나 재생산 이름의 재생산, 프랑스의 재생산, 심지어 인간이라는 종의 재생산을 넘어서, 성과 성의 결합은 사랑이라는 또 다른 법칙의 원형이다. 사랑이 있는 곳에서 결합은 더 이상 유사성에서 나오지 않고 차이에서 나온다. 남성과 여성의 차이가 사라진다면, 다른 모든 부분도 그 뒤를 이어 차이를 없애기 시작할 것이다.

그러나 우리가 다양한 방식으로 살아가는 이 세상은 성을 문제 삼는다. 이 주제에 대해 사람들이 보이는 견해가 무엇이든, 우리는 한 가지 내용을 확인할 수 있다. 바로, 성의 전적 변화는 인간 본성을 바꾼다는 점이다. 다양한 생태주의자가 존재한다는 사실을 부인한다면, 과연 우리는 생태주의자를 자처할 수 있는가? 비슷한 경우로, 신체의 모든 변화는 그것이 유익이든 해악이든 여하튼 정신의 변화를 낳는다. 지난 몇 년 전부터 서구 세계에서 작용하는 관습과 도덕의 변화는 역사상 가장 급진적인 혁명임이 틀림없다. 그러나 우리는 그 결과와 영향에 대해서 전혀 알지 못한다. 프로이트와 최근 태동한 성의 학性醫學에도 불구하고, 우리는 '인간의 삶에 해부용 칼을 들이대는 중'이라는 단 하나의 사실만 알 뿐이다.

어떤 사회에서든 죽음과 같은 성관계는 위험하다. 벌거벗은 진실은 우물 속에 감춰졌다. 마치 무덤 속에 시체 감추듯 말이다. 성과 죽음은 인간 속에 현존하는 본성으로서, 다른 모든 것 이상으로 사회의 제어가 필요하다. 과거 사회는 성과 죽음을 제도화하고 종교 의례와 금기에 예속시킴으로써 제어 작업을 수행했다. 교회와 국가는 "생육하고 번성하라"를 유일한 목적으로 삼아 결혼에 대한 독점권을 지키려 했다. 사랑 자체이며 가족과 도시에서 갈등의 원천이기도 했던 성적 쾌락은 무시되거나 의심을 받았다. 낙태 뿐 아니라 산아 제한도 지하 세계에서 은밀하게 진행돼야 할 문제로 축소됐다. 사람들은 성 문제를 죄악시했다. 그러나 아무리 죄악시해도 쉽게 꺾일 문제는 아니었다. 또 다른 쪽에서 보면, 성은 늘 억압됐다. 성에 관한 이 문제들이 후기 기독교 사회에 들어와 거짓말, 위선, 신경증의 원천이 됐다.

권위적인 억압은 마치 한 덩어리와 같이 가톨릭 정통과 공존했다. 가톨릭과 달리, 레닌은 물 한 컵 마시듯 성관계를 가지라 조언했다. 권위와 손잡았던 사회는 "성인용품 가게"를 열고 12세 소녀에게도 피임약을 판매하고 임신중절 비용을 상환해주는 우리 사회와 전혀 달랐다. 하지만 사회 통제라는 본질은 변하지 않았다. 그렇지 않은가? 과거에 성은 감춰야 할 문제였다. 그리고 권위적인 억압이 거기에 힘을 실어줬다. 거짓과 금기에 덮여 있던 성은 이제 야만적이고 퇴폐적인 상태에서 혹은 금욕과 같은 고상한 상태에서 해방됐는지 모른다. 그러나 오늘날에는 새로운 점령자들이 등장했다. 현 시대에 성 문제를 관장하는 곳은 과학, 경제, 국가다. 사람들은 아이에게 성행위를 숨기지만, 성의학을 가르치는 학자는 어떻게 하면 성관계를 잘 맺을 수 있는지를 가르친다. 성적 쾌락은 마치 이 땅의 소금과도 같아서 산업이 맛없게 요리한 음식에 이 소금이 양념을 칠 것이라는 분위기다. 관능미 넘치는 미녀와 광고가 없다면, 생산은 소비에서 탈락하고 말 것이다.[121] 성현상은 더 이상 억압된 현상이 아니다. 해방이다. 성행위에 더 이상 결혼은 필요치 않다. 앞으로는 어린 시절부터 아무 때나 아무와 성관계 맺는 시절이 될지도 모른다. 가족의 평화를 깨뜨리는 로미오나 줄리엣은 더 이상 없다. 자기 자신을 위한 일도 아니며, 자기 이외의 다른 모두를 아울러 생각하는 일도 아니게 될 것이다.

과거에는 거룩한 신비처럼 여겨졌던 것이 미래에는 약간의 갈증에도 들이켜야 하는 한 잔의 물이 될 것이다. 일단 압박의 수위가 낮아지면, 경제와 국가는 이 탁월한 태양 에너지에서 남은 부분만 재활용하면 될 것이다. 그러나 불꽃이 너무 약해 곧 꺼지지 않을까? 포르노가 얼마나 빠른 속도로 평가 절하되는지를 보라. 어제의 사디즘마조히즘과 같은 변태 성욕을 벗어나려 사람들은 이제 발기 부전, 특히 성관계 시의 발기 부전을 일반화하지 않았던가? 억눌러도 보고, 맘껏 발산하게도 해 보았다. 그러나 그것은 또 다른 종류의 거세 아니었던가? 이러한 거세 작업이 성공을 거두지 못한다면, 열정적인 삶과 생생한 인간관계에 대한 향수병이 도질 것이고, 갖은 우울과 망상이 뒤섞인 신경증이 인간 군상 속에 자라나지 않겠는가? 필자는 지금 맹아기인 성의학이 이 질문에 제대로 대답하지 못할까봐 걱정이다. 생태 운동에 가담한 우리 각자가 그에 대한 적절한 대답을 내놓도록 하자.

---

121) [역주] 자극적으로 고혹적인 광고 없이 성 산업을 소비할 수 없다는 지적이다.

2. 가족

가족이 위기를 맞았다. 우리 중에서 가족의 위기로 인해 영향을 받지 않는 사람이 있는가? 자웅동체, 양성 부부, 그들의 자식 등에 환원되는 가족은 우리의 자유를 호소하는 마지막 요소 가운데 하나다. 물론, 인간적이다. 이상적이지 않고, 너무도 인간적인 일이다. 이티[122]의 시대에도 불구하고, 여전히 세간에 널리 퍼져 있는 소원이 무엇인가? 여성남성을 배우자로 맞아 자식 둘 셋 정도 낳는 것이다. 아버지와 어머니는 그 소원의 힘을 간직한 용어들이다. 아이를 낳는다는 말은 여성을 창조하는 말과 같다. 성적 전희 la petite mort와 모성의 재탄생 없이 무엇으로 사랑을 이야기할 수 있는가?

때로 가족은 단단히 얽히고설킨 살무사 떼와 같다. 그러나 국가의 사회보장제도에도 불구하고, 우리는 가족과 관련해 여전히 힘든 상황, 물질적 타격 및 도덕적 타격의 문제를 계산할 수 있다. 확실히 가족은 불완전한 상태다. 부모는 자식을 제대로 양육하지 못한다. 아이를 학교에 보내야 할 때이며, 국가가 출산 허가증을 제정해야 할 때다. 그러나 더 이상 아버지와 어머니가 없다면, 사람이 태어날 수나 있는가? 태어났다 한들 성장할 수 있는가? 개발됐다는 이른바 '선진국' 서구 사회는 가족 해체의 위기를 맞았고, 사랑을 통한 결혼이 가족을 이혼으로 이끄는 중이다. 과거에는 이익 관계에 얽혀 있었던 결혼이 지금은 높은 이혼 비율로 바뀌는 중이다. 이유는 두 가지다. 우선, 교회와 국가가 가족에게 종속시켜 놓았던 개인이 해방됐다. 배우자, 아내, 아이는 자기의 자유를 요구한다. 둘째, 사회가 비판을 보장하고,

---

122) 1982년에 개봉한 스티븐 스필버그의 영화 '이티'(ET)를 말한다.

그로 인해 사람들의 정신이 깨어났기 때문이다. 교회, 국가, 당파와 같은 최고 단위의 기관이나 조직과 달리, 가족은 진리의 일상이 펼쳐지는 터전이다. 그렇기 때문에 국가는 불완전한 가족들les familles에 불과하다. 최상의 것과 최악의 것을 누가 발견하지 못할까? 지금은 사회주의나 프랑스 등과 같은 가족은 존재하지 않는다. 오로지 가족들만 있다.

그러나 가족은 전혀 다른 이유로 위기 상태다. 지금까지 사회를 터전으로 삼았던 가족은 다른 변화어떤 변화라도를 원칙으로 삼고 심하게 흔들리는 중이다. 사회의 유동성이 멈추지 않는 한, 세대와 세대를 가르는 시대의 가속화는 자식과 부모의 거리를 더 떨어뜨릴 것이다. 심지어 아기들도 엄마 품에서 젖을 빨지 않는다. 그 품을 떠나 텔레비전의 품에 안기려 한다. 무엇보다 과학, 경제, 국가는 자연의 최종 보호 구역인 이 가족마저 통제하려 든다. 청년층이나 노년층은 "난 가족을 증오해!"라고 외친다. 자식이 아비를 규탄하도록 한 '리바이어던'이다. 이 리바이어던은 미래의 자기 군인과 노동자를 그 손으로 만들고 키우면서, 중소기업에게는 보조금을 지급한다. 그러나 이내 그것을 잊고 점점 청소년 교육과 여가를 맡으려 한다. 인큐베이터와 같은 기숙사에서 자란 내일의 가족에게 유일한 아버지와 어머니는 '국민국가'L'Étatnation일 것이다.

3. 질문들

우리는 인격체로서의 통합된 존재나 인격의 자유를 훼손하지 않고도 성을 자손 번성이나 쾌락으로 축소시킬 수 있는가? 둘 사이에서 인간적 생태학은 자연과 자유를 동시에 고려할 수 있는 길을 열 수 있는가? 인구 폭발은 토양의 보존에 위협을 가했다. 부모와 자식은 어떻게 하면 행복하게 살 수 있을지를 고민한다. 그리고 이러한 요소들은 산아 제한이라는 압박을 가한다. 산아 제한은 낙태와 같은 가혹한 기술과 비교하면 상대적으로 부드러운 기술이다. 이 산아 제한은 "생육하고 번성하라"는 자연의 명을 거스른다. 중국이나 인도에서 벌어지는 수정受精에서 강제 피임으로의 이행은 과연 개인 문제인가? 아니면 국가 문제인가?

남성과 여성의 결혼 너머에서 구현되는 결혼이 존재할 수 있는가? 딱지 붙이고 말고의 문제를 넘어서서 말이다. 아이의 "생명" 출산이 국가출산장려기구INSA의 통제를 받지 않는다는 점이 놀라울 따름이다. 과연 거기에서 자유를 배울 수 있는가? 가족이라는 진실의 영역 바깥에서 자유의 연습이나 이웃과의 만남이 존재할 수 있는가? 사회의 가장 최소 단위이며 자연스러운 단위에 대한 환상 없이 사회를 보호하겠다고 나서는 일이 과연 생태주의자의 일이 될 수 있는가? 가족은 유토피아적 순수성을 갖지 않는다. 왜냐하면 가족 자체에 그러한 순수성이 존재하기 때문이다. 비좁고 더러운 정방형 땅에 있는 남성과 여성은 사랑을 나누고 가족을 만들 기회가 아직 있다. 물론, 실패의 가능성도 있지만 말이다. 두 사람은 이 초지에서 낙원의 꽃을 딸 수 있다. 타인의 행복을 돌보겠다고 말하는 자들이 있다. 과연 어디에서 그것을 증명할 수 있는가? 자기 가족에서 출발하지 않고, 어떻게 가족이라는 지평을 넘어설 수 있는가? 모항母港도 없이 어떻게 항해 모험에 나설 수 있는가? 어미의 품을 벗어나 자기 자신이 될 수 있는가? 가족이 없다면, 인간은 어떻게 태어날 수 있으며, 또 한 인간으로 자랄 수 있는가? 이러한 질문에 답하는 데, 우리의 삶은 단 한 번이라는 점을 기억하자. 누구에게나 삶은 단 한 번이다.

끝없는 성장[123]

자끄 엘륄

우리가 사는 경제 세계를 종합적으로 묘사하기는 매우 어렵다. 그러나 이러한 노력을 시행할 역량을 갖춘 생태 사상이 존재하지 않는다. 필자는 두 가지 관점으로 우리 경제의 특징을 서술할 필요가 있다고 생각한다. 바로 성장과 세계화다. 그리고 거기에서 우리는 몇 가지 결과들을 도출할 필요가 있다.

성장이란 무엇인가? 모든 사람이 성장이 무엇인지 안다! 끝없는 경제 순환 구조에서 더 많이 생산하고, 더 많이 소비하는 것이 모두가 말하는 성장이다. 경제에게 지시 사항으로 세 가지 긴급명령이 떨어졌다. 첫째, 점차 응용 "돼야" 할 기술 혁신의 사건이 있다. 이것은 모든 시대와 분야에 걸쳐 있다. 기술은 점차 빨라진다. 기술을 통해 가능케 된 것을 모두 실행할 수 없을 정도다. 경제는 최선을 다해 따라가야 한다.

둘째, 이른바 "선진국"이라 불리는 국가에 사는 사람에게서 공히 나타나는 습관이 있다. 곧, 작년보다 올해 더 잘 살아야 한다는 생각이

---

123) 원문의 출처는 다음과 같다. Jacques Ellul, 《L'absurde économonique》, *Combat nature*, n° 56, mai - juin 1983.

다. 이는 부정할 수 없는 명백한 사실이 됐다. 생활수준이 항상 올라가야 한다. 따라서 더 많이 생산하고, 새로운 물건이 필요하다. 경기 침체에 대한 생각은 제거해야 할 걸림돌일 뿐이다. 아울러 경제 성장과 침체에 대한 사람들의 심리적 요인체감이 매우 중요한 요소가 됐다.

마지막으로, 우리의 경제는 추락을 피하기 위해 점점 더 빠른 속도로 달려야 하는 경주마와 같다. 그것도 균형을 제대로 잡지 못하고 비틀거리며 뛰는 경주마다. 허구 소설에 불과할지 모르겠지만, 우리가 현실 세계에서 경제 회로를 멈추고 대차대조표를 작성해 경제 결산을 내린다면, 머지않아 세계 모든 나라의 파산을 보게 될 것이다.

신기술을 적용하려면, 언제나 새로운 자본이 필요하다. 새로운 자본을 마련하려면, 신제품 판매의 상승이 필요하다. 그러나 한 사람이 세 대의 자동차나 여섯 대의 텔레비전을 소유할 수 없고, 매일 네 마리의 닭고기를 먹을 수 없기 때문에 항상 다른 물건을 소비하도록 유도해야 한다. 우리는 바로 여기에서 경제 부조리의 첫 번째 측면을 확인할 수 있다. 다른 물건의 소비는 기술의 폭발과 결합한다. 기술의 폭발로 더 정교하고 세련된 물건들의 제조가 가능하다. 그러나 사용자가 필요로 하지 않는 물건들도 우후죽순 쏟아진다. 바로 이것이 함정이다. 기술은 물품이 생산되기를 "바란다." "경제"는 소비자의 물품 구매를 바란다.

따라서 말 그대로 전혀 사용할 필요도 없는 욕구가 끊임없이 만들어진다. 그러나 성장이 심리 관점으로 들어가면, 불필요한 욕구가 진짜 필요한 욕구로 둔갑한다. 이제 우리는 기술 제품으로 가득한 세상에서 산다. 비디오테이프 녹화기VCR[124], 개인 컴퓨터, 전자 오락기, 휴대용 카세트 등과 같은 가전제품을 예로 들 수 있다. 사실, 이 물건은 단순한 환상이며 불필요하다. 그러나 사용자는 마치 필수품이라 여긴다. 과거에는 경제 성장을 유지하기 위해 물건을 제조했다. 그러나 이제는 아무 물건이나 마구 제조된다. 성장만 하면 그만이기 때문이다.

1. 생산과 소비의 세계화

세계 경제 구조라는 사태에 관한 해석의 오류가 생산과 소비의 세계화를 더 강화하기도 한다. 현재 우리는 '세계' 경제l'économie mondiale의 단계로 이동했다. 그러나 사람들은 언제나 국제 경제l'économie internationale의 용어로 왈가왈부한다. 우리는 특히 정치계에서 그러한 논의를 볼 수 있다. 이러한 비틀림이 심각한 오류를 낳는다.

세계 경제의 첫 번째 의미는 다음과 같다. 세계는 하나의 거대한 시장, 즉 '세계 시장'이 됐다. 원자재와 판매품을 가리지 않고 모두가 상품이다. 그리고 이 상품이 세계 곳곳에 유통돼야 한다. 바로 이것이 세계 경제의 작동 방식이다. 이러한 작동 방식이 필요한 이유는 (1) 세계 도처에서 들여온 원자재를 사용하는 것보다 더 많이 제조할 수 있고, (2) 더 이상 내부 경제에 유통시킬 수 없는 양질의 제품을 생산할 수 있는 고도의 기술력을 갖췄기 때문이다. 이러한 수준에서 제조되는 제품이라면, 내수용으로만 판매할 수 없다. 온 세계를 소비자로 삼고 판매해야 한다. 세계 경제의 두 번째 의미는 다음과 같다. 상품 제조는

---

124) 만약 2021년에도 프랑스에 수백만의 비디오테이프 녹화기기가 있다고 상상해 보라. 과연 현실성이 있는 상상인가? 만약 실제 그렇게 많다면, 제3세계도 아닌 제4세계일 것이다.

더 이상 한 국가에 한정될 수 없고, 세계 곳곳에 제조 복합체를 설치하고 생산에 박차를 가해야 한다. 제품 "생산" 국가에서는 세계 곳곳에서 몰려 온 부품을 모아 조립만 하면 된다.

다시 말해, 정치 단위에 부합하는 경제 단위는 더 이상 존재하지 않는다. 모든 생산은 양질의 부품 생산과 결합하며, 시장 보편성에 연결된다. 이 나라와 저 나라가 완전히 통합된다. 매우 상반된 정치 체제를 가진 나라라고 하더라도 통합이 가능하다. 중국은 점차 유럽 국가와 통합되는 중이고, 이란을 제외한 중동의 산유국은 미국이나 일본과 통합되는 중이다.

이러한 세계 경제 체제는 그 유명한 "다국적 기업"으로 구체화됐다. 사람들은 이 체제를 제국주의, 독점 팽창주의, 제3세계 인민의 노예화, 과잉자본주의라고 맹비난한다. 그러나 이러한 비난으로 세계 경제 체제에 치명타를 가할 수 없다. 우리가 확실하게 각인해야 할 부분이 있다. 곧, 기업에게는 이러한 세계화 이외에 다른 길이 없다. 역량을 갖춘 기술을 모조리 적용하려면, 반드시 다국적 기업 중심의 경제 체제를 구축해야 한다. 다국적 기업은 세계 차원에서 시장과 생산을 조직하며, 온 세계를 대상으로 이 기업들의 방식을 강제로 부과한다. 필자는 앞에서 중국을 인용했다. 중국의 작동 방식에는 자본 투자, "완성형" 공장 출자, 노동력 상호 공급, 세계로 확장하는 중국산 상품, 제3세계에 이식된 중국 '쇼핑센터' 등이 있다. 사실, 이 모든 것은 다국적 기업의 형태와 정확히 일치한다. 중국의 이 작동 방식은 자본주의의 산물이 아니다. 왜냐면 사회주의 국가에서도 충분히 볼 수 있는 모습이기 때문이다.

따라서 경제를 "국제 경제"라는 용어로 해석하는 것은 큰 오류다. 국제 경제라는 표현은 국민 국가가 경제 부문에서 여전히 독립된 단위로 존재한다는 뜻이기 때문이다. 국제 경제라는 표현은 터무니없다. "국가" 통치 정부가 원하는 대로 경제 정책을 추진한다고 주장할 수 없는 상황이다. 각국 정부는 독점권과 조직력을 갖추고 모든 영역을 차지한 경제 집단의 국제 협약으로 얽히고설킨다. 한 나라는 더 이상 국제 시장에서 판매 목적의 상품을 생산하는 생산자도 아니며, 상품 판매로 얻은 수익으로 필요한 물품을 구매하는 구매자도 아니다. 그렇게 보는 시각은 완전히 철 지난 시각일 뿐이다. 가금류와 계란을 소량 생산하고, 기껏해야 몇 십 리터 정도의 우유를 갖고, 이따금 소고기를 갖고 이웃 마을 시장에 팔고 도구나 의복을 샀던 시절에나 있을 법한 시각이다. 현재 농민은 여러 협동조합에 속한 조합원이다.

마지막으로, 경제 세계화는 모두를 기계처럼 연결한다. 예컨대 우리는 국제 석유 "위기" 사건에서 그 현상을 볼 수 있다. 이 위기는 제3세계의 가난한 나라보다 막대한 원유 소비국인 산업화 국가에 더 큰 타격을 입혔다. 현재 구매 대금을 미리 지급한 나라(멕시코, 브라질, 나이지리아 등)는 파산 수준으로 추락 중이다. 그러나 이러한 파산으로 끝나지 않을 것이다. 파산은 또 다른 파산을 부른다. 연쇄 부도 말이다. 최후에는 세계 화폐와 금융 체제 전체를 무너뜨릴지도 모른다. 즉, 세계 경제 전체의 파산으로 이어질 것이다! [그러자] 이러한 위기의 한 요소였던 원유가는 급속도로 떨어졌다!

따라서 이 분야에서 불거진 이데올로기 대립은 너무도 우습다. 사회주의 정부는 세계 시장과 그 구조와 연계해 정책을 추진해야 한다. 국유화가 자율적이고 사회주의적인 국내 정책을 가능케 하리라는 생각은 너무 단순하고 어리석다! 세계 경제가 파산한다면, 경제 활동을 통제한다는 명목으로 단행된 금융이나 은행의 국유화는 과연 유의미한가? 국영 은행도 다른 은행과 함께 파산에 휘말릴 것이다.

2. 생산력주의의 난관

앞에서 진행했던 다양한 고찰을 통해, 우리는 마지막 지점에 도달했다. 경제 문제는 점점 복잡해진다. 즉, 그 끝을 파악할 수 없는 수준으로 복잡해진다. 이 문제를 숙고해 보려는 독자는 현 정치인의 논법과 각종 구실을 충실히 추적해 보면 될 것이다. 레몽 바르Raymond Barre나 프랑수아 미테랑François Mitterrand처럼, 정치인은 상황을 분석하고 그에 대한 치료제를 적시에 활용하는 식의 미봉책에 급급하다.

실이 여전히 팽팽하다. 즉, 제3세계와 제4세계의 빈곤은 계속 진행 중이다. 사람들은 세계 경제 생산의 성장만이 빈곤의 유일한 해결책이라고 떠든다. 말하자면, 모든 나라의 부를 상승시키고, 모든 사람의 생활수준에 부의 상승을 반영해야 한다. 심지어 가장 가난한 사람도 부의 상승으로 인한 [낙수] 효과를 누려야 한다.[125] 그러나 부의 실제 성장은 가치 창조의 유일한 수단인 '산업 생산'에서 비롯된다.[126] 우리는 지난 몇 개월 동안 대규모 합주를 관람했었다. 이 합주곡에서 울렸던 소리는 다음과 같았다. "프랑스는 산업 발전을 꾀하라! 프랑스인들이여 자국 산업을 사랑하는 법을 배워라!"

---

125) 세계가 부유해져야 가장 가난한 사람들의 운명과 처지도 개선될 수 있다고 주장한 19세기 초반의 자유주의 경제학자의 생각과 동일하다.
126) 19세기 중반의 산업주의 이념에 해당한다. 특히, 카를 마르크스의 가치 이론이 이에 해당한다.

산업의 발전으로 고용이 증대한다. 자국 상품을 해외 시장에 판매할 수도 있다. 석유와 같은 원자재 구매에 필요한 일이며, 외화 벌이에도 유용하다. 우리가 앞으로 무엇을 생산할지에 대해서는 굳이 관심을 가질 필요가 없다. 생산만 된다면야 개의치 않아도 된다. 그러나 수출용 상품을 생산한다는 말은 매우 부정확한 말이다. 국제 경제학에서 항상 거론하는 말이지만, 터무니없는 변명에 지나지 않는다. 상품이 들어갈 수 있을 "미개척 시장"créneau을 찾아야 한다. 따라서 새로운 가치를 생산하기 전에 투자비용부터 마련해야 한다.127) 더군다나 수출을 하려면 우리 상품에 "경쟁력"이 있어야 한다. 따라서 두 가지 방안을 가설로 제시할 수 있다. 첫째, 제3세계에 수출하는 방안이다. 그러나 제3세계는 자금력을 확보하지 못했다. 따라서 제3세계는 프랑스의 수출품을 구매하기 위해 프랑스에서 차관을 들인다. 둘째, 구매력을 갖춘! 산업화 국가에 수출하는 방안이다. 그러나 이 국가에서 자체 생산이 불가능한 물건을 생산해야 한다는 전제가 붙는다. 그러므로 정교한 기술력을 가미했지만 따지고 보면 불필요한 물품, 그럼에도 "신"제품이라 선전할 수 있는 물품을 생산하는 쪽으로 가기 마련이다. 두 가지 경우 모두, 자국 상품이 경쟁 상품보다 더 나은 시장 점유율을 확보해야 한다. 왜냐면 생산에서 인간의 노동, 급여에 들어가는 비용이 매우 높기 때문이다! 공장의 현대화와 생산성의 증가로 실업은 불가피하다. 실업은 국제 경쟁의 조건이다. 덧붙여, 수출용으로 지정되지 않은 내수용 상품들은 그 양이 어마어마하게 많음에도 불

---

127) 추가로, 내수 소비의 진작을 위해 새로운 수익을 분배(다양한 보조금, 급여 인상)한다. 이러한 수익 분배는 결국 구매력 상승을 겨냥한다. 안타깝게도, 이러한 정책을 단행한지 1년 6개월 후인 지금, 우리는 과연 무엇이 증가했는지를 똑똑히 보고 있다. 바로 '수입품에 대한 소비 증가'다. 반대로, 수출 적자는 상승했다. 바로 이것이 생산됐다!

구하고, 쓰레기처럼 버려지는 경우가 허다하다. 농산물이 그 대표 사례다. 이처럼 우리는 전통 경제 분석으로는 부수기 너무 어려운 악순환 구조에 빠지고 말았다.

3. 해결 불가능한 현 상황

그러나 이렇게 세계화된 경제 상황은 우리 고유 경제의 방향, 생활의 이상理想 등과 단절된다. 우리는 소단위 경제, 즉 사람 규모에 맞는 경제로 되돌아가야 한다. 이 경제의 생산력은 강했다. 그러나 무분별하고 불필요한 생산이 아닌, 필요한 물건을 소량으로 생산하는 경제였다. 전 세계의 생산 노동도 그 규모를 축소하는 형태, 즉 '탈성장'la décroissance의 형태로 노동 안정화를 꾀해야 한다. 양적 관점에서 보면, 생활수준은 떨어질지 모른다. 그러나 질적인 것을 추구하는 생활로 대체될 필요가 있다. 정부가 제안하는 방식의 절제l'ascétisme와는 다른 방식의 절제를 수용할 필요가 있으며, 산업의 주도권도 우리 손에 되돌려 놓아야 한다.[128]

필자는 『인간을 위한 혁명』[129]에서 이 모든 내용을 다뤘다. 그러나 이러한 변화를 위해서는 무엇보다 사고방식의 변화, 정신의 변화

---

128) [역주] 세르주 라투슈와 같은 탈성장 사상가들이 주장하는 사회 안에 경제를 재도입(réintroduire)하는 방안과 궤를 같이 한다. 엘륄의 이러한 주장은 자율성과 자치권을 확보한 소단위 생활 공동체(코뮌)를 전제해야 한다. 그리고 대도시와 광역권으로 엮인 생산 경제 체제는 그 이념과 정반대에 있다.

129) 자끄 엘륄, 『인간을 위한 혁명: 불가피한 프롤레타리아 계급 생산 과정』, 앞의 책. 파리의 사회주의전망연구소에 기고한 모리스 로드랭의 글도 참고하라! 그는 가능한 경제 변화를 위한 최초의 조건들을 간단하게 정리했는데, 내용이 자못 준엄하다! [편집자주] 모리스 로드랭(Maurice Laudrain, 1900-1985)은 기독교 사회주의자이며, 분배 경제 계획에 전념했던 인물이다. 그의 경제사상에 따르면, 생산은 국가의 소유가 되고 국민과 무수입자의 필수품 공급에 활용되어야 하며, 소득의 사회화가 이뤄져야 한다. 그는 『집권 무능』(*L'incapacité au pouvoir*, Les Lettres libres, 1984)이라는 책에서 자신의 시각을 발전시켰다.

가 일어나야 한다. 개인의 삶, 집단의 삶, 새로운 삶에 대한 개념이 다져지지 않는 이상, 그러한 변화에 도달할 기회는 매우 희박할 것이니 말이다!

농촌을 구하자[130]

베르나르 샤르보노

경제의 기본 문제는 인간의 활동과 자연 환경 사이의 '균형 찾기'다. 너무 무리해서 밀어붙이면, 자연 환경은 파괴의 위험에 봉착할 수밖에 없다. 그러나 이 문제에서 우선시돼야 할 곳은 '농촌'이다. 도시인은 농촌의 중요성을 무시하곤 한다. 그러나 도시인에게 시골과의 접촉은 최후의 농부와의 접촉만큼 중요하다. 이유는 두 가지다.

첫째, 농촌은 사람을 먹여 살리는 식량의 보고이기 때문이다. 식량은 단지 신체만 살찌우지 않는다. 식량은 감각과 정신에 즐거움을 선사하며, 대지와 이웃과 교류하도록 한다. 그러므로 음식은 식품 위생과 식이요법으로 축소되지 않는다. 인간의 먹을 것이 바뀌면서 문제시 되는 부분은 바로 '인간'이라는 말 자체다.

둘째, 유럽의 공간은 해안가와 고산 지대를 제외하면 자연 공간이 아니다. 도시의 점유율이 70-90%를 차지한다. 가히 도시의 폭발이다. 사람들이 곳곳에 나타나면서 아직까지 자연을 소멸시키지 않은

---

130) 원문의 출처는 다음과 같다. Bernard Charbonneau, 《L'Écologie et agriculture》, *Combat nature*, n° 56, mai - juin 1983.

농촌 지역이 소수이지만 존재한다. 이 공간마저 사라진다면, 도시 사람들은 더 이상 공터와 완전한 외곽지대에 갈 수 없게 될 것이다. 일종의 지옥에 갇히는 상황이 도래할지 모른다.

1. 농촌의 조화로운 다양성, 최초 농업 진보의 열매

도시 사람들은 오늘날 위협에 처한 농촌과 시골 마을이 천년의 과거를 증언한다면서 자기만의 상상의 나래를 편다. 단언컨대, 그러한 상상은 오류다. 자연주의자들은 자연을 파괴하는 농업을 비난한다. 이들의 비난을 아예 틀렸다고 말하기는 어렵다. 신석기 시대의 자연은 매우 광범위했다. 낮은 수확량으로 인해, 화전 개간지불태운 뒤 휴경지로 전환되는와 유목 지역지중해와 중동 지역의 초지 파괴, 과도한 목축으로 인한 사하라 지역 사막화이 증가했다. 그러나 다른 경우도 있었다. 인간의 지성과 에너지에 담긴 힘을 바탕으로, 원예사, 정원사, 양어養魚가는 풍광미를 뽐내는 자연과 일종의 '협정'을 체결했다. 예컨대 알제리 카빌리아와 레바논 일대의 전원풍의 소형 과수원, 프랑스 세벤 지역의 정원 밤나무, 필리핀과 일본의 논 등을 들 수 있다.

18-19세기에 유럽에서는 최초의 농업 진보가 일어났다. 이 진보로 수확량은 세 배나 증가했고, 자연스럽게 식량 부족에 따른 기근도 사라졌다. 그럼에도 이 시기의 농업 진보는 자연을 해치지 않았다. 자연을 해치지 않는 농업 진보는 유럽의 음식, 요리, 풍경, 사회, 농촌 문화라는 보물의 기원이 됐다. 광범위한 영역이 휴경지로 남아 있었고, 때에 따라 윤작이나 다품종 경작의 방식으로 농사를 지었다. 퇴비 생산량이 증가했고, 이를 보충하는 방편으로 비료가 공급되기도 했다.

도시에 거주하는 사람들도 '영원한 농촌'을 보존키 위해 이러한 농법을 지지했고, 다양하고 풍성한 음식이 넘치고 그러한 음식의 생산지로서 농촌을 지지했다. 다양한 요소가 있지만 그들 요소가 서로 조화를 이루는 시골의 정취와 풍경은 '인간의 행동'과 '지역의 자연'이 균형을 이룬 상태를 반영한 것이다. 울타리, 우묵 패인 길, **빽빽한 숲**, 초원, 작은 풀밭, 연못, 제분소, 집, 이 모든 것은 자연임과 동시에 인간의 손으로 다듬은 건물이다.[131]

2. 농업의 산업화

장 모네Jean Monnet와 시코 만스홀트Sicco Mansholt의 경제 기획을 동반한 3차 혁명은 이러한 평형 상태를 조직적으로 무너뜨렸다. 이른바 녹색 혁명, 농업 혁명이라 불린 이 혁명은 농업을 기술과 산업, 그것도 오로지 세계 시장을 위해서만 작동하는 기술과 산업으로 전환하려는 기획이었다. 기술과 산업으로 전환된 농업은 새로운 수익 창출의 공간이었다. 그러나 이러한 전환은 농업 전체를 산업화해서 얻은 값이다. 우리는 이 농업 산업화의 값을 아래 세 가지로 요약한다.

(1) 갖가지 공해: 화학 물질, 음파 및 광학 물질

필자는 진정한 농업 혁명을 2차 혁명으로 본다. 왜냐면 태양열과 "생명"bio 기술을 사용하고 도시에 공급될 지하수를 보존하면서도 밀 수확량을 1헥타르 당 500킬로그램에서 1톤 혹은 많게는 2톤까지 늘렸기 때문이다. 이른바 수익성을 담보할 수 있다고 제공된 3차 혁명의

---

131) [역주] 흔히 국립공원처럼 녹지 보존 구역이나 도심지의 공원도 원시적인 자연 상태를 그대로 유지했다기보다 인위적인 조성이라고 말해야 한다.

주역, 즉 비료, 살충제, 폐기물이 사실은 오염의 주범이었다. 이러한 오염 요소를 다시 정화하려면, 처리 비용을 별도로 치러야 한다.

마찬가지로, 전지電池로 운영되는 사육사에서 배출된 분뇨는 이전 방식으로 배출된 분뇨보다 악취와 공해가 더 심하다. 기계 활용에 대한 통제가 제대로 이뤄지지 않은 탓에 농촌 풍경의 조화가 깨지거나 훼손되는 일도 다반사다. 게다가 경지 정리, 수로 재정비, 소규모 공장, 고속도로, 송전탑, 채석장 등으로 농촌의 구조마저 파괴됐다. 도처에서 '토양 황무지화'가 무서운 속도로 진행된다. 숲도 사라지고, 초지도 사라진다. 줄지어 적재된 "목조들의 문화"가 시골의 풍경을 이루고, 덤불 속에는 잔해와 쓰레기 더미가 수북하다. 시장 판매용 원예 단지나 가시철사를 두른 곡물 경작지 등을 비롯해, 도심 외곽 전체가 농약, 산업, 소규모 주거단지, 군사 지역 혹은 관광지가 됐다.

(2) 표준화

단일 재배와 산업의 전문화로 인해, 식품의 다양성이 파괴됐다. 또 질 좋은 식품을 접하기도 어려워졌다. 우유는 분해됐다가 재구성돼 제품으로 출시되며, "비非 경작, 관개 수로, 지상 육종"에 따른 생산물의 획일화와 천박함이 일반화됐다. 이러한 산업을 고전 농업의 틀로 설명하려 한다면, 명백한 오류일 것이다. 양질의 생산물이 아직 남아 있다면, "청정" 제품이나 "우리 농산물" 등의 딱지를 붙여 고가품으로 팔린다. 포도주의 경우가 대표 사례다. 부자는 최고급 천연 치즈 '브리'Brie를 맛볼 수 있지만, 가난한 사람은 이 치즈를 플라스틱으로 만든 모조품을 갖고 놀 뿐이다.

(3) 집중화

고가 기계에 투자해야 하고, 이 기계의 설치에 필요한 토지에 투자해야 한다. 자급자족 가능했던 농장을 시장 매매용 공장으로 전환해야 한다. 이러한 투자와 전환은 수많은 경작지를 정리하겠다는 계획을 요구하기 마련이다. 평균 경작을 따른다고들 하지만, 사실은 산업이라는 놀이터에서 배제되지 말라는 주장이다. 마을의 장인에게 자동차를 제조하라고 압박하는 꼴이다. 이런 식으로 점점 농업의 집중화가 추진된다. 농민 보호 대책이 다각도로 제시되지만, 농업 집중화의 포화를 견디지 못한다. 겨우 살아남은 농민은 변두리로 내몰린다. 과거에는 열심히 일한 대가에서 자유로워졌다. 그러나 지금은 원자재와 판매소를 통제하는 농협, 기업, 조합 등에 소속돼 상당량의 보험 비용?을 내야 한다. 게다가 비료, 기계, 토지 구입에 필요한 대출금을 갚기 위해 하루 종일 트랙터를 몰아야 한다. 어떤 날에는 트랙터에 달린 헤드라이트 덕에 야간에서 일해야 한다. 이렇게 일하다가 결국에는 공장제 농업을 떠나 실업자가 된다.[132] 농업을 통제하는 제3의 영역에 들어가지 못하는 이상, 농민이 처하게 될 상황은 불 보듯 훤하다.

시골은 황무지로 바뀌었다. 아니, 사람들이 시골을 황무지로 바꿨다. 더 이상 학교도 없고, 교구도 없고, 여관도 없고, 가게도 없다. 이웃도 없다. 파리 사람이 소유한 작고 아담한 집 몇 채만 창문을 닫은

---

132) 프랑스 농업 산업화의 원흉인 국립농업연구소(INRA)의 연구원인 디디에 베르그만은 일간지 「르몽드」에 「생산력주의 농업 정책을 위하여」(Pour une politique agricole productiviste)라는 기사를 게재한다(1983년 1월 8일). 이 기사에서 베르그만은 농민들의 숫자를 줄일 것을 정책으로 제안한다. 즉, 2000년까지 농민의 숫자를 80만에서 40만 혹은 50만 정도로 줄여야 한다는 주장이다. 요컨대 농촌 진흥 정책으로 종래에 2명에게 돌아가던 수익을 1명에게 몰아주는 꼴이 됐다. 과연 이러한 조건에서 농산물의 생산 증가를 평가할 수 있는가? 베르그만은 이를 생산력 강화 정책이라고 평가했는데, 과연 타당한가? 두 가족이 살았던 곳에서 한 가족으로 줄여서 과연 무엇이 더 나아졌다고 할 수 있는가?

채 덩그러니 있을 뿐이다. 여성과 아이가 없는 경우도 태반이다. 그러니 미래도 없다. 봄이면 뽀얀 자태를 뽐내던 바스크와 베아른 지역의 전원 농장은 매년 조금씩 우울한 빛깔로 바뀌고 있다. 경량 판금으로 제작된 헛간을 개량하고 보수하는 데 모든 돈을 다 지출하기 때문이다. 저녁이 되면, 포장해 뒀던 수프를 다시 데워서 텔레비전 앞에 앉기 일쑤다. 이것 외에 할 일이 없기 때문이다. 그저 퇴직금IVD133 받을 날만 계수하며 시간을 보낸다. 이러한 조건에서 농촌의 문화, 예술, 언어, 사상이 과연 남아 있겠는가? 지역을 부흥시키겠다는 정책은 난무하지만, 해당 지역과 지역민에 뿌리를 두지 않은 방식은 도시 사람들의 인위적인 건설이 될 위험이 있다.

3. 결론: 도시에서 유래한 생태 운동의 활용에 관하여

농촌, 농업, 농민을 구하기 위해 지금 우리는 무엇을 해야 하는가? 도시에서 태어난 생태 운동은 자연을 야생 상태로 보호하는 분야에서 활동하거나 '생태'와 동어반복에 불과한 용어인 "유기농"bio 농산물 애용의 선전에 머문다. 그에 비해, 농산물 가공업은 산업일 뿐이다. 농업 진보로 탄생한 농촌은 우리에게 자연 파괴가 아닌 자연의 풍요와 아름다움인 지상에 인간이 존재한다는 본보기를 제공한다. 태양 에너지를 사용하는 "유기농"윤작, 퇴비 활용 다작, 유기질 비료, 저항성 품종 등 재배의 가장 좋은 방법은 과거의 집약적 다작 기술의 재발견과 개선이다.

따라서 이 문제와 관련해, 우리는 진정한 농업 진보로 되돌아가

---

133) Indemnité viagère de départ.

야 한다. 그러면 우리는 환경, 음식, 사회의 품질과 다양성이라는 세 가지 판에서 승리할 것이다. 자연 보호나 사치품이 된 천연 제품을 보호하는 대신, 농업과 농촌을 보호해야 한다. 이를 통해 우리는 도시인의 소소한 잔치와 휴가를 보장할 수 있는 풍성하고 다양한 산물과 공간을 보존할 수 있을 것이다.

보호위원회는 이미 산업화, 고속도로, 채석장, 군부대, 관광 개발로 인한 농촌 지역의 유적지와 기념물의 오염에 맞서 싸웠다. 농촌의 풍경만 놓고 투쟁할 일이 아니다. 농촌 경제와 농촌 사회의 존속을 위한 싸움이 여전히 남은 과제다.

시간이 촉박하다. 초록빛 표층이 나날이 벗겨지는 고통스러운 상황이다. 생태 운동가에게 다작 농가와 마을을 보호하는 일은 자기 고장에 뿌리를 내린 소규모 공동체와 부분적으로 자급자족이 가능한 자율 경작을 보호하는 일이다. 비록 이상적인 매력은 없을지 몰라도, 농장과 마을은 존속할 수 있을 것이다. 이러한 보호가 공격적인 생태 운동에 선행돼야 한다.

그러므로 옛 정치생태학 기획[134]이 중시했던 농업 정책이야말로 생태 기획의 중요 지점이다. 농업 정책은 유기농 경작에만 집중할 게 아니라 농촌과 농촌 사회의 존속과 관계된 모든 부분에 초점을 맞춰야 한다. 이러한 기획을 부정하고 농작물 재배 산업을 농업의 가치로 평가하려는 기미가 보인다면, 최선을 다해 막아야 한다. 앞에 인용된

---

[134] 정치생태학 운동 기획과 관련해, 1978년에 『오늘의 생태 사회를 향하여』(*Vers une société écologique aujourd'hui*)가 르 시코모르 출판사에서 출간되었다. 농업 계획을 다루는 이 책은 산업화를 문제 삼는다. 공동 농업 정책이라는 협연에 참여한 농민 해산 정책과 농촌 사막화 정책에 반대하며 다작 농업과 목축에 기초한 지역 단위의 무공해 농업을 보호하자고 호소한다.

세 가지 분야가 제대로 작용한다면, 도시 거주자도 가격 대비 고품질의 농산물을 이용할 수 있을 것이고, 사회 역시 농지와 수질 유지와 정화에 필요한 비용을 절감할 수 있을 것이다. 이러한 조건이 뒷받침 된다면, 농산물 역시 증가할 것이다.

이렇게 하려면, 농업 분야에 대한 국가 경제 계획의 근본 변화가 전제돼야 한다. 특히 유럽의 경우, 농촌의 특성과 다양성을 보장하는 이른바 녹색 기획의 장점을 운운하려면, 경제 계획을 뿌리부터 갈아야 한다. 기근과 획일화에 맞서 제3세계의 농촌 문화를 보호하는 길이 진정한 농업 보호의 길이다. 그러나 거듭 말하지만, 소나기로 불어난 물처럼 비대해진 산업은 농민을 지배하는 이른바 '제3영역으로서의 농업' 정책에 반대한다. 또 산업 분야에서 막대한 자금을 들여 펼치는 대중 선전도 농민 대다수를 자멸의 길에 들어서도록 하는 데 성공했다.

그러나 절망 상태에도 묵묵히 버티는 농민이 여전히 남아 있다. 우리는 이들 농민에 대한 신뢰를 거두지 않는다.

또 이 작업을 '가족 경영 농장 보호 운동'[135]의 과제로만 남겨둘 수도 없다. 생태 운동에 가담한 우리 모두가 감당해야 할 책임이다.

---

135) MODEF (Mouvement de défense des exploitations familiales).

생태학의 정치화에 반대한다[136]

자끄 엘륄

필자는 수차례에 걸쳐 정치 참여에 대한 반대, 그것도 소규모 선거인단이 대표자를 선출하는 방식에 반대를 표명했다. 본문에서는 이 문제를 재론하지 않겠다. 다만, 생태 운동에 매우 중요한 질문 하나를 던지겠다. 세상에는 다양한 생태 담론이 있다. 그 중에는 충분하게 설명된 담론도 있고, 아직까지 묵혀 둔 담론도 있다. 여하튼, 필자가 파악한 현재의 다양한 생태 담론들을 완전히 시대착오적인 정치 이념에 물들어 헤어 나오지 못하는 형편이다. 간단히 말해, 필자는 생태학의 정치화에 반대한다. 정치가 전업專業이 되기 때문이다.

다음과 같은 몇몇 이데올로기를 아직까지 고수하는 사람들이 있다. '정치는 모두에게 해당하는 일이며, 모두를 위한 일이다. 각 사람은 정치에 관여할 권리와 능력을 갖는다. 민주주의는 작금의 현실이다.' 이러한 이데올로기에 젖은 사람들과 함께 생활하고, 생각하고, 행동하는 사람들도 곳곳에 있다. 단언컨대 이러한 이데올로기는 꿈에 지나지 않는다. 정치는 누군가에게 몰수당했다. 그리고 우리는 뽑아

---

136) 원문의 출처는 다음과 같다. Jacques Ellul, 《La classe politique》, *Combat nature*, n° 57, août 1983.

주기가 민망한 사람들이나 거짓말투성이 "계획들"을 두고 5년이나 9년에 한 번씩 선택하는 일에 만족하며, 현 시대 사람과 사회에 실제로 제기되는 질문 가운데 어떤 것도 답하지 못하는 케케묵은 "이념들"을 택하는 데 만족한다. 이데올로기의 장점 가운데 하나는 현실의 이 문제들과 난관들을 설명하고, 지지하고, 분명하게 밝히는 데 있다. 그러나 우리가 이데올로기 노선을 고수한다면, 이는 단계나 방법과 무관하게, 선거 체제, 대의제 체제에 대한 모두의 참여를 배제하고 말 것이다. 우리는 바로 이 점을 알아야 한다. 이는 일부 생태주의자들을 조잡한 집단인 "정치 계급"에 들어가게 하는 결과만 낳을 뿐이다. 따라서 우리는 정치 계급의 문제를 가장 먼저 깨달아야 한다. 정치화된 생태주의에는 직접민주주의냐 대의민주주의냐와 같은 이론 차원의 문제는 사라지고 현실 정치 활동을 왜곡하기 바쁜 "익명 대중"을 형성하려는 사회학적 작동 방식만 나돌 뿐이다.

1. 직업 전문성의 악순환

이럴 경우에 과연 무슨 일이 벌어지는가? 대답은 매우 간단하다. 어떤 사람이 대도시나 중소도시의 시장에 임명되거나 선출된다면, 그는 엄청난 업무에 시달릴 것이다. 이 사람이 자기 임기를 정확히 채운다면, 온 시간을 정무에 쏟아도 모자랄 것이다. 본래 직업이 있다면, 직업 활동을 점점 포기하는 쪽으로 가기 마련이다. 따라서 정무 담당 기간은 그에게 "휴가" 상태나 다름없다. 그러나 임기를 마친 후에는 어떠한가? 원 직업이 공무원이었다면, 복직에 문제가 없을 것이다. 교수였다면, 강단에 다시 설 수 있을 것이다. 그러나 기업 간부, 공학자,

상인, 변호사, 의사, 노동자였다면 어떨까? 5년이나 9년의 부재 상태를 메울 수 있는가? 이 정도 시간이 흐른 뒤에도 자기 자리를 차지할 수 있는가? 당연히 불가능하다. 설령 장기간 자신의 사업체나 병원을 "유지"할 수 있을 대체 인력을 구했다고 하더라도, 원래 자리로 복귀할 수 없다. 정무직을 담당했던 기간에 그의 직업 경력은 사실상 끝났다고 봐야 한다. 그렇기 때문에 그는 정치 분야에서 경력을 "채워야" 하며, 그 기간은 무한정 연장된다. 이제 그에게 정치는 직업이다. 물론, 부도덕한 활동에도 권력, 명성, 높은 급여, 무제한 소득처럼 다양한 이점 때문에 일부러 정계 입문을 시도하는 자들도 있다. 여기에서는 이 내용을 다루지 않겠다. 왜냐면 시장이나 의원이 생태주의자처럼 완전한 덕성을 함양한 인사라면, 정무 수행은 제대로 이뤄질 수 없다는 이야기가 늘 끊이지 않기 때문이다. 어쨌든, 정치를 직업으로 삼은 사람은 이 분야에서 점점 역량을 확보한다. 우리는 그 과정과 순서를 보게 될 것이다. 직업 정치인의 전문성 강화과정 말이다.

그러나 머지않아 정치 계급 가담이 강화된다. 정치인은 매우 신속하게 다양한 권위와 임무를 축적해야 한다. 거기에는 두 방향의 냉정한 논리가 작동한다. 첫째, 국회의원은 가능하다면 유권자 가까이에 있어야 하며, 유권자의 욕구와 필요를 재빨리 간파해야 한다. 따라서 갖은 수를 써서라도 권한을 확보하는 일이 중요하다. 이러한 권한이 있어야 유권자의 욕구를 더 가까이에서 확인할 수 있고, 그것이 결국 정치인으로서의 위치를 지키는 지름길이다. 정치인은 항상 그러한 현실 범위를 벗어나지 말아야 한다. 덧붙여, 의원에서 만족하지 않고 시장 직도 맡아야 한다. 둘째, 시장은 가능한 권력의 중심부 가까이에 있어야 한다. 권력 중심부에서 모든 의사 결정을 내리기 때문이다. 따라서 통치권을 통해 유권자를 만족시킬만한 기준들을 확보해야 한다. 이처럼 정치인은 유권자와 의사 결정 중심부 근처에 있어야 한다. 정치인은 시장, 도의회의원, 국회의원 등이 돼야 한다. 이러한 직책이 없다면, "좋은" 정치인이 될 수 없고, 재선도 불가능할 것이다. 이렇게 된 이상, 정치인을 버리고 본업으로 되돌아가기 어렵다. 더 이상 뒤로 무를 수 없다.

그러나 정치 이력에도 선거 실패라는 변수가 있지 않은가? 당선에 실패한 정치인의 정치 계급 현상은 이 때 본격적으로 작동한다. 선거에서 패했다고 해서 이 정치인이 본업으로 되돌아갈 것이라 생각하는 사람들이 있는가? 과연 이 정치인이 그런 선택을 할까? 전혀 그럴 일 없다. 정치인은 특정 정당, 의회 집단, 위원회 등에 소속됐다. 낙선했지만, 정당 내부에서 지도위원 등과 같은 직책을 맡는다. 이러한 직책을 맡으면서 정치인으로서의 역할이 복구된다. 당내에서 활동하거나 정치 전문가 등의 임무나 명칭을 확보할 수 있기 때문이다. 여기에서 우리는 당내 규율^{평범한 유권자로서 투표해야 한다이} 당 내부의 정치 지도자들의 작업과 상황을 보호하는 일에 대한 보상이라는 사실을 이해한다. 그러나 정치인이 자기 장래를 담보하려면, 정당에 기댈 수밖에 없다. 따라서 정치는 평생 직업이 되고 만다. 개인 차원에서나 이념 차원에서 정치인을 잘못 선택한 "사람"들은 더 이상 아무 말도 하지 못한다.

마지막으로, 정치 계급은 이따금 대립하는 정당에 속한 정치인 사이에 형성되는 연대감을 통해 그 모양새를 완성한다. 정치인이 처한 상황은 변호사가 처한 상황과 같다. 변호사가 전문직 활동을 통해 만사를 다루는 것처럼, 정치인도 각자 소속된 정당을 대표하는 차이만 있을 뿐 완벽한 동료와 동지 관계를 유지한다! 한 편으로, 정치인은 특정 사안이나 진행 방법에 대해 이견을 보이고, 선거 기간에는 실제로 상대에게 적이 된다. 그러나 다른 한 편으로, 이들은 서로를 보호하는 데 완전히 동반자와 동료로 행동한다. 정권 교체로 전 정권 대표자들이 무더기 기소됐다. 얼마나 많은 추문이 우리의 눈살을 찌푸리게 했던가! '리옴'Riom 재판[137]이 그 대표 사례이다. 비시 정부를 지지했던 절대 다수의 의원은 옛 좌파 동지에 대한 재판으로 추문에 휩싸이고 말았다! 정치 계급은 공통 이익을 기반으로 거대한 연대를 형성한다.

그러나 이 상황은 바뀌지 않았다. 중앙에서 제기한 분권화를 동반했지만 상황은 바뀌지 않았다. 필자는 베르나르 샤르보노가 말했던 문제[뒤에 나오는 샤르보노의 글을 참고하라]로 돌아가지 않겠다. 중앙 권력이 제기한 모든 분권화는 지역의 유명 인사들을 정계에 끌어들임으로써 정치 계급을 강화할 뿐이다.

2. 역량과 병풍

이러한 조건에서, 정치 지평을 바탕으로 한 생태 활동은 선거용 후보자 제시, 생태 기획을 담은 정책 제시, "거대 정당"의 정책 기획에 생태 조항 하나 추가 정도에 불과하다. 이러한 것 외에 다른 것을 전제할 수 없다. 무엇보다 중요한 사안은 계급으로 고착화되는 정치 계급

---

[137] 1940년 프랑스의 패배를 제3공화국의 정치 책임자들에게 전가하기 위해 비시 정부에서 추진한 재판이다.

의 제거다. 직무 집중 금지, 동일 직책 재선 금지, 정당 지도자 역할 지속 금지 등 10대 조치가 있다. 이에 개인 "역량"을 명분 삼아 즉시 항의의 목소리가 생길 것이다. 필자도 이 점을 잘 안다. 정치 분야의 숙련가는 나름의 역량을 갖춘다. 그러나 이들이 상시 근무를 해야 할 의원이나 시의회의 위원직을 맡는다면, 우리는 "무능력 인사들"을 상대해야 한다. 이 점을 이해하자. 필자는 지난 반세기 동안 소위 "선진"국이라는 나라들에서 경제, 경영, 국제 정책 분야에서 무능해도 너무 무능한 정치인을 숱하게 접했다. 사실, 정치인은 기본적으로 무능하다. 오늘날 법률인지 누더기인지 알 수 없을 정도로 덕지덕지 조항들을 붙여 만드는 사법 문헌만 봐도 정치인의 무능력을 쉽게 간파할 수 있다. 자격을 갖춘 정치인이 특정 분야에서 전문 역량을 확보했다는 세간의 평가는 과연 사실인가? 필자는 거기에 세 가지 내용이 있다고 생각한다.

첫째, 정치인은 재선을 위한 특정 능력을 확보했다. 이는 거의 본질이나 다름없다. 경제나 정책 일반의 결정권을 장악하려는 데 정치인은 큰 관심을 기울인다.

둘째, 정치인은 행정의 숲에서 복잡하게 얽히고설킨 문제를 해결할 수 있는 능력도 확보했다. 행정 체계는 확실히 복잡해졌다. 몇몇 경쟁 기구나 극도로 전문화된 기구가 수반됐다. 또 선출된 대표자가 이 복잡한 교차로에서 방향을 제대로 익히고 인지하려면, 근 2년의 시간이 필요하다. 이에 대한 우리의 대답은 단순하다. '행정 도식을 단순하게 바꾸려면, 정치 계급을 없애자.' 참고로, 우리는 다음 현실도 잊지 말아야 한다. 곧, 무수한 행정 기관이 곳곳에 있고, 정계에서 한시적으로 소외된 정치인이 이 기관에 안착하거나 요직을 점한다. 정치인의 재기를 위한 발판으로 사용되는 것이 이들 기관의 제1효용성이다.

마지막으로, 정치인의 능력은 일단 고사하고, 최소한 이들이 유용할 때가 있다. 정치인은 기술 운영과 행정 운영에 꼭 필요한 연막과 병풍 역할을 해야 한다. "책임자"는 정치인이어야 한다. 서류에 서명할 누군가가 필요하다. 사람들은 정치인에게 그 책임을 전가한다. 이는 필히 무책임이 작동하는 방식으로 갈 수밖에 없다. 전문기술자와 행정가는 오류, 낭비, 지연, 남용, 경멸 등에 결코 책임을 지지 않는다. 왜냐면 정치인이 이들의 병풍이 되기 때문이다. 그러나 정치인의 책임은 차기 선거에 재선되지 않는 정도로 축소된다! 이와 별도로, 정치인은 분명 타 분야에서 직업을 찾을 수 있다.

3. 선결 조건: 정치 계급의 소멸

필자는 매우 조용한 어조로 다음과 같이 이야기하고 싶다. 매 선거마다 대표자를 싹 갈아엎자. 그러면, 현재의 기본 문제에 무능한 사람이 현저히 줄어들 것이다. 정치를 계급으로 고착시킨 자들에게 결여된 것은 첫째 상식이며, 둘째 큰 위기를 감당할 수 있는 담대한 용기다.

필자는 상상할 수 있는 모든 방법을 동원해 정치 계급의 완전한 제거를 요구하는 일이야말로 생태 활동의 집단적이고 포괄적인 행동의 선결 조건이 돼야 한다고 생각한다. 이는 분명히 "문제들"을 인간의 규모로 축소하는 것을 의미한다. 그러나 여기에서 필자는 다시 한번 베르나르 샤르보노의 연구와 합류한다. 마지막으로, 필자는 프루동의 『19세기 혁명의 일반 이념』[138]에서 발췌한 인용문 두 가지를 제시하겠다.

"부패는 중앙집권의 영혼이다. 민주제와 군주제 사이에 차이는 없다. 중앙집권 통치 정부의 정신과 본질은 변하지 않는다."

"다수 혹은 사회라 불리는 타자가 내 일, 내 급여, 내 권리와 의무의 기준을 부과한다면, 나는 자유롭지 않다. 타자가 아무리 능숙하고 공정한 중재자의 모습을 했더라도, 내 행동 법칙을 작성하도록 강요한다면, 내 주권과 행동은 결코 자유롭지 않다. 비록 위임 대리자가 아무리 헌신적으로 봉사한다고 하더라도, 나를 다스릴 위임자를 강제 부과한다면, 나는 전혀 자유롭지 않다."

---

138) Pierre - Joseph Proudhon, *Idée générale de la révolution au XIXe siècle. Choix d'études sur la pratique révolutionnaire et industrielle*, Garnier frères, 1851.

지역 사회를 보호하자[139]

베르나르 샤르보노

무슨 일이 있어도 경제를 발전시켜야 한다고들 떠든다. 이러한 경제 발전이 지구를 파괴하는 작금의 현실은 국가의 중앙집권화에 의해 인간의 다양성과 자유가 파괴되는 현실과 긴밀히 연결된다. 그러나 평화 수호나 지구 환경 보호에 필수가 된 프랑스의 명령, 유럽의 명령, 세계의 명령을 부정하고 어떻게 인종의 다양성과 문화의 다양성을 지킬 수 있는가? 이는 생태 운동이 반드시 극복해야 할 역설이다. 필자는 해법 하나를 간단한 말로 요약하겠다. 바로 '연방'fédération이다. 하지만 이 역시 쉽지 않은 길이다.

1. 국가 중앙집권화

우리는 산업 집중화와 표준화의 가중 현상을 본다. 지구 곳곳에서, 그리고 우리의 일상에서 이 집중화와 표준화로 인한 결과와 영향이 나타난다. 그러나 이러한 영향과 결과에 선행하는 것이 있으니, 바로 국민국가에 의한 사회 통합이다. 프랑스 국민국가의 선례로, 비시

---

[139] 원문의 출처는 다음과 같다. Bernard Charbonneau, ≪Défendre les sociétés locales contre le centralisme économique≫, Combat nature, n° 57, août 1983.

정부, 군주제, 자코뱅, 제국, 공화제 등이 있다. 다양한 사회는 국토 전체를 지배할 수 없고, 사람들의 집단 에너지를 총화總和할 수도 없다. 이들 사회로 형성된 복잡한 생태계가 중앙집권 국가를 계승한다. 국경선으로 정해진 국가의 영토를 통치하고 관리하는 곳은 바로 '중심부'다. 프랑스에 미미한 영향력을 행사하는 지방 기관의 수도와 수장을 임명하는 곳은 바로 '파리'Pairs다. 또한 의무 교육, 자국어 서류 작성, 다양한 관습을 아우른 법치, 보편 병역 등이 다양한 고장, 지역, 자치구를 단일 민족으로 엮는다. 또 도로, 우체국, 철도, 자본주의 체제의 경제 거점 집중, 사회주의 체제의 경제 계획, 언론과 매체의 발달이 통일성을 강화한다. 이는 프랑스에 한정된 사안이 아니다. 앵글로색슨 국가들에서 스위스와 미국에 이르기까지 해외 국가에서도 기술 조직이나 산업 조직에 대한 요구가 연방 국가의 설립에 개입하려 한다. 오늘날 서구권과 제3세계는 자유주의와 국가주의, 초국적 기업과 국가 경제라는 빌어먹을 체제에 산다. 르노와 혼다가 경쟁하듯, 프랑스와 일본이 경쟁해야 한다. 프랑스와 일본은 국가가 아닌 경쟁 회사처럼 작동하기 때문이다. 제너럴 모터스GM의 사장은 두 명이다. 즉, 제너럴 모터스의 사장은 자회사 사장임과 동시에 미국의 사장이다. 한 편, 동구권에서는 경제와 사회생활의 세밀한 곳까지 지배하는 국가의 손에 모든 것을 의탁하는 방식이 작동한다. 이 부분도 잊지 말자.

국민국가를 "국가가 곧 국민이다"Moi l'État je suis le peuple로 정의한 니체의 정식은 사실이다. 왜냐면 선거는 "국민이 곧 국가다"Moi le peuple je suis l'État라는 정식을 만들기 때문이다. 국가가 국민과 동일시되고, 국민이 국가와 동일시된다. 전시戰時에는 이 동일체에서 모두가 희생

양이 되고 만다. 프랑스인은 프랑스와 동일시되고, 프랑스는 곧 파리다.140 중앙집권을 파리 마피아가 프랑스인에게 강제 부과한 발명품으로 생각할 필요는 없다. 프랑스인에게 중앙집권은 수세기를 거치며 발전해 마치 습관처럼 굳어졌다. 국가에게 자유와 분권화를 빼앗겼을 때, 우리는 국가를 향해 이를 요구한다. 그러나 자유와 분권화를 확보했을 때, 우리는 이것으로 무엇을 해야 할지 모른다. 중앙집권화는 '파리 권력'의 산물임과 동시에 '지방 무능력'의 산물이다.

2. 중심부 주도의 분권화

프랑스는 2차 대전 이후까지도 중앙집권화가 강력하게 진행되던 국가였다. 기술 관료의 계획은 물질생활과 문화생활 깊은 곳까지 중앙집권화를 확장했다. 굳이 텔레비전까지 고려하지 않더라도 쉽게 알 수 있는 사실이다. 그러나 모든 것을 국가의 부속물로 터무니없이 확장한 결과, 단단하면서도 취약하기 이를 데 없는 괴물이 출현하고 말았다. 장 프랑수아 그라비에와 그의 책 『파리와 프랑스 사막』141을 접한 여러 기술 관료는 비대한 머리와 허약한 몸을 가진 프랑스, 마르세유에서 르아브르에 이르는 선을 축으로 발전된 지역인 동북부와 저개발 지역인 서남부로 나뉜 프랑스를 염려했다. '지역 계획 및 지역 매력을 위한 부처 간 대표'Datar142의 주도로 국토 개발 사업이 재개됐다. 중앙 정부의 활동으로써 전 국토의 균형 발전을 꾀하겠다는 취지

---

140) [역주] "한국인들은 한국과 동일시되고, 한국은 곧 서울이다"로 바꿔도 전혀 어색하지 않다. 한국과 프랑스는 중앙집권 체제의 역사가 꽤 긴 나라들이다.

141) Jean-François Gravier, *Paris et le désert français*, Le Portulan, 1947.

142) Datar: Délégation interministérielle à l'aménagement du territoire et à l'attractivité régionale.

였다. 프랑스가 공유한 지역화는 "지역 거점 대도시를 중심으로 지역을 균형 발전"시키려는 계획이었다. 그러나 이러한 지역화는 분권화, 즉 '지방자치'가 아니다. 지역화는 현재의 교통 체계에 도道 지역을 제대로 적응케 하는 정책 교체에 불과하다. 도지사는 지역의 사무와 정책을 주도적으로 처리하는 직책이 아닌, 중앙 정부의 하청 업무까지 도맡아야 하는 이중 지사 직을 맡은 꼴이다.

전문가 기술 관료들로 이뤄진 정책 담당자들은 지역을 멋대로 가르고 잘랐다. 서북부의 노르망디Normandie나 남부 랑그독Languedoc처럼 지역 색채가 강한 곳을 둘로 나눴다. 서부의 낭트Nantes는 인근의 브르타뉴Bretagne에서 분리됐고, 동부의 론알프Rhône-Alpes 지역은 리옹Lyon의 거대 외곽 지대가 되고 말았다. 그러나 상트르Centre 지역에는 자연 관계나 역사 관계에 대한 일말의 고려 없이 여러 도가 군집했다. 도를 만든 사람들은 인간과 자연의 경계를 다르게 존중하는 모습을 보였다. "지역은 점점 전통과 공동체 정신이 결여되는 하위 행정 구역일 뿐이다. 통계에 따라 지정되는 수치數値로 지역을 정의할 수 있다."[143] 우리는 프랑스 뿐 아니라 유럽 차원에서도 추상적인 시각으로 지역을 가르는 방식을 볼 수 있다. 유럽 국가의 행정 구역을 분리해서 기록한 "유럽 지역"의 공식 지도가 바로 그 사례다. 지역화는 중앙집권화의 강화책일 뿐이다. 상트르 지역의 핵심 도시인 오를레앙과 투르가 발전한다면, 두 곳 모두 파리의 거대 외곽 지대에 포함됐기 때문이다. 고속열차T.G.V.가 만든 속도는 머지않아 리옹까지 파리 외곽으로 삼을지 모른다. 국토 개발 사업은 남부의 랑그독과 랑드 지역의 해안 풍경

---

143) Larousse. Article région.

을 조성했다. 프랑스인의 정신에 남은 이 풍경도 사실은 파리의 원격 조종의 산물이다. 국도보다 훨씬 많은 고속도로가 파리에 수렴하며, 철도 역시 주요 노선으로 축소된다.

마지막으로, 1982년에 미테랑의 사회주의 정부는 분권화를 공표했다. 당시까지 지사에게 부여됐던 권한이 지역평의회로 이동했다. 그러나 사회주의 정부의 이러한 개혁은 원칙만 좋았을 뿐, 실제 벌어진 일은 원칙과 매우 달랐다. 무슨 일이 벌어졌는가? 독자 여러분도 익히 아는 것처럼, 지역 유지를 중심으로 한 통치는 편협한 이해관계와 인맥에 좌우될 위험이 있다. 그리고 고용을 명분으로 지역 곳곳을 파괴하는 일도 서슴지 않는다. 우리 생태 운동가는 이것이 파리 행정부보다 더 나쁘다는 사실을 안다.

3. 중앙집권화에 대한 반항

중앙집권화라는 거대한 흐름은 역류를 부르기도 했다. 제3공화국 시기에 남부 출신의 우파 정치인 펠리브르Félibres는 오크어를 비롯한 민속 언어를 보호하는 정책을 골자로 한 중앙집권화 비판 기획 안을 제시했다. 양차 대전 기간에 알자스와 브르타뉴에서는 자치권 운동이 있었다. 그러나 나치 점령군의 환심을 사려한 지역민으로 인해 좌절됐다. 전쟁 이후, 좌파와 마르크스의 영향으로 중앙집권 거부 운동은 정치 색채를 띠고, 혁명의 옷을 입는다. 그러나 알자스, 브르타뉴, 페이바스크, 심지어 코르스코르시카와 같은 프랑스 주변부 지역에서 일어난 자치와 독립의 목소리는 대중성 확보에 실패한다. 지중해

연안의 옥시타니 지방도 별로 다르지 않았다. 라르자크Larzac 운동144 이 꽤 영향력을 발휘했지만, 이 운동도 결국 가요 정도로 축소되고 말았다. 파리 중심주의에 대한 지역의 반란이 민속 차원에 유폐되지 않고, 진지한 운동임을 증명하려면, 테러 밖에 방도가 없었다. 코르스와 다른 지방에서 발생한 반란은 자기 고장을 침입한 외부인을 강경하게 배척하는 지역특수주의le particularisme를 탈피하지 못했다. 중앙집권화에 대한 지방의 반란이 경제와 정치의 형식을 취할 때, 사태는 더 심각해졌다. 곧, 지방은 중앙에서 제공한 소규모 모델을 재생산하는 데 그치고 말았다. "우리 고장을 살리려면", 원유 정제 공장이 필요해, 고속열차가 다녀야 해, 제철 용광로 공장이 들어서야 해 등의 말을 쏟아냈다. 쉽게 말해, 중앙에서 이룬 산업 발전을 동경하는 꼴 밖에 되지 않았다. '에우스카디'Euskadi145나 '옥시타니'146 지역은 국민국가였던 적이 없었음에도, 프랑스의 국민국가로 여겨졌다. 국가를 구성하는 깃발, 사무소, 표준어 등이 각 고장에 부과됐다. 그뿐만 아니라, 군대, 경찰, 중앙에서 파견된 영사관, 중앙의 제국주의까지 덩달아 부과됐다. 파리나 마드리드에 맞서147 지역의 독립을 위해 일으킨 반란이었으나, 이 반란은 파리나 마드리드의 모델에서 해방되지 못했다. 소련과 미국이라는 초강대국이 으르렁대는 세상에서, 프랑스는 광활한 대륙 국가들과 마주한다. 이러한 세상에서 더 이상 자주국으로서

---

144) [역주] 지역 내 군사기지 설치에 반대했던 운동이며, 지역자치와 반중앙집권화를 표방했던 운동이었다. 훗날 90년대 식량 자주권 수호를 표방하며 맥도날드 매장을 트랙터로 밀었던 농민 운동가 조제 보베(José Bové)도 청년기 시절인 70년대에 이 운동에 적극 가담했다.
145) [역주] 프랑스 서남부와 스페인 서북부에 걸친 바스크 문화권 지역이다.
146) [역주] 프랑스 남부의 지중해 문화권 지역이다. 지역어로 오크어가 있으며, 카날루냐 문화권과 접한다.
147) [역주] 바스크 문화권은 프랑스와 스페인에 걸쳐 있기 때문이다.

의 지속성을 담보하기 어려운 상황이다. 그 마당에, 과연 코르스 국가, 바스크 국가와 같은 지역 국가는 어떤 의미를 가질 수 있는가? 아마도 히틀러 치하의 슬로바키아나 크로아티아 민족주의의 사례처럼, 양대 제국의 산업이나 군수 분야의 배만 불리는 졸개 노릇만 할 가능성이 농후하다.[148] 자치분권 운동과 토지 일원화 운동이 생명력을 거세하는 결과로 이어진다면, 이러한 자민족중심 운동la balkanisation은 대재앙만 부를 뿐 아무 성과도 거두지 못할 것이다. 필자의 거주지인 가스코뉴 지역민으로서의 권리, 프랑스인으로서의 권리, 유럽 시민으로서의 권리, 세계 구성원으로서의 권리가 동시에 작용할 수 있는 생태 연방제un fédéralisme écologique [149]가 필요하다. 필자 뿐 아니라, 모든 사람에게 해당하는 이 권리가 부여되는 생태 연방제만이 민족중심 국가의 특수주의 및 배타주의, 제국중심 국가의 일사불란一絲不亂한 서열 체계를 외통수로 몰아갈 수 있을 것이다.

4. 결론: 연방

우리가 제시하는 해법은 결코 새로운 해법이 아니다. 국가나 산업, 사회가 연계되기 전부터, 그리고 사람의 표준화가 두드러지기 전부터, 이미 모든 사회에 해당하는 해법이었기 때문이다. 우리의 해법은 공동체, 고장, 민족nations, 영어식 의미, 문화, 교회에 '소속된 다원성'이다. 그리고 이 다원성의 한계는 결코 국경선이 아니다. 본래 이 다원소

---

148) [역주] 지역 독립과 자치라는 명목으로 민족 갈등을 일으켜, 결국 군수 업자들 및 그와 결탁한 거대 제국의 배만 불리는 꼴이 된다는 뜻이다. 목표 달성도 불가능하고 갈등의 골만 더 깊어지는 최악의 결과다. 샤르보노는 분리주의자의 욕망을 이용해 폭리를 취하는 세계 권력의 전략을 정확히 간파한다.

149) [역주] 이러한 연방제는 미래 기획을 의미한다. 결과를 담보할 수 없는 일종의 도박이기도 하다. 따라서 샤르보노는 정관사가 아닌 부정관사(un)를 사용한다.

속성la pluri-appartenance은 국민국가—처음과 나중, 즉 '알파'와 '오메가'가 된—에 인민을 일치시키기를 거부했다. 또 '다원 소속성'은 프랑스인, 미국인, 소련인, 심지어 [프랑스 도시] '툴루즈'인이라는 명칭에 사람을 억지로 끼워 맞추는 작업도 거부할 것이다. 우리는 이 '다원 소속성'을 연방이라 부른다. 사람들의 마음과 행동에 연방이 생생하게 살아 작동한다면, 굳이 이 용어가 존재할 이유도 없을 것이다.

그러나 이러한 연방, 즉 탈중앙집권화la dé-centralisation 혹은 다원중심화la pluri-centralisation는 특정 권력, 자연 혹은 역사의 중심을 허용하는 방식이 될 수 없다. 다시 말해, 이러한 요소가 내용물을 제공하는 서열 구조로 이뤄질 수 없다. 지금까지 우리 사회에 아무런 원칙 없이 무질서하게 중앙집권화만 강화시킨 기술 진보의 자동성은 우리의 뇌리에서 배제하자. 또 광케이블 텔레비전이나 마이크로컴퓨터를 통해 자유를 얻을 것이라는 말도 과신하지 말자. 전쟁 이전에 사람들은 프랑스 전력공사EDF에 무거운 증기가 집중된 에너지를 사방에 분산시켜 줄 수 있으리라 기대했다. 다양한 편차를 담은 이 미묘한 유체는 소규모 형태의 무공해 산업의 보급에 그리 유리하지 않았고, 결국 원자력 발전을 수락하고 만다. 나아가 핵발전소를 평범하게 여기는 생각들이 자리하게 됐다.

우리를 핵발전소와 연결한 선한 가닥, 두 가닥, 세 가닥, 내일은 네 가닥을 자른 장본인은 기술 진보가 아닌, 인간이다. 다시 말해, 생태 운동가인 여러분이 단절의 주인공이어야 한다. 이러한 단절은 여러 사람의 노력과 희생의 값이다. 다양한 개인과 자유 연방 사회의 결합은 자연, 경쟁자, 적을 정복할 목적으로 집중된 조직의 물리적 효용성을 확보하지 못할 것이다. 그리고 이 결합은 우리 각자를 비롯한 모든 사람에게 더 많은 미덕을 요구할 것이다. 즉, 수용할 수 있는 만큼만 행하려는 성향, 여러분과 견해가 다른 이들과 전쟁 상태가 아닌 평화 상태를 만드는 역설의 재능 등을 요구할 것이다. 이러한 회심은 지난 천년의 역사와 발전에 반하는 길이다. 이 회심은 사실주의 못지않게 온 영역마다 창의적 상상을 요구할 것이다. 다른 조건 중에서도 유독 중앙집권화를 벗어날 수 있는 진짜 조건은 지역의 뿌리, 즉 농촌의 뿌리로 되돌아감을 전제한다. 지역에 뿌리내리지 않은 분권화나 지방자치는 추상에 불과하다. 결국 위에서 공표한 내용을 입 다물고 이행해야 하는 폭력적 상황에 지나지 않을 것이다.

위대한 국가의 이름으로[150]

자끄 엘륄

우리가 국제 관계에 대해 생각할 때, 가장 먼저 주목해야 할 부분이 있다. 바로 이 관계가 국제적이라는 부분이다! 다시 말해, 국가와 국가의 관계라는 점에 주목해야 한다. 국가 원리의 영광스러운 모험과 발전이 현 세계에서 횡행하는 정치적 망상의 지배자다. 대체로 서로에게 유익한 합의를 이뤄 살았지만, 관습, 금기, 암암리에 무력화된 영역들로 이뤄지는 이른바 '생활양식'modus vivendi을 발견했던 부족, 씨족, 종족과 같은 집단은 국가 형성에 있어 제동 장치 역할을 했다! 서구 세계의 색채를 강하게 드러낸 개념인 주권, 독립, 자기와 다른 모든 것에 대한 적대감, 권력 의지, 과잉 팽창주의를 통한 주변 정복 등은 당연히 강력한 국가État fort와 군대를 요구했다. 부족, 씨족, 종족과 같은 소규모 집단은 민족을 묶어 한 국가une nation가 되려 했고, 이것 외에 다른 것을 더 이상 용납할 수 없었다. 그러나 국가를 이루려는 이러한 움직임은 세계 차원에서 일어났다! 튀르키예터키와 러시아, 이란과 이라크가 거대한 제국이나 인민을 모자이크처럼 붙여 놓은 거대한 집

---

150) 원문의 출처는 다음과 같다. Jacques Ellul, 《Relations internationales: l'imbroglio》, *Combat nature*, n° 58, octobre 1983.

합체conglomérat가 아닌 현대 국가가 되려 했을 때, 쿠르드인이나 아르메니아인은 국가가 되려는 절대 의지에 사로잡혔다. 현대 국가로 발돋움한 튀르키예가 영웅이라도 된 마냥 자행한 첫 행동이 바로 아르메니아 대학살이었다. 팔레스타인으로 눈을 돌리자. 오랜 세월 동안 팔레스타인에서 살았던 아랍인은 유대인에게 관용을 베풀었다. 팔레스타인에서 아랍인과 유대인은 거의 한 몸처럼 어울려 살았다. 팔레스타인 땅으로 되돌아온 유대인의 대다수도 이러한 공존 상태를 유지할 수 있었을 것이다. 그러나 이스라엘은 국가화를 추구했다. 이에 팔레스타인 사람은 따돌림과 억압을 느꼈고, 결국 팔레스타인 사람에게도 국가를 세워야 할 필요가 생겼다.

가장 비극적인 사례는 레바논이다. 드루즈족과 마론교도[151]가 중개자 없이 일종의 동거 상태를 이뤘다. 막강한 권력이 개입하기 전까지 이들은 상대를 수용할 수 있었다. 그러나 각 구성원에게 국가를 이뤄야 한다는 의식이 형성되면서 이들의 동거 상태는 깨지고 만다! 우리는 그 뒤에 벌어진 일을 익히 안다![152]

아프리카로 가보자. 아프리카를 멋대로 찢은 이 [서구] 멍청이의 작태를 한 번 보라! 국경, 인종, 생활수준, 생활 유형 등 어느 것 하나 제대로 일치된 것도 없고, 일관성도 없다. 건드리지 말았어야 했다. 그러나 사람들은 국가 주권, 민족 독립과 같은 말을 멈추지 않는다. 지금 우리는 수준 높게 산다고 허세부리는 멍텅구리의 세상에 산다.

---

151) [역주] 시리아, 레바논 지역에 사는 가톨릭 중심의 집단이다.
152) 자끄 엘륄이 본문을 작성한 1983년에 레바논은 내전 상태였다.

1. 국가들의 담론과 '전선에 선 빈자'(PCDF)의 담론

그러나 모든 것이 복잡하다. 세계가 두 "권역"bloc으로 나뉘었기 때문이다. 초강대국은 다른 국가와 같지 않다. 초강대국은 다른 국가를 위성국으로 삼는다. 위성국가는 초강대국의 통치권에 불만을 표할지 모르지만, 그래봤자 주군의 가신에 불과하다. 이러한 순간에 민족주의자의 외침은 두 강대국의 이익에 봉사하는 담론에 지나지 않는다. 하지만 사람들이 그 외침을 곧이곧대로 믿는다는 사실이 안타깝다. 심지어 혐오 정서가 올라오기까지 한다.

담론에는 두 가지 차원이 있다. 모든 정계가 외부 공식 담론에 완벽히 동의한다. 타국의 독립을 존중하지 않는 입장은 없다. 아프가니스탄의 경우처럼 얼룩 범벅이 된 상황이라면, 큰 문젯거리다. 그러나 누구도 이의 제기 하지 않는다. 어쨌든, 명백한 오판이 있음에도 불구하고, 소련은 결국 "합법적"인 정부의 지원 요청을 받았다는 명분을 내세웠다. 국제 연합의 승인을 받은 집권 정부의 요청에 따른 조치였다는 말이다! 미국이 온두라스에서, 프랑스가 차드에서 했던 짓과 똑같다. 물론, 당사국에 대한 내정 간섭이라는 비난이 빗발칠 것이다. [침략국인 소련, 미국, 프랑스 모두] 이런 비난을 피하지 못한다. 정치 분야에서 이들 국가의 대외용 선전 담론을 믿는 사람은 아무도 없다. 하지만, 이 담론은 내부적으로 세워둔 모든 기획을 추진하기 위해 필요한 정당화 작업에 요긴하게 쓰인다.

동일한 담론의 두 번째 차원도 가능하다. 1918년을 시작으로 「르 카나르 앙셰네」Le Canardenchaîné가 '전선에 선 빈자'[153]라 불렀던 이들의

---

153) PCDF (Pauvre couille du front).

담론이 그것이다. 이 집단은 본격적인 국가 구성의 필요를 굳게 믿었다. 국가 구성에 필요한 군대, 경찰, 정당, 국경 등을 동반해 국가를 이뤄야 한다. 그러나 아프리카 일개 부족이 이러한 국가를 구성하지 못한다면, 침략하기 쉬운 먹잇감, 소수파, 제국주의 희생양 등의 평가를 받을 것이다. 따라서 국가 형성을 위해 '전선에 선 빈자'는 좋은 안내자를 따를 채비도 마쳤다. 소련이든 미국이든 가릴 이유가 없다. [국가로 가기 위해] 집단 학살도 했고, 쿠데타도 일으켰고, 소규모 테러, 저항 운동, 해방 운동, 대규모 테러 등도 빠뜨리지 않았다. 그러나 '전선에 선 빈자'가 보츠와나Botswana나 팔레스타인을 국가로 인정했다. 물론, 거기에서 끝나지 않았다! 개선문을 통과하는 데 도움을 줬던 은인의 궤도에서 놀 수밖에 없기 때문이다! 덧붙여, 경제 생존도 절대 불가능한 상태였기에 이 지평에 의존할 수밖에 없다. 자유 국가, 독립 국가, 주권 국가를 표방한 이 국가는 양대 초강대국 가운데 하나의 손에 좌우되는 졸개가 됐고, '전선에 선 빈자'는 그 졸개의 졸개가 됐다! 즉, 사람들은 이 위대한 군사 훈련을 지속하려 언제나 위대한 국가의 이름으로 끝없이 졸개들을 모집할 것이다. 하여, 쿠바의 군인들이 에티오피아나 앙골라에 투입되고, 리비아 군대가 차드, 자이르현 콩고민주공화국에 투입된다. 소련에게 조종당하는 베트남 군대는 캄보디아에, 온두라스 군대는 니카라과에 투입된다. 정치가 만든 최악의 추태에 헌신하는 이 영웅들이들을 영웅적이라 이야기하므로!의 운명이다. 참으로, 비극이 아닐 수 없다.

    필자가 볼 때, 모든 국제 정책의 비극을 낳는 원흉은 국가 이데올로기와 양대 초강대국의 '현실 정치'Real Politik의 조합이다. 여기에 늙고 낡은 유럽 국가의 개입, 초국적 경제 대기업의 불꽃 튀는 난장을 추가해야 한다. 바로 이것들이 지도를 얼룩으로 물들이고, 위기를 가중시키며, 이념과 경제의 문제를 증가시킨다.

"이데올로기, 전략, 현실주의, 경제, 정복"이 엉겨 붙은 거대한 그물망이 전체 그림의 특징이다. 여기에 잠재적 핵전쟁, 진행 중인 경제 전쟁, 졸개들을 통한 대리전, 네다섯 가지의 유형으로 나뉘는 제국주의 등이 동반된다. 특히 제국주의의 경우, 현실에서 나타나는 몇 가지 부조리를 설명할 수 있는 핵심어다. 곧, 현실 정계의 부조리, 총성 경쟁이나 다름없는 '현실 정치'의 부조리, 낭비 사회와 제3세계 기아에 허덕이는 사이의 부조리, 정복을 위한 정복프랑스도 자행한 짓이다!의 부조리 등을 설명하는 핵심어다. 이러한 부조리는 일말의 장점이나 값에 대한 계산 가능성을 배제한 상태로 이뤄졌다! "거대한" 두 존재를 두려워하는 바보들의 헛걸음이다. 헛걸음으로 오른 높이가 얼마나 높던지 히말라야 정상과 같다. 한 쪽이 다른 한 쪽을 전염시키고, 다른 한 쪽이 한 쪽에 "포위된"실제 그렇다! 형국이다.

2. 이웃과 어울려 사는 법을 익혀라.

오늘날 국제 관계의 주된 특징을 들라면, 필자는 국가 중심주의에 찌든 정치인과 강고한 민족주의 성향의 정치인의 어리석음을 들겠다. 그렇다면, 우리는 무엇을 이야기해야 하고 어떻게 행동해야 하는가?

무엇보다 모든 형태의 국수주의와 국가의 모든 구조에 맞서 싸워야 한다. 위대한 국가, 주권, 독립에 관련된 갖가지 이데올로기의 미망에서 깨어나야 한다. 이는 단지 프랑스에만 해당하지 않고, 온 세계 인민에게 해당하는 사안이다.

니카라과, 소말리아, 팔레스타인, 이스라엘 등 이러한 국가 담론이 출현하는 곳마다 그 실체를 가감 없이 폭로해야 한다. 인간에게 필수인 "생태 지위"la niche écologique154를 세계정계 포함와 관계 맺도록 하는 일종의 매개체로 생각할 수 있다면, 생태 지위는 통일성과 원방 세계와의 관계에 연결된 또 다른 개념으로 확대될 것이다. 다른 인종, 문화, 계급, 민족에 속한 '이웃'과의 관계가 먼 나라의 관계보다 더 결정적이고, 중요하며, 다루기 어려운 사안이 많다는 사실을 의식해야 한다.

우리가 다음에 다룰 주제이기도 한 '소통 매체' 덕에 세계와 관계를 맺게 됐다는 식의 말은 사실이 아니다! '지구'가 '지구촌'이 됐다는 말도 정확하지 않다. 굳이 지구촌이라는 말을 쓰겠다면, 우리 시대의 불운과 관계된 언급 역시 가능할 것이다. 즉, 세계 어느 곳에서든지 방아쇠를 당길 수 있게 됐다. 세상 어디에도 무기가 닿지 못할 곳이 없다. 하루가 멀다 하고 벌어지는 이른바 '국제 사건들'은 현 세계에 존재하는 모든 공동체에 작용한다. 마치 거대한 결투장과 같다. 충격에 대응하려 군비를 확장하고 무장을 서두른다. 이웃과의 우정보다 바다 건너, 대륙 건너에 있는 그 나라를 위하겠다는 충심의 정서나 군사 지원에 대한 갈망이 짙어진다. 이러한 정서와 지원을 철저히 거부해야 한다. 우리는 이웃과 어울려 사는 법을 배워야 한다. 왜냐면 인격을 갖춘 사람과 사람이 모인 집단에는 우정이 존재하지만, 국가와 국가

---

154) [역주] '생태 지위'는 생태계를 구성하는 여러 종의 지위를 가리키는 용어로서, 생태계에서 특정 생물이 어떻게 사는지를 볼 수 있다.

사이에는 우정이 존재할 수 없기 때문이다! 따라서 필자는 행동을 두 가지 차원으로 요약하겠다. 바로 이데올로기 파괴 차원과 강력한 상호 인격체 관계 구성 차원이다. 필자는 이것을 현 세계에서 추진해야 할 대외 정책이 지구상에 외국이 얼마나 많은가! 및 대외 관계의 생태학적 표현이라고 생각한다.

전면전[155]

베르나르 샤르보노

전쟁은 죽음의 명칭 가운데 하나일 뿐이다. 그것도 인간이 죽는 사건이다. 평화롭게 살고 싶은 우리의 바람이 무엇이든, 전쟁을 끝내고 싶다면 이 전쟁이라는 사건을 들여다봐야 한다. 왜냐면 지금까지 꿈에 불과했던 국가와 국가의 평화로 우리를 인도하는 주역이 바로 핵전쟁이기 때문이다.

1. 전쟁

지구상에는 지금까지도 전쟁이 끊이지 않는다. 파시즘의 출현은 곧 전면전의 출현이었다. 평화는 다음 전쟁을 준비하는 휴전 상태일 뿐이다. 전쟁은 인간의 특징이자 살아있는 자연의 특징이다. 강자는 약자를 잡아먹으며 살을 찌우고, 상향세의 종種이 하향세의 종을 제거한다. 이것은 권리나 법에 관한 진술이 아니다. 사실에 대한 진술이다. 서로 다른 개인이 무기가 아닌 다른 방식으로 분쟁을 조절한다

---

[155] 원문의 출처는 다음과 같다. Bernard Charbonneau, 《Guerre et guerre nucléaire》, *Combat nature*, n° 58, cotobre 1983.

고 하자. 그 경우, 분쟁 조절은 개인 차원의 일이다. 그러나 현실 사회에서 그러한 방식의 조절은 결코 일어나지 않는다. 하물며, 내부를 평정하고 일인자에 오른 국가는 말할 것도 없다. 국가는 외부의 적에 맞서 무장을 강화하는 방식으로만 평화를 지킬 수 있다고 말한다. 인간은 자신의 미덕과 악덕을 동원해 전쟁에 헌신하는 것처럼 보인다. 아마도 전쟁은 인간의 미덕과 악덕이 모조리 나타나는 곳일 것이다. 왜냐면 사람이 자신의 죽음을 무릅쓰고 타인을 죽이는 이유는 생명보다 우선하는 선으로 최악의 희생을 정당화할 수 있다고 여기기 때문이다. 즉, 생명의 본능과 그것에 개입하는 정신 법칙에 반발한 나머지, 자기의 선과 타자의 희생이라는 구도를 만들어 이웃의 죽음을 정당화한다.

군사, 정치, 문화 혹은 종교를 등에 업고 공격을 일삼은 이 전쟁 포식자도 다른 사람들 못지않게 평화를 꿈꾸며, 폭력과 죽음이 더 이상 갈등과 긴장을 폐하지 않는 세상을 꿈꾼다. "평화를 원한다면, 전쟁을 준비하라."*Si vis pacem para bellum* 여기에서 아마도 이 문구와 국가와 역사의 규칙이 될 수 있을 것이다. 그러나 위대한 종교는 하나같이 우리 자신과 이웃에 대한 사랑을 이야기했고, 이러한 사랑은 우리에게 전쟁을 악이라 가르쳤다. 우리는 이상과 현실을 여전히 배회한다. 우리의 조건은 조화가 아닌, 모순과 갈등이다. 전쟁을 거부해야 하는가? 1939-40년에 활동한 평화주의자 대다수가 전쟁 거부를 외쳤다. 이들의 구호에 우리는 깜짝 놀랐고, 등짐을 짊어지고 산을 가로질렀다.[156] 그러나 지금 1980년에 외치는 전쟁 거부가 중요하다. 과학 세계

---

156) [역주] 당시 샤르보노는 엘륄과 더불어 자연 감성을 키우는 야영 활동을 전개했다. 이 활동은 나치의 육체 숭배 신화나 집단성 함양 등과 같은 방향과 전혀 상관없었으며, 오히려 국

이자 산업 세계인 우리 세계에서 외치는 전쟁 거부는 전쟁에 대한 긍정과 부정까지 포함된 모든 것이 바뀐 상황 가운데 있다.

2. 전쟁의 진보

그러나 전쟁은 그 성격을 바꿨다. 국지전에서 전면전으로 바뀌었으며, 부족 간의 혈투에서 기록되지 않은 법칙들에 따라 자발성과 규제를 동시에 갖춘 형태로 바뀌었다. 전쟁은 체계적으로 조직된 형태로 자리를 옮겼다. 온 몸에 깃털을 두르고 전투에서 적을 도발하던 전사가 있었다. 그러나 로마는 이러한 전사를 거부하고, 군호에만 복종하고 체계적인 군사 훈련을 이수한 군인을 양성했다. 인간을 단일 기계의 톱니바퀴처럼 조직한 셈이다. 식민지 침략과 봉건주의 시대의 전쟁이라는 역사의 거리를 지난 이후, 프랑스와 러시아 같은 국가들의 왕실에서는 살상 기계와 같은 도구를 동반한 직업 군인 체계를 구성했고, 그 숫자를 점차 늘렸다. 그러나 전쟁의 진보는 시공간의 제약을 받았다. 당일 날씨와 전장 상태, 주권자와 귀족의 전쟁 규칙들도 제한 사항으로 작용했다. 1789년 프랑스 혁명은 징병제를 도입함으로써 새로운 진전을 이뤘다. 군주제에서 전쟁은 국가적 사안이었지만, 이제 인민과 그 체제는 생존을 위해 싸운다. 시민을 대상으로 모병 활동을 하면서 모든 전쟁은 시민 중심의 전쟁으로 바뀌었다. 군대와 마찬가지로, 시민의 손실도 덩달아 늘었다. 게다가 과학과 산업은 더욱 강력한 살상 기계를 확충하고 통신과 수송 수단을 강화함으로써 전쟁의 살붙이 역할을 했다. 그리고 국운을 걸고 참전하는 국가들은 점

가주의, 전체주의, 군국주의에 반발하는 성향이 강했다.

차 "전쟁 법칙들"을 존중하지 않는 쪽으로 나아갔다.

1914년 8월, 인류는 사상 최초로 전면전총력전에 가담했다. 시간에 있어서 전력을 다했다. 대포 소리가 끊이지 않았기 때문이다. 공간에 있어서도 전력을 다했다. 전쟁이 지구 전체로 퍼졌기 때문이다. 사회적으로도 마찬가지였다. 국가가 인구, 경제, 과학, 여론을 총결집했기 때문이다. 비용이 얼마가 들어가든, 무슨 수단을 사용하든, 무조건 이겨야 했기 때문이다. 시민을 위한 목적이 군사적 목적으로 바뀌었다. 황폐함이 말할 수 없이 늘었고, 사망자도 셀 수 없었다. 그러나 전력을 기울인 전쟁으로 기술 진보의 고삐가 풀렸다. 무슨 값을 치르더라도 기술 진보가 필요하다는 인식이 박혔다. 자유주의 체제가 주도한 1914-1918년의 총력전은 전체주의 국가의 원형이었다.

전쟁의 공포와 두려움이 자란 곳에서 평화주의라는 꽃이 핀다. 1914년의 갈등이 벌어지기 직전에 국제주의 성향의 사회주의가 프랑스와 독일에서 승리를 거뒀다. 그러나 "자국의 장성들에 맞서 무기를 들기는커녕" 독일과 프랑스의 노동자들은 베르됭에서 서로의 가슴에 총부리를 겨눴다.[157] 반면, 이들의 지도자들은 국제 연합에 참여했다. 불필요한 살상으로 배양된 평화주의가 또 다른 전쟁을 낳는다. 이 전쟁은 훨씬 더 격렬하고, 세계적이며, 잔혹하고, 파괴적이고, 치명적이다. 그만큼 '총체적'이라는 수식어를 붙일 법하다. 과학과 기술 분야도 획기적인 진보를 일궜다. 그리고 이 진보의 결과가 히로시마 원폭이었다. 히로시마 이후에 지금도 계속 발전 중인 폭탄은 오늘날 전 지구

---

157) [역주] 대전은 사실상, 계급 대전이었다. 각국의 노동자끼리 총알받이와 대포밥으로 죽고 죽이는 전면전이었다. 이 문제를 연구한 자료로, 다음 서적을 참고하라 Jacques Pauwels, *The Great Class War 1914-1918*, Toronto, 2016

를 황무지로 만들고, 베르됭과 스탈린그라드의 납골당을 재현할 위험이 있다. 핵전쟁은 말 그대로 모든 것을 날릴 수 있는 총체적인 전쟁이다. 시공간에서, 곳곳에서, 영원토록, 이 행성에 사는 생명체에 대한 위협이 멈추지 않는다.

3. 절대 전쟁

인간의 힘이 진보함으로 인해, 양대 초강대국의 권력이 지구를 차고 넘을 정도의 수준이 됐다. 달에 착륙하고도 '남을' 힘이다.

사람들은 지금까지 전쟁을 '정당 전쟁'*jus ad bellum*이라 불렀다. 그러나 이제 전쟁은 최악을 피하는 차악이다. 1939년에 전체주의를 내세운 나치즘은 자유를 소멸시켰다. 그러나 절대 전쟁은 더 이상 수단이 아닌 목적이다. 왜냐면 이 전쟁은 도시 문명과 사람을 멸절할 수 있기 때문이다. 나아가 전 인류를 없앨지도 모른다.

이제 우리는 점점 비좁아지는 세상에서 산다. 단 몇 분이면 하늘에서 무언가가 머리 위로 떨어질지 모를 세상이다. 이에 관해 생각하지 않은 덕에, 삶즉, 전쟁이 계속된다고 자인한다. 베저Weser 강이나 라인Rhein 강 전선에서 전술이나 전략을 논한다. 북대서양조약기구를 지지하는 대서양주의자나 드골주의자, 핵전쟁을 수용하는 사이비 현실주의자는 2000년을 위해 1939-1945년을 준비한다. 독자 여러분도 이 역사를 잘 알 것이다. 아무것도 바뀌지 않았다. 그러나 이들은 민중의 집단 살상을 벗어날 수 있을 기준과 조치에 관해서는 단 한 마디도 하지 않았다. 민중이 죽든지 말든지 알 바 아니었다. 우리는 이 사실을 절대 잊지 말아야 한다. 핵전쟁 지지자는 집단 살상을 피할 수 없다는 사실을 잘 안다. 민주주의를 표방하는 사회에서도 마찬가지다. 이유가 무엇인가? 지도자의 생생한 특권을 대중에게 확장하려면, 그만큼 비용이 많이 들고, 제한 요소가 많기 때문이다.

그러나 이와 마주해, 핵전쟁이나 전쟁 자체를 거부하는 평화주의자들은 1914-1918년과 1939-1945년에 나타난 공식을 되풀이한다. 이들은 미국의 민주주의나 소련의 전체주의나 등에 진 배낭은 같다고 비판한다. 평화주의자들은 서구의 일방적인 비무장을 외친다. 그러나 이 정책이 빚을 위험에 대해서는 고찰하지 않는다. 미국이 유럽에서 물러나더라도 소련이 군사적 압박을 가할 수 있다. 결국 유럽의 '핀란드화'나 '폴란드화'가 될지 모른다.158) 이런 종류의 뮌헨 협정159)은 유럽에서 소련과 미국 사이의 전쟁 – 결국 모두에게 미칠 대전大戰 – 을 과연 피할 수 있을지 확신을 주지 못한다. 깊은 차원에서 보면, 핵무기 지지자와 반대자 모두, 자기 선택에 따른 대가를 검토하지 않는다. 핵무기 지지자는 전쟁 준비로 전쟁을 피하려 하고, 핵무기 반대자는 비무장화를 꾀하며 소련 제국주의를 비무장화 하려 한다. 또 핵무기 반대자는 소련 제국주의의 비무장화를 통해 유럽의 교두보 간섭 정책의 포기를 주장한다. 이들은 이러한 축소 정책으로 소련 전체주의 체제 내부의 불안정과 위협을 촉발할 수 있다고 생각한다.

4. 결론

정치 책임자가 예외 없이 우선시하는 부분이 있다. 바로 자신이

---

158) [역주] 고래 싸움에 새우등 터지는 상황을 빗댄 표현이다. 강대국의 양면 침략에 나라가 분할되거나 전장이 되는 비극적 상황을 가리킨다.
159) [역주] 1938년 뮌헨에서 열린 나치 독일과 영국, 프랑스 주도의 협정이다. 협정 결과, 히틀러는 오스트리아와 보헤미아 지역 독일인 거주지를 확보한다.

표한 견해에 대한 비용 측정이다. 핵으로 벌이는 경기에서, 자신의 발언이 원자력이나 전체주의를 밝히는 조명 역할을 할 수 있을지 계산한다. 정치인의 셈법은 확신이 아닌 확률에 기댄다. 확신 단계까지 가려면, 그만큼 많은 시간이 소요되기 때문이다. 핵무기 반대를 외치는 조서에 씁쓸하게 서명하더라도, 이 조서는 스탈린의 점령을 피할 수 있는 역할을 할 것이다. 즉, 미국의 핵우산 역할을 할 것이다. 이러한 과정을 거쳐도 결국 핵무기 수용에는 아무런 변화가 없다. 일말의 고찰도 없다. 끝장을 보는 한 이 있더라도, 그 위험을 감수하겠다는 전제가 뒷받침된 선택이다. '퍼싱'Pershing에 반대하는 선전이 결국 'SS-20'에 유리한 선전으로 작용하고 말았고, 러시아제 탱크와 마주한 유럽을 무방비 상태로 만들었다.160) 반핵, 반전 운동으로 무기 축소나 제거를 외친 결과가 부른 역설이다. 언제 터질지 모르는 상황에서 유럽은 기권이나 다름없는 상태에 빠졌다. 과연 '스킬라'에 반대하면서 '카리브디스'를 지지할 수 있는가?161) 그러한 선전을 지속해도 되는가? 한 가지 위험을 제거하여 다른 위험이 강화되는 상황, 즉 위험이 위험을 부르는 상황임에도, 이 일을 지속해야 하는가?

그러나 국가의 독자성을 명분으로 "공격력"을 강화하는 국가들의 사례처럼, 이러한 값을 계산하면서 여론의 행동을 압박해야 하는 경우도 있다. 프랑스의 사례에서 시작하자. 이러한 여론 행동에 대한 압박을 정당화할 수도 없을뿐더러, 그 효력은 짧고 영향은 길다. 시민에게 총부리를 겨누지 않기로 단념하지만, 그 단념이 핵전쟁이라는

---

160) 퍼싱(Pershing)은 미군의 핵탄두 탑재 단거리 미사일이며, SS-20은 소련군의 핵탄두 탑재 단거리 미사일이다.
161) 스킬라는 그리스 신화에 나오는 여섯 머리와 열두 발을 가진 요괴이며, 카리브디스는 그리스 신화의 바다 소용돌이를 의인화한 괴물이다.

최종 단계로 직행했다. 이 힘겨루기에서 소비에트 군부는 두 배나 유리하다. 소련 군부는 거점 도시를 파괴하겠다면서, 프랑스에게도 같은 위협을 가했다. 위협이 닥치면, 민주주의에는 불안감과 의견이 작동한다. 상대가 우리를 위협한다는 말을 믿도록 하려면, 민주주의보다 독재가 더 낫다. 소련과 미국의 회담에서 볼 수 있듯, 프랑스와 영국의 공격력이 협상을 난항에 빠지게 했다. 또 두 국가의 핵무기는 타협안의 거부를 정당화하고 말았다.

1) 핵전쟁은 민주주의에 전체주의를 도입했다. 한 사람이 단 몇 분 만에 단추를 누를까 말까 결정을 내릴 수 있기 때문이다. 생사를 판가름하는 이 치명적인 힘은 이제 성스러움의 지경에 다다랐다.

핵은 초강대국도 얼마든지 '살상'할 수 있고 인류를 파멸시킬 수 있는 이 위험하고도 치명적인 무기다. 프랑스는 이 핵무기를 기폭제로 삼아 자국에 절대 가치를 부여했다. 절대 가치 부여를 넘어서 스스로를 신성의 반열에 올리는 짓마저 합리화했다.

2) 국가의 독자성을 앞세워 핵무기 보유(保有)권을 주장하는 프랑스의 행보는 결국 다른 국민국가도 동일한 권리를 가질 수 있다는 명분을 주고 말았다. 그러나 두 협력국가 사이에 맺은 협정으로 핵폭발 가능성에 한계를 가할 수 있는 경우, 우리가 보는 것처럼 핵보유 권리 국가의 숫자가 증가함에 따라 한계선 설정은 점점 더 어려워진다. 재난이 거의 확실시 될 수도 있다. "기왕 이럴 바에 나도 죽고 세계도 다 죽여 버리겠다"고 맘먹은 우간다나 칠레의 '사르다나팔'[162]과 같은 인사가 언제든 등장할 수 있기 때문이다. 1945년에 히틀러가 분명 그랬

---

162) [역주] 전설로 내려오는 고대 아시리아 제국의 마지막 황제 이름이다. 방탕과 사치로 제국의 문을 닫은 인물로 알려졌다.

다. 아마도 미래의 진보는 정치적 편집증이 가장 적은 인물에게 '집단 살상'이라는 단추를 누르게 할지도 모른다.

필자는 본문을 통해 우리가 관여된 끔찍한 놀이패가 무엇인지를 매우 짧게 설명했다. 우리가 값을 고려한다면, 공격을 포기하는 경우를 제외하곤 선택은 고통스러울 것이다. 핵전쟁의 위협으로 우리는 지금까지 불가능했던 일, 즉 전쟁 거부라는 자리까지 몰렸다. 어떤 값을 치르더라도 전쟁은 막아야 한다.

여하튼, 모든 생태 운동가들이 동의할 수밖에 없는 명확한 지점이 있다. 바로 우리를 '대재앙'인가 '세계 전체주의 국가'인가의 진퇴양난으로 몰아가는 '진보'를 포기하는 일이다. 우리는 다른 길에 접어들어야만 이 양자택일의 폭력에서 벗어날 수 있다. 히로시마의 검은 태양은 현 과학 산업 사회의 '메네, 데겔, 바르신'[163]이다.

---

163) 문자적으로 '세고, 무게를 달고, 나눈다'는 뜻이다. 페르시아 제국의 고레스 황제가 바빌로니아에 입성했을 때, 집단 난교에 빠져 정신 못 차리던 벨사살의 침소 벽에 보이지 않는 손이 쓴 글씨 내용이다. 구약성서 다니엘 5장을 참고하라.

구경꾼이 된 사람[164]

자끄 엘륄

매체의 급증으로 인해 우리 사회에서는 의사소통 발달에 대한 칭찬이 끊이지 않는다. 그러나 동시에 혼란도 일었다. 사람들은 소통을 통해 매우 다른 두 가지 현실을 이해한다.

방송망케이블, 위성, 전파, 방송국, 수신기지국 등의 물적 장비들이 있고, 의사소통 방식이 있다. 다시 말해, 1,000km 떨어져 있는 두 사람이 서로를 이해하는 상황이 아닌 서로의 목소리를 듣는 상황이 펼쳐졌다. 그러나 일부이지만, 옛적에도 소통 가능한 현실은 있었다. 따라서 용어의 혼란을 피하기 위해, 필자는 소통 대신 '정보'information라는 표현을 쓰겠다.

겉으로만 보면, 단순하다. 매체들은 정보들내용을 전달한다. 그러나 여기에 함정이 있다. 전송되는 내용이 모두 동일할 수 있는가? 삼분법tiercé의 결과를 누군가에게 알려주는 일이 그 사람에게 "사랑해"je t'aime라고 말하는 일과 동일한가? 물론, "메시지" 하나에 몇 개의 "비트"정보 단위를 나열하느냐를 중시하는 과학자들은 필자의 진부한 생

---

164) 원문의 출처는 다음과 같다. Jacques Ellul, ≪Les contradictions de la communication≫, *Combat nature*, n° 59, décembre 1983.

각을 거부할 것이다.

다시 말하면, 매체와 정보를 사용하면서 사람들은 내용, 의의, 의미를 텅텅 비우고 말았다. 그러나 궁극적으로 "비트"를 전송할 수 있는 탁월한 소통 장비들을 가졌다 한들, 내게 전혀 중요치 않다면 무슨 소용이 있겠는가?

일반적인 문제가 있다. 과학성 혹은 학문성을 구실로, 사람들은 구체적인 의미를 확보한 정보인 <u>실제</u>와 의미를 부여하는 말인 <u>진실</u>을 동시에 삭제했다. 자유 전파 방송의 요구와 함께 체감할 수 있는 현상이다. 사람들은 사설 라디오 방송의 자유를 요구했다. 그러나 정작 만들어지자, 방송의 자유를 요구했던 사람들은 방송 내용이 없다는 사실을 깨달았다! 그래서 음반으로 최대한 시간을 때운다. '시민주파수대'CB[165]도 마찬가지다. 진지한 대화를 기대했지만, 진지한 대화는 없고 시답잖은 말장난만 난무하다. 다시 말해, 한 사람이 다른 사람에게 무언가를 제대로 전송하려면, 완성도와 정밀도를 높인 소통 망의 확보만으로는 불충분하다.

그러나 고통은 거기에서 끝나지 않는다! 초반에 중요했던 내용은 무엇보다 소통 장치의 작동이었다. 적절한 정보를 얻도록 메시지를 명확히 전달할 수 있을 장치가 필요했다. "5점 만점에 5점 드립니다"가 가장 이상적인 공식이다. 그러나 우리가 언어를 형식과 구조 차원이 아닌 내용"발화된 말" 차원에서 연구하기 시작한 순간부터, 두 사람 사이에 오가는 말에 침묵, 미완성 구절, 공백, "속 이야기"nondit 역시 단어만큼 중요하다는 사실을 알게 됐다. 따라서 "소통"에서는 "소음"

---

[165] 1980년대 만들어진 시민주파수대(CB, *Citizen-Band*)는 라디오 송신기를 사용해 사람들끼리 소통할 수 있던 장치를 말한다.

이나 불확실성도 매우 중요했다는 점을 인정하게 됐다. 이제 핵심은 더 이상 기술의 완성도가 아니다. 오히려 발화된 말le dit과 발화 중인 말le dire이 관건이다. 고주파 음향기 '하이파이'Hi-Fi로 음악의 아름다움을 충분히 전달하지 못한다. 눈앞에서 연주하는 피아노 연주자를 대체할 수 있는 완벽한 음반은 없다. 현장에서 이뤄지는 창작 연주를 대체할 수 있는 음반도 없다. 즉, 우리는 다른 영역으로 들어가기 위해 양적인 것이나 "기술의 질"에서 빠져 나오기 시작한다.

난관들이 누적된다! 이와 다른 쪽에 새로운 흐름이 나타난다. 곧, 일각에서는 정보 과잉으로 가짜 정보 유통이 판을 칠 것이라고 생각하게 됐다. 이 대목에서 우리는 다시 한 번 미궁에 빠진다. 그러나 공식은 간단하다. 곧, 인간의 주의 집중력에는 한계가 있다. 인간의 감각과 두뇌는 일종의 거름망 역할을 한다. 쉽게 말해, 인간은 자신에게 제공되는 수천 가지의 정보 가운데 일부분만 통과하도록 하는 거름망을 가졌다. 보통 1분 동안 사방에서 제공되는 정보가 무려 7,000여개에 달한다고 한다! 게다가 우리의 기억력 역시 제한적이다. 실제로 우리는 제한된 정보만 기억할 수 있는 데, 자신에게 유용한 정보와 관심 및 흥미를 유발하는 정보만 기억한다. 주변 환경, 주위 사람, "자연" 등에서 동시다발로 정보가 난입한다. 여기에 라디오 소리, 텔레비전, 신문과 광고 등의 수백 가지 정보가 포개진다. 덧붙여, 현대인의 생활에 빠질 수 없는 여러 기호예컨대, 적록 신호등과 광고 등를 빠뜨릴 수 없다. 현대인은 이러한 정보의 영향력을 잘 알며, 우려한다. 정보를 많이 받으면 받을수록, 정보를 보유하기 더 어려워진다. 두뇌가 자동으로 자기 보호에 나서기 때문이다. 텔레비전을 보면, 이 정보를 또 다른 정보가 밀어내기 바쁘다. 한 마디로, 우리는 정보를 쫓아가기도 벅차다. 사건을 제대로 파악하기 위해 오랜 시간 동안 벌어진 사태와 사건에 대해 이야기하는 일은 드물다.

1. 빠르게 오가는 정보

우리는 망각한다. 인간은 거의 모든 분야를 구경만 하는 "관객"이 됐다. 어제 일어났던 것도 쉽게 잊는 방관자가 된다. 정보가 뒤범벅된 나머지, 인간의 기억은 복잡하다. 온두라스, 과테말라, 니카라과, 코스타리카, 파나마, 혹은 파타, 검은 9월단, 시리아, 베카, 좌파 팔랑헤주의자, 우파 팔랑헤주의자, "팔레스타인 지지파와 반대파", 마론파, 드루즈파 등 셀 수 없는 정보가 쏟아진다. 이 밖에도 덧붙일 내용은 정말 많다.

수많은 인명 살상을 낳은 이 대형 사건과 마주한 우리의 일상은 그 중요성을 잃었다. 동네나 회사에서 경험하는 일상의 현실이 얼마나 중요한가? 그럼에도, 그 중요성을 완전히 상실했다. 매체가 반복적으로 보도하거나 특정 정당과 조합이 집단 정보로 조직하는 일상만이 부각될 뿐이다.

확산된 정보가 많으면 많을수록, 지식, 이해도, 성찰 능력은 떨어진다. 즉, 벌어진 사건과 실제 연관될 수 있는 것이 무엇인지, 독자 스스로 정보를 수집하려 노력하거나 객관적 거리를 두고, 실제 벌어진 사건을 스스로 탐사하고 파악하려는 요구가 점점 떨어진다. 결국에는 유용성이라곤 찾아보기 힘든 "큼직큼직한 문제나 사건"에 매몰된 나머지, 독자는 자기 시선과 목소리 범위에서 발생하는 일상의 경험을 잊고 산다. 사실, 자기 시선과 목소리의 범위 안에서는 자신이 주도적으로 활동할 수 있고, 정보도 능동적으로 파악할 수 있다. 머릿속은 회전목마 돌 듯 복잡할지 몰라도, 주도적 활동이 가능하다는 말이다.

2. 기술의 현혹에 맞서 시간을 되찾자

지금까지 종합적으로 기술한 내용은 결코 개별 차원의 비판이 아니다. 많은 사회학자가 인정하는 내용이다! 그렇지만 현 시대에서 해법을 찾기 어려운 난제 가운데 하나이기도 하다! 어떻게 답해야 하는가? 감시와 검열을 강화하면 되는가? 정보 원천의 다양성을 답으로 제시할 수 있는가? 순수 "오락" 방송을 퇴출시키면 해결되는가? 어떤 것도 썩 만족스러운 답은 아닌 것 같다. 필자는 현기증 날 정도로 우리를 현혹하는 기술 현상에 대한 공세가 필요하다고 생각한다. 공격을 가해 "금자탑"을 쌓고 말고는 중요치 않다. 탁월한 지위에 오르고 말고도 중요치 않다. 우리가 바닥에서 다시 출발할 수 있다면, 우리의 생활환경에서 유래하는 정보들을 "유용/무용"실제, "쾌/불쾌"로 말할 수 있을 것이다. 유용하다는 말은 손에 맞닿을 정도의 직접적인 환경에 있다는 소리다. 원거리 정보보다 근거리 정보에 우선하도록 하자. 자기의 영향권 밖에 있는 문제에 개입할 수 있는가? 있다면, 얼마나 가능한가? 바로 이런 문제다. 둘째, "불특정 사람"이 의사소통 전문가의 생각보다 뒤떨어지지 않는다. 독자 여러분은 이 점에 동의하는가? 3분 담화나 뉴스 보도로 그를 악인으로 단정할 일이 아니다. 설명이 더 필요하며, 관심을 갖고 더 깊숙이 들어가야 제대로 알 수 있을 것이다. 제시된 정보는 적고, 실제 사건의 깊이는 더 넓다.

무엇이 실제이고, 무엇이 상상인가? 공상과학 영화는 둘을 혼합한다. 텔레비전에서 컴퓨터 정보, 외과 수술, 원자 물리학 등과 같은 현대 과학과 기술에 관련된 내용을 보도할 때마다, 우리는 실제로 존재하는 것인지, 아니면 단순한 가능성의 차원인지 계속 헷갈린다. 이러한 구분을 파괴하면서 사람들을 꿈나라에 빠지게 하는 상태를 철저히 고발하고, 그 상태에서 벗어나야 한다.

마지막으로, 반드시 필요하다고 보는 내용을 짚겠다. 평범한 사람에게 광기어린 내용을 공급하지 말고, 우리 세계만큼 복잡한 세계에서 생존할 수 있을만한 내용을 제공해야 한다. 또 매체는 복잡한 사안까지 깊게 들어가는 심층 보도에 전념해야 한다. '악과 깡' 있는 매체를 보고 싶다! 사람 스스로 판단할 수 있도록 해야 하며, 판단할 시간을 줘야 한다. 또 어떤 사안에 대해 말할 때, 방송 보도에 반대하는 의사를 표현할 수 있는 기회도 줘야 한다. "여론의 목소리"를 듣는다는 핑계로, 문제를 제기할 수 있는 사람은 멀리하고 전혀 들을 가치도 없는 사람에게 질문하는 보도가 횡행하니 말이다. 이 모든 면을 종합해 보건대, 뭐니 뭐니 해도 우리 안에 깊이 뿌리박힌 통념들을 벗어던지는 일이 시급하다!

시공간 파괴[166]

베르나르 샤르보노

과학과 기술의 진보는 역사의 과정뿐만 아니라 지구의 활동 여정에도 속도를 가한다. 따라서 사람이 살아야 할 지상의 시공간에도 근본적인 변화가 일었다. 공간은 시간과 분리될 수 없다. 이제 공간은 미터나 킬로미터로 측정될 뿐 아니라 시간과 날짜로도 측정된다.

로마 제국의 황제들은 말이나 범선galère[167]으로 거대한 국가 곳곳을 두루 시찰했다. 스코틀랜드에서 유프라테스 유역까지, 우크라이나에서 이집트 남부의 누비아까지, 제국을 가로지르는 데 수개월이 걸렸다. 오늘날 지구 제국을 종횡무진 편력하는 데 소요되는 시간은 황제들의 시간보다 더 적다. 덧붙여, 과거보다 지역민의 풍습도 다양해 보이지 않는다. 1522년까지 지구는 무한한 공간으로 보였다. 세계 일주에 성공한 사람이 없었기 때문이다. 그러나 마젤란의 항해와 함께 "유한한 세계의 시대가 열렸다." 물론, 마젤란과 동료들이 세계 일주하는 데 소요된 기간은 3년이었다. 제2제국 치하에서 쥘 베른은 증

---

166) 원문의 출처는 다음과 같다. Bernard Charbonneau, 《Accélération des transports et consommation de l'espace》, *Combat nature*, n° 59, décembre 1983.
167) [역주] 노예나 죄수가 노를 젓는 수송선이나 전투선을 말한다.

기 기관을 사용해 "80일 간의 세계 일주"를 꿈꿨고, 실행에 옮겼다. 2차 대전 직전에 항공기로 세계 일주에 소요되는 시간은 닷새였다. 2차 대전 이후에 미국의 폭격기는 쉼 없이 비행해 수십 시간 만에 지구를 한 바퀴 돌았다. 반면, 인공위성과 로켓포는 일주 시간을 수 시간대로 단축했다. 속도의 진보는 적재 능력의 진보였음도 잊지 말아야 한다. 1920년의 골리앗Goliath은 승객 몇 명만 수송할 수 있었다. 그러나 지금 보잉Boing 항공기는 수백 명 수송도 가능하다. 항공기는 더 이상 소수 귀중품이나 귀빈 수송에 사용되지 않는다. 대규모 인원과 물품을 지구 이쪽 끝에서 저쪽 끝으로 한 순간에 옮길 수 있다.

1. 소비와 공간 파괴

그러나 오늘날 인간의 활동이 차고 넘치는 바다를 포함한다고 하더라도, 지구의 공간은 유한하다. 사람들이 공간이라 부르는 것은 여기저기에 흩어진 빈 행성을 가리킬 뿐이다. 우리도 잘 알다시피, 현재 지구는 거주 불가능하고, 황량하고, 냉랭하고, 불타고, 오염됐다. 빈 행성을 탐사하려는 자들은 천문학적인 예산을 들여 로봇을 보내거나 원격 조종 로봇으로 변형된 플라스틱 인간 혹은 금속 인간을 보낸다. 이 로봇들이 과연 500기압에 달하는 금성의 액화 메탄을 견딜 수 있을지 의문이다. 우주의 빈 공간을 탐사하려는 방향과 달리, 유한한 지구의 공간은 계속해서 축소되는 중이다. 항공기와 로켓이 지구의 내부 폭발을 계속 부추긴다. 이러한 내부 폭발은 1789년 혁명이나 1917년 혁명보다 중요한 사회적 사건이다. 열차와 항공기는 뚜렷한 계획이 없더라도 계속해서 바뀐다. 새로운 열차와 항공기의 출현도 가속화됐다. 도시를 바꾸는 실제 주인공은 도시 계획 전문가가 아니라 자동차다.

교통수단의 진보는 시공간을 정복하는 '하늘을 나는 양탄자'의 꿈과 같은 인간의 오랜 꿈을 실현시켜 주는 것처럼 보인다. 그러나 시공간에 대한 제어는 환상을 드러냈다. 또 우리가 다뤄야 할 수단이 도리어 우리를 취한다. 지상의 공간은 유한하기 때문이다. 수많은 이유를 내걸었으나 이름은 딱 하나였다. 바로 '개발'이다. 개발로 인하여 우리 발아래의 땅 표면, 괴로움에 시달리는 땅도 계속해서 수축한다. 무엇보다 이 괴로움을 나눠야 할 사람들, 이 사람들의 숫자가 늘어남에 따라 땅 표면도 계속 줄어든다. 두 세기 전만 하더라도 한 사람이 살았던 곳에 지금은 열 사람이 산다. 부유한 열 사람이 사용하는 고속 교통수단들은 100배의 공간을 사용한다.

인간의 개발에는 제한선이 없는 것처럼 보인다. 에너지 자원이나 원자재가 고갈되는 사태가 벌어져도, 태양열이나 화학적 합성을 통해 모든 것을 제조할 수 있을 것이다. 별 쓸모없는 물건도 쉽게 만들어낼 것이다. 안타깝게도 이 모든 일은 '유일한 원자재'인 지구 공간 안에서 벌어진다. 우리는 이곳에서 생산 없이 소비만 지속한다. 프랑스에는 시골이든 도시든 사람다운 삶의 공간이나 자연 공간에 어울릴 만한 것이 없다. 산업 지구, 농산물 가공 지구, 특정 지구 등이 이 공간을 점유했기 때문이다. 또 광산, 채석장, 매립지는 마치 궤양처럼 공간을 잠식한다. 선로, 고속도로, 고속철로는 살갗에 상처를 내듯 공간을 분할한다. 빈 공간에는 새로운 것이 필요하다. 항상 새로운 것이 필요하다. 잠시도 가만두지 않는다. 왜냐면 변화le Changemment는 늘 새로운 것을 요구하기 때문이다. 아마도 독자들은 어느 화창한 날, 전기 철조망에 둘린 "최후의 보호 구역"을 보게 될지도 모른다. 그 구역도 임시에 불과하겠지만 말이다.[168]

공간은 수축한다. 공간을 침식한 사회는 자연의 다양성과 사람 사는 장소와 지역의 다양성을 파괴한다. 그럼으로써 이 사회는 공간을 획일화한다. 여행자는 이 도시에서 저 도시로, 이 마을에서 저 마을로 다니며 세상을 바꾼다. 이 비행장에서 저 비행장으로 이 지역의 고급 호텔 '소피텔'에서 저 지역의 '소피텔'로 부지런히 옮겨 다니는 여행자는 세계 지도에 표시된 어떤 동굴이나 기념물을 잠깐이라도 봐야 한다. 이러한 여행자는 일회용 플라스틱과 같은 조건에서 벗어나지 못한다. 사람, 기계, 수칙이 공간을 메웠다. 그러한 공간이 세계 도처에 나타난다. 이곳 외에 나머지는 빈 터로 바뀐다. 사막처럼 바뀐 시골 공간, 원자력발전소 건설 공간, 사격장 등 사람들이 포기하고 버린 공간으로 전락하거나 출입을 금지하는 공간으로 바뀐다.

모든 산업 가운데 가장 획일화된 산업은 '관광'이다. 관광 산업은 지구의 다양성을 소비하는 산업이다. 세이셸 제도나 마르키즈 제도와 같은 지상 낙원에 수천의 관광객을 투하하는 전세기는 폭격기보다 더 심하게 지구의 생물다양성을 파괴한다. 지구의 왼쪽, 오른쪽 가릴 것 없이 "트리가노"[169]는 문화와 민족의 다양성을 파괴한다. 우리를 어느 한순간에 지구 반대편에 수송하는 비행기는 우리와 함께 음식, 풍습, 외곽 지구까지 동시에 운반한다. 이제 또 다른 곳을 찾으면

---

168) [역주] 거대한 변화와 관련해, 샤르보노의 다음 책을 참고하라. Bernard Charbonneau, *Le Changement*, Vierzon, Le Pas de côté, 2013.
169) 캠핑 용품과 캠핑 트레일러를 생산하는 기업이다.

된다. 계속 그렇게 하면 된다. 지구는 둥글다. 더 빨리, 항상 더 빨리, 그렇게 다람쥐 쳇바퀴 돌 듯 지구를 활보한다.

2. 공간 조직

우리를 지구 곳곳에 보내는 수단들이 오히려 우리를 지구에서 활동하지 못하도록 한다. 왜냐면 이 수단들은 우리의 활동을 금하고 통제해야 할 책임자가 됐기 때문이다. 시베리아에서의 야영 활동이나 티베스티에서의 사파리 구경보다, 수단들에 의한 우리의 활동 제한이 더 큰 문제다. 항공기 제조 기술과 동일한 기술이 철의 장막을 세운다. 방콕Bangkok 여행을 구상하는 일보다 더 큰 문제는 비행장에서 실제로 이륙하는 일이다. 자연과 자유의 포기로 말미암아 공간은 너무 소중해졌다. 과학을 통한 공간 계산이 필요하며, 경제 용도를 위한 공간을 컴퓨터에 저장해야 하며, 정치 용도를 위해 국가와 경찰의 공간 통제가 요구된다.

지구의 서쪽 지역, 특히 공간 제약이 심한 유럽에서는 고지나 바다에 고비용을 투자해 공간을 배분 한다. 좁디좁은 평방미터 단위로 분할된 공간이 증가한다. 해변의 부족은 이미 명백한 현실이다. 이제 남은 해변을 분배하기 위해 국가가 개입해야 할 판이다. 다시 말해, 공간을 인위적으로 조직해야 하는 상황이다. 이른바 "토지 이용 계획"POS이 그 실행 방식이다. 모든 것을 알맞은 위치에 배치하고 구역을 설정하는 공간 활용 계획 말이다. 앞으로는 지금보다 더 작은 규모로 나눌 것이고 심지어 시간제한까지 둘 것이다. 지금은 농촌 개발 계획PAR과 해저 개발 계획PAFM이 진행 중이지만, 앞으로는 대기권 개발 계획PAT과 지표면 시공간 개발 계획PAET도 등장할 것이다. 그리고 마지막 남은 몇 평을 두고 국가 간에 끊임없는 쟁탈전이 벌어질 것이다.

공간이 없다면, 인간은 숨 막혀 죽는다. 특정 공간에 살지 못하면, 인간은 자기 정체성을 상실한다. 인간의 모든 활동이나 삶은 이 땅의 시공간 안에서 이뤄진다. 교외에 누적된 고철 덩어리에도 불구하고, 우리는 지구에 1미터를 보탤 수 없다. 차라리 생명에 하루를 보태는 편이 더 쉽다. 진보라는 명칭에 부합하는 유일한 분야는 의료 분야일 것이다. 의학의 진보로 인간의 평균 수명은 일시적으로 늘어났다. 그러나 이 말은 지금 겪어야 할 고통의 시간이 그만큼 추가됐다는 뜻이기도 하다. 교통수단의 가속화는 공간을 지배할 수 있는가? 시간을 절약할 수 있는가? 아니다. 교통수단의 가속화는 공간을 파괴하고 시간을 더욱 빡빡하게 채울 것이다. 그럼으로써 우리는 결국 시간과 공간을 모두 상실한다. 교통수단의 가속화로 인한 공간 지배와 시간 절약은 우리의 착각이다. 업무의 고통을 경감시켜줄 것이라 기대했던 자동차나 전화는 오히려 업무를 가중시킨다.

이것저것 쌓고, 압축하고, 집적한다. 사람들은 이러한 상황에 더 이상 동요하지도 않는다. 우리가 시공간을 추구하는 만큼, 우리에게 시공간이 만들어진다. 이런 식으로 시공간과의 접촉이 이뤄지지만, 우리는 그러한 팽창 논리에 점점 무감각해지는 중이다. 공간이 없다면, 우리 폐에 공기가 모자랄 것이며 우리 마음에 평화도 부족할 것이다. 지역의 다양성이 없다면, 우리는 표층적이고 단조로운 생활에서 벗어나지 못할 것이다. 어떤 지역에 뿌리내리지 못한다면, 뿌리 깊지 않은 나무가 성장하지 못하듯이 사람도 성장하지 못할 것이다. 이러한 것들은 비행기로 듬성듬성 건너뛰거나 훑어가면서 얻을 수 없다. 이 땅을 한 걸음씩 천천히 내딛고 꼼꼼히 살피고 음미하면서 얻을 수 있는 것들이다. 우리의 속도가 느려질수록, 지구땅는 좁아지지 않고 더 확장될 것이다. 많은 이들이 바위에 올라 꽃을 배경으로 기념 촬영하려 한다. 이 짓을 멈춰라. 그렇다면, 이 땅의 아름다운 꽃은 더 만발할 것이다. 묵상과 침묵에 더 많은 시간을 할애하며 살아가자. 조종사도 없고 가스 공급도 중단한 상태에서 착륙할 수 있는 항공기를 제작하려 하는 이들이 있다. 이와 유사한 수단을 더 정밀하게 다듬으려 하는 이들도 있다. 나아가 이 수단을 정책으로까지 못 박으려 하는 이들도 있다. 생태 운동가라면, 이 모든 과정을 의심해야 한다. 장비와 기계 조작자의 독점을 문제 삼든, 일상을 점령하고 치명타까지 입힐 수 있을 자동차 문제에 대한 조치를 논하든, 생태 운동가는 숙고와 의심이라는 본연의 임무를 망각하지 말아야 한다.

기술에 종속된 예술[170]

자끄 엘륄

생태 운동가들은 대개 예술에 대해 별 관심이 없어 보인다. 또 예술을 "상부 구조"나 부속품 취급하거나 예술을 아예 무시하는 경향을 보이기도 한다. 그러나 예술이 지닌 특별한 타당성을 제외하고 보더라도, 예술은 언제나 우리 사회를 드러내는 탁월한 지표임을 부정할 수 없다. 더욱이 우리가 마르크스의 사상을 되풀이한다면, "상부 구조들"을 하찮게 볼 수도 없다. 마르크스 역시 상부 구조를 가볍게 무시하거나 시답지 않게 여기지 않았기 때문이다. 조금 더 넓은 범위로 말하면, "상부 구조"는 하부 구조에 해당하는 기술과 경제를 발전시키는 요소이며, 하부 구조의 현실을 외부로 "가시화"하는 역할을 한다. 필자는 지난 40년 동안 예술로 불렸던 '현대 예술' l'art contemporain이 우리 사회 전반에 비춰 볼 때, 상당히 중요하다고 생각한다. 특히, "문화의 위기"[171]라 불리는 현상과 관련해, 현대 예술의 중요성이 두드러진다고 생각한다. 필자는 본문에서 이와 관련된 내용을 세 가지로 추려 정

---

170) 원문의 출처는 다음과 같다. Jacques Ellul, ⟪Crise de la culture, un exemple: l'art contemporaine⟫, *Combat nature*, n° 60, février 1984.

171) 필자는 '문화'와 '문화의 위기'에 관한 가장 훌륭한 연구서로, 베르나르 샤르보노의 『문화의 역설』을 꼽는다. Bernard Charbonneau, *Le Paradoxe de la culture*, Denoël, 1964.

리하려 한다. 곧, "실천과 담론", "기술과의 관계", "영원한 예술?"로 항목을 구분해 관련 내용을 간략히 논하겠다.

1. 실천과 담론

실천과 담론. 제작된 예술 작품이 그 주제에 맞는 담론을 만들라고 요구한다. 회화, 음악, 소설, 건축 등, 우리 시대의 예술에서 엿볼 수 있는 흥미로운 부분 가운데 하나다. 예술 작품은 아무 말도 하지 않는다. 작품은 아무 느낌도 주지 않는다. 예술가 본인이 작품의 요체를 설명해야 한다. 여기 추상화가 하나 있다. 말레비치Malevitch의 작품인 백색 바탕에 백색 사각형이 표현할 수 없는 것, 심연, 무의식, 절대 순수 등을 설명한다는 생각에 이르려면, 상당한 분량의 선행 작업이 필요할 것이다. 존 케이지John Cage의 「4분 33초」172라는 유명한 작품을 사례로 들어보자. 이 작품에서 음악가는 공격 태세를 유지하기만 한다. 연주에 필요한 시간 동안 침묵을 지킨 뒤, 이내 연주가 끝난다. 비음악la non-musique이 진정한 음악이라는 점을 청중에게 이해시키려면, 케이지 음악의 형이상학을 설명해야 할 것이다. 필자는 이와 비슷한 사례를 수백 가지라도 제시할 수 있다. 단지 비슷한 사례들이 많아서가 아니라, 이러한 방식의 예술이 현대 예술의 총체를 이뤘기 때문이다. 필자는 이따금 전문가들과 창작가들에게 물음을 던진다. 그럴 때, 이들은 항상 두 가지 부분을 강조한다. 첫째, "주체"를 배제해야 한다. 어떤 의미에서건 주체를 제거해야 한다. 예술가는 작품 행위를 하는 주체도 아니요, 작품 생산의 주체도 아니다. 예술가는 그저 사물과 사

---

172) [역주] 엘륄은 본문에서 「4분 32초」라고 적었다. 기록 오류다.

물을 잇는 역할을 할 뿐이다. 어떤 현대 소설가는 "펜이 글을 쓰고 싶어 한다."라고 선언했다. 예술가가 창작가일 수 있다는 생각은 끔찍하다! 예술가는 이 세계에서 비창작자Non-créateur이어야 한다. 비문학, 비시학, 비음악, 자기 파괴적인 조각 등, 현대 예술의 사조가 여기에 속한다. 예술가가 무엇인가를 창작했다고 하자. 그렇다면, 예술 작품은 반드시 예술가를 벗어난 "자리로 되돌아와야" 할 것이다. 그렇게 근대 부르주아의 주체 개념을 배제해야 한다. 그렇다고 관객, 청중, 독자도 작품의 주체는 아니다. 작품을 이해했거나 느꼈다는 식으로 생각하지 말아야 한다. 작품에 대한 이해나 느낌에 관한 생각 역시 전형적인 부르주아 이념이다. 그러니, 사람들은 "관객이 회화를 보지 않는다. 회화가 관객을 본다."와 같은 유명한 정식을 제작한다. 회화 작품은 어떤 것을 재현한다. 소설 작품은 어떤 이야기를 전한다. 이럴 때, 두 작품에는 주체가 있다. 그럼에도, 현대 예술은 이러한 주체를 제거해야 한다고 말한다. 왜냐면 우리 세계에서 보일 수 있을 만한 것과 이야기될 수 있을 만한 것은 더 이상 존재하지 않기 때문이다. 글자를 나열하고 색을 덧칠하는 일 외에 다른 일은 없다. 마치 그 이상의 것을 하는 척하지 말라는 뜻이다. '주체 부각'과 '의미부여'는 정직하지 못한 짓이라는 말이다. 요컨대 "그림은 색칠한 화판, 그 이상도 이하도 아니다."

둘째, 주체의 자리를 어느 단계에도 상정하지 말아야 한다. 이와 마찬가지로, 의미의 자리도 없다. 현대 예술 작품에서는 어떠한 의미도 찾으려고 하지 말아야 한다. 예술 작품에는 의미가 없다. 그뿐만 아니라, 사람들은 예술 작품을 통해, 그리고 예술 작품 안에서, 특정한 의미를 부여하려는 시도가 부정직한 일이라는 선언을 밀고 나간다. 그러한 시도가 부정직한 이유는 인간의 삶도, 우리의 세계도 아무런 의미를 갖지 않기 때문이다. 사르트르와 '누보로망'이 사조는 끝났지만, 그 중요성은 여전히 유효하다은 토론장에서 팽팽하게 맞섰다. 이 문제를 두고, 두 진영이 격론을 벌였다. 사르트르에 따르면, '작가는 말하고자 하는 내용을 쓴다.' '누보로망' 사조에 속한 소설가들은 그의 이러한 주장에 반발했다. '이유야 어찌 됐든, 작가는 작품에서 말할 것이 없어야 했다'고 외친 1960년대 대다수 작가가 사르트르를 맹비난했다. 의미 없는 언어 기호 la langue만이 작동한다. 사상 la pensée이 존재한다는 상상은 버려야 한다. 사상이 존재한다는 상상은 관념론에 불과하다. 어떤 것이 말해지기 전까지, "말해야 할 것" à-dire은 존재하지 않는다. 필자는 '누보로망' 사조를 위시한 작가들의 이 주장을 주체와 의미의 배제로 정리한다.[173]

2. 기술과의 관계

필자가 지적하려는 두 번째 주제는 현대 "예술"과 기술의 관계다. 우리가 이를 부정한다면, 기술의 난입과 기술 세계에서의 예술의 상황 때문일 것이다. 모든 예술가는 언제나 여러 기술을 이용해 활동을 펼쳤다. 그러나 필자가 제기하려는 문제는 다음과 같다. 곧, 예술가는

---

[173] 혁명 노선을 걷는다고 자평하고, 주체, 프롤레타리아를 호출하며, 의미, 혁명 등을 추구하는 소위 '참여 예술'이라는 사조와 그와 비슷한 여러 사조가 존재한다. 필자도 이를 잘 안다. 그러나 필자는 이러한 예술을 진부한 말에 포섭된 사례로 본다. 관습과 통념에 속한 언어만 내뱉고, 그 언어에 자동으로 뒤따르는 이념을 드러내는 사례일 뿐이다. 오늘날 찬사를 받는 남미 문학도 그 자장을 벗어나지 않는다고 생각한다. 이러한 예술은 생생한 주체의 부재와 체험을 통해 부여된 의미의 부재를 추구하는 추상 예술과 똑같은 말을 할 뿐이다. 피카소의 "참여" 예술은 비정치를 추구한 당대 '큐비즘'만큼이나 공허하다.

과거부터 기술을 사용했지만, 오늘날 예술가는 자신에게 제공되는 어마어마한 기술에 종속됐다. 컴퓨터 사용을 통해 음악을 만들거나 그림을 그리는 경우, 사람들은 이것을 다른 양식의 출현으로 보지 않고, "새로운 예술"un art nouveau의 출현으로 봤다. 그러므로 이러한 예술의 출현에 짐짓 놀란다거나 반하는 반응을 보일 경우, 구역질나고 퇴행적인 속물 반응이라는 평을 듣는다. 근본적으로 비인간적인 결과는 인간의 자연적 환경과 더 이상 아무런 관계가 없으며, 지금까지 우리가 인간답다고 여겼던 정서와도 아무런 상관이 없다. 그러나 기술 장치가 전반적으로 작가를 지배할 뿐 아니라, 작가는 갖가지 기술에 둘러싸인 세계에 산다. 또 작가는 과거와 다르고 인간적이지 않은 기술 환경을 작품에 반영하려는 경향을 보인다. 예술가는 공장과 흡사한 보부르 양식의 건축물을 만들 것이다. 또 페르낭 레제처럼 회화를 기계의 반사체로 축소하거나 은하계 및 원자 등과 같은 "과학"적 발견의 반사체에 환원할 것이다. 예술가의 바람과 무관하게, 예술은 제작 환경을 반영하기 마련이다. 우리가 추상 예술을 접했다고 가정해 보자. "창작자들"이 탁월한 혁신을 이끈 탓에 우리가 이러한 예술을 접한다고 말할 수 없다. 우리가 추상 예술을 접하는 이유는 다음가 같다. 첫째, 창작자들이 여태껏 예술의 위대한 원천이었던 자연환경과 더 이상 접촉하지 않기 때문이다. 둘째, 우리는 "과학기술"로 말미암아 파동, 미립자, 흐름 등과 같은 추상의 세계, 컴퓨터와 같은 현실성 없는 인공 이미지의 세계, 예술가에게 절대 자유의 외피를 덧씌우는 것과 같은 착각을 부르는 무법 세계에 들어가기 때문이다. 다시 말해, 예술가는 어떤 것이든 예술 활동의 대상으로 삼을 수 있다. 그러나 실제로 예술가는 기술 장치에 포함된 것, 과학계가 영향을 미친 것, "교양 있는" 특정 대중이 기대하는 것을 만든다. 기술에 종속된 예술에 관한 필자의 짧은 서술을 완성하려면, 상상 미술관 현상, 광고 현상, 대규모 연속극의 생산과 판매의 필요성, 매체 확산 현상 등을 추가해야 한다. 이러한 현상들은 "예술가의 창작 활동"에 역으로 작용한다.

3. 영원한 예술

마지막으로, 영원한 예술의 문제를 제기하겠다. 필자가 본문을 통해 제시한 간단한 비판에 대해, 혹자는 다음과 같이 답하곤 한다. "하지만 예술 분야에는 시대마다 참신한 작품이 등장하지 않았습니까? 예술의 독창성은 반작용을 부르기 마련입니다. 이집트 예술에 대해 그리스 예술이 나타나고, 고딕 예술에 대해 르네상스 예술이 등장하는 식입니다. 반작용의 질서는 같다고 볼 수 있지요." 그러나 현재 우리가 접하는 현상은 이런 종류의 질서와 아무런 공통점이 없다. 인간은 예술이라 불리는 것을 창작하면서 어딘가에 복종한다. 우리가 그러한 복종이 무엇에 대한 복종인지를 이해하려 한다면, 예술 활동이 이뤄지는 전 분야에서 언제나 세 가지 가능성을 만나게 될 것이다.

첫째, 인간은 자기 삶이나 자연 등에 관한 의미를 추구하거나 거기에 의미를 부여했다. 르루아 구르앙[174]의 책이 잘 보여주듯, 이러한 의미 추구와 의미 부여는 역사 이전 시대의 예술 작품에도 존재했다.

---

174) 앙드레 르루아 구르앙(André Leroi - Gourhan, 1911 - 1986)은 인류학자이자 역사학자다. 다음 책을 썼다. André Leroi - Gourhan, *Préhistoire de l'art occidental*, L. Mazenod, 1965.

예술은 특정한 가치나 믿음의 표현이었으면, 의미를 형식이라는 틀로 구체화한 작업이었다.

둘째, 인간은 미를 추구하기도 한다. 중국, 일본, 그리스 등의 사례를 보면 알 수 있듯, 이 역시 역사 이전 시대부터 존재했다. "미"는 영원하지도 않고, 보편적이지도 않다. 두말하면 잔소리다. 미의 절대 기준도 없다. 각 사회는 제 기준에 따라 아름답다고 여기는 것을 가꾸고 다듬었다. 미는 언제나 그것의 배경과 관련된다. 그러나 미는 한 사회에 사는 이들이 아름다운 것으로 지정한 조화, 균형, 긴장 그 이상의 어떤 것을 설명하려 한다.

셋째, 인간은 타인에게 즐거운 것, 쾌락을 주려고 하며, 타인의 욕망에 부응하려 했다. 기쁨을 주고 휴식 시간을 마련하는 예술의 이 기능을 간과할 수 없다.

필자는 이 세 가지 방향을 예술 작품의 중요한 특징이라고 생각한다. 우리가 오늘날 '예술 작품'이라 불리는 것을 연구할 때, 연구의 초반부터 만나게 되는 특징이라 할 수 있다.

그러나 예술의 이러한 특징과 현대 예술 사이에는 근본적인 단절이 존재한다. 그 내용은 다음과 같다. 첫째, 어떤 방향이든, 예술에 의미가 사라졌다. 즉, 예술은 의미를 제공하지 않는다. 둘째, 아름다움도 사라졌다. 예술 작품은 아름다울 필요가 없다. 특히, 예술은 쾌락이나 기쁨을 주는 작품 생산에 몰두할 필요도 없다. 현대 예술에 관한 예술가들과 비평가들의 수백 가지 담론을 요약하면, 아마 위 두 가지로 압축될 것이다. 필자는 이러한 요약을 바탕으로, 현대인이 예술을 '기성

품'ready made, 신조형주의, 기하학적 다포체polytopes라 부르고 있다고 감히 주장한다. 더 이상 공통 기준은 없다. 예컨대, 인간이 지난 10,000년 동안 자기를 표현해 왔던 방식과 아무런 상관이 없다. 현대 예술의 시각에서 봤을 때, 인간이 자신을 표현해 왔던 옛 방식은 [일반 범주가 아닌] 특별 범주로서의 예술l'Art조차 아니다! 무의미하고 끔찍하거나 순전히 불쾌감만 주는 것에 예술이라는 꼬리표를 붙여도 상관없다. 필자도 그런 꼬리표에 반대하지 않는다. 그러나 '예술'이라는 꼬리표가 일단 붙게 되면, 인류가 지금까지 쌓아온 지성, 영성, 감각, 정서의 역사와 완전히 단절된다는 사실을 알아야 한다.

4. 소박함과 개별 창작

그러나 현대인에게는 공포, 두려움, 근심이 가득하다. 예술가는 현대인의 이러한 현상을 발견하고 "도마 위에" 올린다. 예술가는 세계와 인간의 모습을 소개한다. 그러나 그 세계와 인간의 실제 모습보다 더 무서운 형태로 소개한다.[175] 거기에는 저주와 혐오가 있다. 즐기는 예술, "자욱한 이념의 구름"을 바라는 일은 중요치 않다. 그러나 예술에는 '의미의 재발견'이라는 위대한 임무가 있다. 인간은 의미 없는 자연 세계에서 의미를 찾으려 한다. 나아가, 그 의미를 설명하려 하거나 주입하려 한다. 다양성과 기술에 물든 현재 세계에서도 상황은 마찬가지다. 분명한 의미는 존재하지 않는다.

그러나 예술은 무의미의 표현일 수 없다. 오히려 예술은 의미의 추구라는 본연의 임무를 회복해야 한다. 그것은 개별 창작에서 출발

---

175) 고문과 집단 수용소를 소재로 삼은 회화, 영화, 연극, 소설을 보라. 이 작품들은 의식화를 구실로, 상황을 실제보다 더 잔혹하게 그린다!

해야 가능하다. 전문가에 의존한 방식도 아니고, 특정 여론을 위한 방식도 아니다. 시 한 편을 짓고, 그림 한 장을 그리려면, 연필 한 자루와 종이 한 장이면 충분하다. 기술, 상상의 박물관, 손에 닿는 위대한 작품에 대한 복제에서 우리 자신을 자유롭게 하는 일을 예술의 출발점으로 삼아야 한다. 독자들이 직접 쓴 시나 음악이라고 하여 수준 낮은 시, 저열한 음악이라 할 수 있는가? 독자들 손으로 직접 쓰고 지은 작품이라면, 그 의미를 무엇으로 표현할 수 있겠는가? 특정 이념이나 환경, 정보에 대한 반응, 여론의 목적, 텔레비전 등에 관한 표현이 아니다. 그저 삶의 가장 소박한 부분과 개별적이고 기본적인 부분에 대한 표현이다. 즉, 내가 보고, 생각하고, 희망하는 것에 대한 표현이다. '낡아빠진 기법이네 "이미 봤던 것"의 재탕이네' 등의 평가에 주눅들 이유가 없다. 무엇이 중요한가? 사미즈다트[176]의 모든 글도 이미 읽은 수백 가지 작품을 새롭게 출간하거나 유통하곤 한다. 그러나 사미즈다트의 글에는 무게감이 있다. 할 말이 있는 이들이 쓴 글이기 때문이다. 필자는 이렇게 단절된 세상에서는 누구도 "할 말이 있다"고 생각한다. 문화는 바로 거기에서 출발한다. "일반적인 문화 국가들"의 회의 자리에서 출발하지도 않고, 문화와 기술의 동맹을 필사적으로 추구하면서 출발하지도 않는다!

---

176) [역주] 사미즈다트(самиздат)는 소련 당국의 검열을 피해 지하에서 비밀리에 유통된 출판물을 가리킨다. 당국이 불온서적으로 분류한 작품을 유통하거나 출판하는 일을 맡았다.

정신의 획일화[177]

베르나르 샤르보노

우리가 사는 세계는 덩어리처럼 뭉친 집단들의 세계다. 인간 집단의 세계이며, 인간이 생산하고 소비하는 제품 집단의 세계다. 덧붙여, 정보, 광고, 선전이 비가시적인 형태로 덩어리를 이룬 세계다. 과거 시기와 재빨리 비교해 보자. 과거에는 숫자나 거리에 유의하지 않았다. 그러나 지금 우리는 백만 단위로 계산한다. 주민, 군인, 자동차나 사망자를 계산할 때, 빈번하게 이 숫자 단위로 계산한다. 그에 비해 우리 선조들은 천 단위로 계산했다. 전부 바뀌었다. 자연과 인간의 자유가 이러한 집단화가 미치는 영향은 무엇인가? 이러한 변화에서도 자연과 인간의 자유를 어떻게 지속시킬 수 있는가?

1. 집단과 집중화

오늘날 여러 집단이 증가하는 근본 이유는 크게 두 가지다. 첫째, 인구와 물건의 어마어마한 증가 때문이다. 둘째, 거대 조직이 낳은 모순 때문이다. 거대 조직이 없다면, 집단들은 사라지거나 가족 단위로

---

[177] 원문의 출처는 다음과 같다. Bernard Charbonneau, 《Masse, éducation et culture de masse》, *Combat nature*, n° 60, février 1984.

축소될 것이다. 그러나 현재의 거대 조직은 눈사태처럼 불어난 생산에 짓눌린 형국이다. 국가 조직이나 산업 조직은 늘 집중화를 꾀한다. 그리고 정보는 생활의 가장 밀착된 곳, 구체적인 곳까지 파고든다. 텔레비전 시청자는 세계 곳곳에 흩어져 있지만, 실제로 경기장에서 직접 관람하기 위해 모인 사람이 함께 보내는 시간보다 더 많은 시간을 익명의 집단을 이뤄 보낼 수 있다. 덧붙여, 우리는 숫자를 유일한 진리로 모시는 시대에 산다. 경제든 정치든 하나같이 200만 달러를 100만 달러의 두 배 가치로 여기는 시대에 산다.

오늘날 대중 집중화 현상은 계속 증가하는 추세다. 도시에는 사람과 자동차가 집단을 이뤄 집중에 집중을 거듭하는 반면, 시골은 사막처럼 휑하다. 해안가에는 공공이든 개인이든 여가 활동으로 해수욕을 즐기는 도시 사람들로 인산인해人山人海다. 전선에 집중된 군인이나 집단 수용소와 같은 공간에 집중적으로 수용된 적군을 연상시키듯, 온갖 광고와 선전에 사람의 정신이 집중된다. 전선과 집단 수용소가 여기저기 분산 배치된 것처럼, 대중도 곳곳에 분산된 것처럼 보인다. 그러나 우리는 이 현상을 '분산'이라고 생각하지 않는다. 왜냐면 집중화의 형태가 마치 제복 입은 것처럼 획일적이기 때문이다. 의복, 주방, 벽, 말, 생각까지 모조리 획일화됐다. 자기 정체성을 진지하게 여기고, 이 정체성을 위협하는 이 획일화에 반항하는 사람은 소수에 불과하다.

2. 교육의 종말과 다양한 대중문화의 종말

사람들과 그 산물이 집단을 이뤘을 뿐 아니라 지식도 무한 성장하면서 집단을 이뤘다. 지식은 더욱 복잡해졌고 전문성을 보인다. 사건, 단어, 말이 마친 입으로 토사물을 뱉듯이, 폭포수가 흐르듯이 쏟아진다. 따라서 집중해야 한다. 다른 분야 가운데서, 특히 교육과 문화 분야에 집중할 필요가 있다. 2차 산업 사회와 3차 산업 사회에서 대중문화와 교육은 더 이상 전통적인 대중문화나 교육과 관련 없다. 오히려 귀족식 교육과 문화, 부르주아식 교육과 문화와 관련 깊다. 과거에 일차 문화의 자격을 가졌던 인민들의 문화로서의 대중문화는 실존, 신비, 요리와 같은 제반 요소를 포함하는 총체적 문화였다. 또 그것은 토양의 풍경만큼 다양했다.

그러한 최초의 여러 제국 이후로 문화가 출현했다. 단일성과 절대성을 담은 문화이기에 굵은 글씨로 표기하겠다. 이 문화는 신학의 문화, 신학의 유산을 이은 철학의 문화, 문학과 예술의 문화다. 또 오랫동안 소수의 귀족과 부자가 유지하고 보존했던 궁정 문화나 도시 문화도 있었다. 이러한 신분제 교육은 처음에는 가정교사들을 통해 각 가정에서, 이후에는 교회의 통제를 받는 대학교에서 이뤄졌다. 이러한 교육에는 결함이 많았고, 든든하게 뒷받침할 수 있는 지지대가 없었다. 평범한 사람들의 교육은 교리 교육이나 경전 교육이 아닌 이상, 교회 부설 학교보다는 집, 마을, 작업장, 들판이나 거리에서 이뤄졌다. 하나이면서도 다채로운 생활의 순간들을 지역에서 통일한 이 대중문화들은 자연에서 맺히는 열매처럼 기층基層에서 자발적으로 발전했다.

그러나 대중에 대한 통제와 지도를 원했던 교회와 국가는 매우 이른 시기부터 획일화 작업을 추진했다. 이 작업은 대중 중심의 문화와 교육을 위협했다. 더 깊은 차원에서 보면, 과학 지식도 그러한 위협을 거들었다. 보편주의와 통일성을 갖춘 과학 지식은 [지식의 다양성을 갖춘] 대중문화와 교육을 위협했다. 과학 지식의 진보는 인간 능력을 발달시킨 원천이었다. 그러나 점점 대중의 지식을 평가 절하했고, 대중에게 최고의 교육과 문화를 스스로 수행할 수 없는 형태로 축소했다. 본래 과학 지식은 부르주아 문화의 곁가지였다. 그러나 부르주아 문화는 현시대까지 문학과 예술이라는 문화 보호 구역 안에 존속한다. 또 부르주아 문화는 종교의 기저에 여전히 살아있다. 다만, 이란의 경우처럼 이 문화에 강력하게 반발한 사례도 있다는 점만 짚어 두겠다.

대중이 독자적인 지식을 실행했던 모든 분야에서, 효율적인 매체들교육, 의무 병역, 텔레비전 등은 과학의 진리들을 대중에게 보편화했다. 그뿐만 아니라, 과거에 극소수 엘리트만 누렸던 문화 장식품들도 대중화됐다. 최상이라도 할 수도 있고, 최악이라도 할 수도 있는 이 '통일화' 과정에는 분명 장점도 존재한다. 이를 아예 부정하지는 않겠다. 다만, 사람들이 제대로 알지도 못하는 상태에서 이른바 '대중화'라는 형태로 몰려오면서 치러야 하는 값, 즉 '통일화' 과정의 값을 다루는 문제가 관건이다.

3. 교육과 대중문화가 치러야 할 값

과거 시절에 소수만 누렸던 문화의 값진 보화들을 교육과 대중문화는 모든 사람에게 퍼트렸다. 그랬다면, 그것은 조직화 과정 전반에 걸쳐 그만한 값을 치렀기에 가능한 일이었을 것이다.

(1) 교육과 대중문화의 특징은 집중화와 획일화다. 다시 말해, 교육과 대중문화는 표준화를 꾀한다. 국가가 중앙에서 틀어쥔 교육(오히려 '지도'라고 말하는 편이 현실에 가까울 것이다)은 무수한 제자와 학생에게 똑같은 교수법과 프로그램 체계를 주입한다. 교육 방식이 능동적인가 아니면 스승의 권위가 강하게 작용하는 방식인가 혹은 좋은 교육인가 나쁜 교육인가를 물을 필요가 없다. 단일한 교육이 '학문'이라는 이름으로 모든 지식과 존재의 영역을 점령한다. 덧붙여, 오늘날 곳곳에서 볼 수 있는 것처럼, 대중을 지배하기 위한 작동 기제가 인간의 자리를 대체했다. 공장과 사무실을 점령한 이 작동 기제가 이제 교실까지 침투했다. 그럼에도, 컴퓨터가 기획하는 교육처럼 인간 가까이에 도달한 교육은 아직 교사를 대체하는 수준은 아니다.

(2) 대중에 대한 교육은 전문화와 통속화를 지향한다. 이러한 교육에서 지식 축적은 몇 가지 그림으로 축소된다. 그리고 이를 보편화된 문화로 단단히 다져야 한다.[178] 학교는 문과와 이과, 즉 문학과 과학으로 나뉜다. 그뿐만 아니라, 세부 분야로 더 전문화된다. 과학과 대중문화는 진짜 연구해야 할 과학과 문화를 저질로 만든다. 이러한 저질 과학과 문화가 기존에 있던 것을 대체한다. 필자는 이 '저질'혹은 '통속화'라는 표현이 현재 벌어지는 상황을 설명하는 데 전혀 모자람 없다고 생각한다. 학생이나 대중은 기껏해야 위에서 정한 진리를 받아먹으면 된다. 진리 유무를 스스로 검증할 필요도 없다. 그 내용이 무엇인지 이해만 하더라도, 그나마 행복한 수준이다! 학생의 뇌리에 남는 것은 암기한 공식, 무의식에 각인된 몇 가지 그림, 어느 단추를 눌러야 하는지

---

178) [역주] 대중의 무지와 협소한 사고 능력을 강화하는 교육이 되고 만다는 뜻이다.

에 대한 지식 정도일 뿐이다. 과거와 비교해, 소수 특권층이라 부를 수 없다. 그만큼 지식은 대중화됐다. 그러나 현재의 지식 교육은 자기 전공이나 전문 분야를 제외한 나머지 분야에 대해서는 문외한을 만드는 방식이다. 타 분야에 대한 지식수준이 일반 대중과 별 차이 없다.

(3) 교육과 대중문화는 선택과 위계 서열을 강화한다. 옛 사회는 부르주아의 자식들에게 고급 학위 과정을 밟을 수 있도록 했고, 학문과 순수예술에 접근할 수 있는 길을 보장했다. 새로운 사회는 수많은 사람에게 그 길을 개방하려 했다. 그러나 수많은 견습생과 학생들이 생기면서 혹독한 경쟁의 문이 열렸다. 소질이 없거나 가정환경이 뒷받침되지 않는 자들은 가차 없이 제거됐다. 평등주의 원칙과 언어가 있었음에도, 실제 현실은 매번 이론을 부정했다. 역량을 평가하는 시험을 폐지한 결과, 영원한 경쟁에 도달했다. 모든 사람에게 최고 교육의 길을 열겠다는 방침이 수많은 사람을 단일한 교육 체계에 가두는 일종의 감금 상태에 빠뜨리고 말았다.

교육 개혁도 헛수고다. 적용조차하기 힘든 이따위 개혁은 즉시 개혁돼야 한다. 로랑 슈바르스는 고등 교육의 민주화를 위해 싸운 뒤, 교육과 학문 연구의 질을 보장할 수 있는 유일한 대안을 '선별'sélection로 제시했다. 그 옛날 특별히 선별된 사람들만 누릴 수 있는 시절로 복귀를 외친 셈이다.[179] 초등학교에서 고등교육기관에 이르기까지, 이른바 선진국이라는 산업 국가들의 사회 전반에서 이러한 선별 작업이 재현되는 중이다. 미국, 일본, 서독, 소련, 동독, 심지어 1968년 5월

---

[179] 로랑 슈바르스(Laurent Schwartz, 1915-2002)는 수학자이며, 프랑스 상황의 대차대조표 작성을 담당하는 위원회 보고서(*La Documentation française*, 1981)와 보편성 구조를 옹호하는 책(*Pour sauver l'universalité*, Éditions du Seuil, 1983)을 통해, 이러한 선별 작업을 지지했다.

의 축제를 겪은 프랑스에서도 예외 없이 진행 중이다. 더욱이 개인의 지식과 의사 결정 능력이 중요한 역할로 작용하는 고위직 인사의 경우, 기계화와 정보화 사회에서 점점 그 숫자가 줄어든다. 반대로 기계화와 정보화는 경쟁을 더욱 부추기고 경쟁을 통해 선별하는 상황을 가중한다.

문화에 대해서도 같은 이야기를 할 수 있을 것이다. 첨단 과학, 추상화, 무조atonale 음악과 같은 진짜 문화는 소수 전문가, 고급 기술자, 교양 있는 비전문가의 전유물이 됐다. 시류는 이를 막지 못한다. 모두가 글 읽는 법을 배울 수 있지만, 수백 가지 문서가 재빠르게 지나가는 화면에서 문서 하나를 제대로 해석해 낼 능력은 현저히 떨어진다. 매체에 의해 "이질적 문화를 수용한" 대중은 오히려 진짜 문화에서 이탈하고 말았다. 이제 대중이 접하는 문화란 만화책이나 몇 가지 기호 등으로 축소됐다.

(4) 우선해서 다뤄야 할 문제는 수동성이다. 왜냐하면 보편 문화와 그 가르침은 아무리 최상의 사례라 할지라도 위에서 아래로 분배되는 하향下向식 방법을 취하기 때문이다. 소수의 교사만 이에 능동적으로 반응하며 현장에 뛰어든다. 교사는 적고 학급은 많다. 소수의 교사가 어떻게 이 보편 문화와 그 가르침을 전달할 것인가? 보편 문화는 다색 문화들과 달리, 거대하고 부유하다. 거기에는 단 하나의 문화만 있다. 소수가 이 문화를 만든다. 메뉴인[180]의 음반을 낫다고 말할 수 있는 이유는 무엇인가? 평범한 "아마추어"가 단순한 음계로 만든 음악이 그의 음악보다 못하다고 말하는 이유는 무엇인가? 전문 음악인은 아니

---

180) 예후디 메뉴인(Yehudi Menuhin, 1916-1999)은 바이올린 연주자이자 오케스트라 지휘자다.

어도, 그 작품은 이 사람의 작품이다. 결국, 운송 수단에 의탁해 루브르에서 프라도로, 이 장소에서 저 장소로 옮겨 다니기 바쁘다. 제 발로 걸을 수 있고, 제 머리로 사고하는 기회를 빼앗긴 무기력한 대중은 "문화 주동자들"이 생기를 불어넣지 않으면 더 이상 움직이지 못할 것이다. 불 보듯 훤한 일이다. Le mot dit bien ce qu'il veut dire

4. 교육과 문화의 탈(脫)대중화

대중화된 상태는 결국 자연과 자유를 파괴한다. 특정 국립공원의 잔디를 관광객 500만 명이 통행한다. 언젠가는 규정을 만들고 경비원을 배치해 통행금지를 해야 할 판이다. 대량화와 동의어인 대중화는 재난을 부르기 십상이다. 개인은 양심적일 수 있을지 몰라도 집단은 이따금 광기에 사로잡힌다. 곧, 언젠가는 "임계 질량"masse critique에 도달할 것이고, 얼마 지나지 않아 폭발할 것이다.

따라서 생태 운동이 모든 분야에서 담당해야 할 기능은 명확하다. 바로 "탈대중화"démassifier다. 교육과 문화를 위해 탈대중화를 어떻게 실천할 수 있는가? 지면에 몇 줄로 언급하기에 너무 큰 주제다. 그러니 몇 가지 사례로 전반적인 방향만 짚도록 하자.[181] 현시대의 흐름을 거스르는 이 탈대중화 작업은 거대 다수보다 소수에게, 중앙 기관보다 지역 사회에게, 결국 사람들 각자에게 특권을 부여하면서 집단을 분권화dé-concentrer한다.

교육에 관해서도 이야기하자. 대학과 지역 교육에 자율성을 부여하고, 가정교육과 자발적 교육도 필요하다. 자연과 주변 환경에서 이

---

[181] 더 세부적인 논의에 관해, 필자의 다음 책을 보라. Bernard Charbonneau, *Paradoxe de la Culture*, Paris, Deno l, 1965.

뤄지는 교육도 간과할 수 없다. 무엇보다 이런 방식의 교육은 피교육자와 교육 현실의 관계, 제자와 스승의 관계에서 이뤄진다. 학급마다 너무 많은 학생이 있고, 천상계 꼭대기 Empyrée[182]에 앉은 장관들이 제시하는 프로그램도 지나치게 엄격하고 종류도 너무 많다. 이러한 과도함과 엄격함은 바로 위에서 이야기한 관계와 양립할 수 없다.

포화 상태의 교실에서 평범한 교사가 최고의 프로그램이라는 이름을 내건 최고의 교수법을 실행한다. 그러나 이 방식은 지성의 자유를 확보한 교사가 프로그램, 시간, 학생 수의 제약이 덜한 학급, 학습 효과가 높은 학급에서 자기 스스로 교수법을 개발해서 가르치는 방식보다 더 가치 있는 방식이 아니다. 교육이 가능하려면, 교사와 학생 사이에 인격적인 관계가 형성돼야 한다. 이 관계가 없다면, 교육은 학습 지도 l'instruction 수준에도 미치지 못할 것이다.

따라서 모든 수준에서 제한된 수의 소규모 건물과 학급으로 분할하는 방식이 다가올 미래에 필요한 조건이다. 불행하게도, 이러한 종류의 개혁은 훌륭한 교육학 이론이나 서류상 언제든 뒤엎을 수 있는 교육 프로그램과 달리, 많은 예산을 요구한다.

문화의 탈대중화 역시 오늘날 절대 지위에 오른 과학과 고급문화의 경향과 달리 흩어지고 다변화되는 상황을 뜻한다. 그것은 민중의 언어, 지식, 문화에 권위와 발언권을 되돌리는 일이다. 지금은 생명력을 되돌려야 한다고까지 말하니, 통탄할 일이다! 대상을 수동적으로 바라보는 구경꾼 신세가 된 학생, 교사 모두를 창조자로 되돌려야 한

---

[182] 여기에 사용된 "천상계 꼭대기"란 표현은 고대 사람들의 우주관을 담은 표현이다. 영원한 불꽃이자 하늘의 신들이 머문 곳인 별들을 포함한 천상계의 4단계 중에서 가장 꼭대기에 있는 단계를 가리킨다.

다. 생태 운동가들이 당면한 과제는 어렵고도 막대하다. 또 긴급하다. 만약 필자가 이 문제를 그저 막연하고 모호하게 제시할 요량이었다면, 굳이 이런 글까지 작성하는 시간 낭비를 하지 않았을 것이다.

기술과학의 무질서[183]

자끄 엘륄

본문은 몇 가지 걸림돌로 작용할 수 있을 문제를 다룬다! 과학은 자연의 질서에 대한 인식이다. 과학 법칙은 질서의 법칙이다. 기술은 그 자체로 합리적이며, 질서의 도구로 등장한다. 우리는 이 모두를 자명하고 명백한 말로 인정할 수 있다. 과학과 기술의 질서는 자연의 질서와 다르다. 왜냐면 사람이 만든 인위적인 질서이기 때문이다. 그럼에도, 엄연히 질서다.

대규모 전염병을 제거하고, 인간의 피로를 줄이며, 자연이 생산할 수 있는 것을 인간에게 생산하도록 하고, 대규모 이주를 명한다. 바로 기술의 질서를 볼 수 있는 항목이다. 인간은 사회에서 법을 통해 질서를 세우려 했다. 그러나 법은 취약하고, 무계획적이며, 불충분한 도구였음이 드러났다. 기술이 법을 대체했다. 그러나 기술과 법 사이에 존재하는 힘과 효율성의 차이만이 문제가 아니다. 둘 사이에는 심각한 모순이 존재한다. 법은 사회에서 인정받는 가치에 기초하고, 그 가치를 통합하며, 실행에 옮기려 한다. 그러나 기술은 가치를 모르며, 가

---

[183] 원문의 출처는 다음과 같다. Jacques Ellul, 《Sciences, techniques, désordres》, *Combat nature*, n° 61, mai 1984.

치와 아무런 상관이 없다. 기술이 가치와 단절될 때, 내세우는 방식이 있다. 그러나 그 방식은 뜬구름 잡는 것처럼 헛되고 지나치게 포괄적이다. 이를테면, 기술은 인간 행복을 증진한다는 식의 구호 말이다.

필자는 본문을 통해 '무질서를 만들고 궁극적으로 허무를 지향하는 과학과 기술'이라는 주제를 간략히 논하려 한다. 단, 과학자가 아닌, 과학에 관해서만 이야기하겠다.

과학이 결국 점진적으로 대상을 바꾼다는 사실을 알았을 때, 필자는 혼란에 빠졌다. 처음에 과학은 탐구와 관계된 질문인 "왜?"라는 질문에 대한 대답을 제시한다고 주장했다. 이후, 그것이 실패하자, 과학은 1세기 이상 "어떻게?"의 탐구와 논증, 즉 방법에 관한 연구와 논증 문제로 급선회했다. 물리학, 화학, 생물학 등의 과정을 보라. 그러나 진보를 거듭하면서 문제는 점차 복잡해지고 어려워졌다. 그뿐만 아니라, 과학자들이 다루는 대상도 사라지는 경향을 보였다. 현대 물리학은 더 이상 "어떻게"의 문제, 즉 방법의 문제를 탐구하지 않고, "무엇"의 문제, 즉 정체正體의 문제를 더 깊게 탐구한다. 상당히 인상적인 부분이다. 강력한 수단을 통해 물질을 분석하면 할수록, 우리는 '그래서 이 물질은 존재하는가?'라는 질문에 사로잡힌다. 닐스 보어[184]는 '실제적인 것'이란 그 도구들을 통해 확인된 것이라 말했고, 베르나르 데스파냐[185]는 '실제적인 것'이란 결국 실제적인 것 너머에 있다고 말했다. 이는 결국 답을 찾지 못하고 막다른 골목에 서 있다는 자기 고백이다.

---

184) 닐스 보어(Niels Bohr, 1885-1962)는 덴마크의 물리학자다. 『원자 물리학과 인간의 지식』(*Physique atomique et la connaissance humaine*, GauthierVillars, 1961)을 썼다.

185) 베르나르 데스파냐(Bernard d'Espagnat, 1921-2015)는 프랑스의 물리학자다. 『실제에 관한 탐구』(*À la recherche du réel*, Gauthier‐Villars, 1979)를 썼다.

우리는 비존재 아니면 무질서를 확인한다. 오늘날 다양한 이론이 현대 과학의 도움을 받아, 무질서의 긍정적인 가치를 발판 삼아 증식한다면, 비존재와 무질서를 아예 무가치하다고 말할 수 없을 것이다. 전체가 무질서이며, 우리는 무질서로 향하는 중이다.

1. 부조리의 작동

그러나 기술 분야의 상황은 이러한 과학과 매우 다르다. 응용된 기술 자체가 부조리와 질서를 낳는 실제 원인이다! 우리는 기술에 따라 무질서의 일반 법칙을 만들 수 없다. 생태 운동가들은 이미 "유한한 세계에서 무한한 성장은 있을 수 없다."라는 공식에 매우 익숙하다. 생태 운동가들은 이 공식으로 일반적인 무질서를 설명한다. 보통, 기술과 경제가 교차하며 잡종 상태를 이룬 사례들을 통해 이 무질서를 보여주는 정도면 충분할 것이다.

부조리와 무질서의 작동 방식을 설명하겠다. 기술에는 고유한 역량이 있다. 바로 '결합'combinaison이다. 기술은 결합을 통해 성장한다. 기술 수단이나 기술 제품이 많으면 많을수록, 여러 수단이 결합할 가능성과 제품과 제품이 결합할 가능성은 더욱 상승한다. 하지만 엄청나게 많은 가능성 가운데, 실제로 유용한 방식과 해를 덜 입히는 방식을 찾기는 상당히 힘들다. 방해 요소 가운데 하나가 바로 '경제'다. 첫째, 경제는 이러한 가능성의 일정 부분을 가로막는다. 이유는 간단하다. 비용 상승 때문이다. 미국은 수질 오염과 대기 오염 문제로 국민총생산PNB의 연 2%를 지출한다. 그러나 오염 문제를 완벽하게 해결하려면, 6%를 지출해야 한다. 현재 미국 상황에서 불가능한 일이다!

둘째, 경제는 전혀 필요치 않은 영역에 기술의 응용을 강요하거나 터무니없는 혁신을 위해 기술의 응용을 강요한다. 경제가 이렇게 강압적으로 개입하는 이유는 간단하다. '경쟁'에 뛰어들었기 때문이다! 경쟁에 뛰어든 이상, 대열에서 이탈해서는 안 되며 경쟁력을 갖춰야 한다. 결과는 나중 문제다. 어떻게 보면, 이것은 회사와 회사의 경쟁을 필수로 삼았던 옛 시장 체제에 부합한다. 그러나 현재 상황은 회사 대 회사의 경쟁에서 국가 대 국가의 경쟁으로 확대됐다. 더 이상 "내수 시장"은 없다. 세계 곳곳에서 몰려든 제품이 시장을 점령했다. 해법은 두 가지다. 첫째, 지배자 위치에 있는 한 국가가 나머지 피지배 국가 전체를 착취하는 방식이다. 소련의 위성국 지배가 그 사례다. 둘째, 국가는 안간힘을 다해 최신 기술 제품을 생산한다. 곧, 누구도 이 제품을 생산할 수 없고 이 제품이 시장을 장악해 자국의 경제를 지탱하리라는 희망가를 부르며 최신 기술 제품의 생산에 박차를 가해야 한다. 그렇게 되면, 대중에게 실제로 필요한 것에 더 이상 관심을 두지 않는다. 오히려 국가의 안정성이나 경쟁력에 도움이 되느냐 마느냐의 문제에만 집중한다. 그러므로 우리는 터무니없는 상황을 맞는다. 쓸데없이 무기 생산에 집중하거나 실익 없이 기술적 정교함만 더하는 물건 생산에 열을 올린다. 전자레인지, 오븐, 평면 텔레비전, 같은 약물의 품목 확대, 통신 위성 및 일반적인 위선 전체 등이 그 사례다. 덧붙여, 휴대용 공중파 라디오la cibi나 휴대용 카세트le walkman와 같은 순수 전자 기기의 성장은 컴퓨터의 침입, 특히 컴퓨터 오락의 침투와 맞물려 계속 증가한다.

2. '무질서'에서 '강요'로

컴퓨터와 전화기, 컴퓨터와 텔레비전 등, 컴퓨터와 다른 기기의 셀 수 없는 결합은 형편없고 우스꽝스러운 세상을 만들 것이다. 예컨대, 젖소 농장에 컴퓨터를 도입했다. 우유 생산을 조정하고, 사료를 분배하고, 젖소의 상태를 확인할 수 있는 기록표를 제작하고, 한 마리당 소비하는 "사료"의 양을 정확하게 계산하는 작업에 컴퓨터를 사용한다. 어처구니없는 일이다. 그러나 다른 한편으로, 이것은 기업의 성장을 의미한다. 컴퓨터를 통한 농장의 기계화는 젖소 60마리 이상을 사육해야 그 효과를 발휘할 수 있다. 따라서 우리는 컴퓨터를 확보하면, 큰 회사를 경영할 수 있다는 놀라운 회로를 발견한다. 광고에서 볼 수 있듯, 경쟁에서 우위를 점하려면, 컴퓨터는 이제 필수다. 기업의 성장을 위해서도 컴퓨터는 필요하다.

문제는 이런 논리가 사방에 퍼졌다는 데 있다. 지금 프랑스는 전화기 과잉 국가다. 전화 "소비", 그러니까 '통화' 숫자는 매우 적다. 전화 가입자의 일일 평균 통화 회수는 1.8회다. 프랑스 사람들이 통화를 더 많이 하는 쪽으로 유도해야 한다. 그래서 중앙 컴퓨터에 문의하는 사람들에게 다량의 정보를 제공하는 '텔레텔'Télétel을 만들었다. 그러나 텔레텔에서 제공되는 대다수 정보가 실용성과 거리가 멀다! 그러나 텔레텔 창설을 기점으로, 현재 프랑스 전국에 전화국 2,000만 개를 건설하려 한다.

전기 분야도 마찬가지다. 1945년에 프랑스는 전력난에 시달렸다. 전기 공급이 부족했기 때문이다. 사람들은 수력 발전소를 대대적으로 선전하기 시작했다. 1958년에 프랑스는 전력 과잉 공급 국가가 됐다! 더 많은 전력 소비를 유도하기 위해, 대규모 홍보전1955-1960년도 펼쳤다. "청색 계량기"les compteurs bleus가 그 대표 사례다. 1962년에 전력 공급에 일종의 공황 상태가 도래했다. 전력 생산에 한계가 왔다. 수력 발전소로는 더 이상 전력 생산량을 늘릴 수 없다! 그래서 사람들은 핵발전소를 떠들기 시작했다. 독자 여러분도 이 발전소를 두고 얼마나 갑론을박이 있었는지 기억할 것이다. 우리는 발전소 건설을 주장하는 쪽에서 제시한 예상치가 얼마나 헛소리였는지, 지금 똑똑히 보고 있다! 핵발전소는 "성공"을 거뒀다. 그러나 1983년에 다시 전력 공급의 한계에 봉착했다. 과잉 공급이 과잉 소비를 유도했기 때문이다! 1983년에 산업부 장관이 득의양양하게 말했던 것처럼, 프랑스 사람들이 더 전기를 소비하도록 해야 한다.

마지막 사례로, 경제의 부조리 문제를 보자. 모두가 1973년 유가 상승에 따른 공황 상태를 기억할 것이다. 말 그대로 위기였다. 그리고 유가 상승 때마다 위기는 반복됐다. 1982년, 유가가 안정세에 돌입하면서, 긴 터널을 통과하는 것처럼 보였다. 원유의 공급량이 증가했다. 따라서 1983년 내내 또 다른 공황이 도래했다. 유가가 바닥을 치면, 이전보다 더 심각한 위기가 도래하리라는 설명이 끊이지 않았다! 이러한 설명이 실제로 정확히 맞았다는 점이 문제라면 문제다. 그러나 그것은 사회주의와 자본주의가 혼합된 모든 기술 경제 체제의 광기를 외부로 드러냈다. 필자는 첨단 기술의 성장과 편집증적인 경제 성장의 특징을 동시에 그리는 무질서/부조리와 연관된 사례를 더 많이 제시할 수 있다.

3. '가능한 것'보다 '합리적인 것'을 우선시하자

유일한 해법은 다음 내용의 수용이다. 첫째, 깊은 성찰을 수용해야 한다. 둘째, 모든 기술 응용의 마술적인 "가능성"을 떠들기 전에, 합리적인 부분을 따져야 한다. 셋째, 새롭게 응용되는 기술의 실제 값을 계산해야 한다. 넷째, 통계에서 나타난 욕구가 아니라, 사용자의 실제 욕구가 무엇인지를 구체적으로 찾아야 한다. 사실, "지휘"권은 이들에게 없다. "기술의 명령"이 실제 "지휘"권을 휘두른다. 기술의 명령에 따른 의사 결정에 실패할 경우, 우리에게 부과되는 일은 크게 두 가지다. 첫째, 무질서와 테러리즘의 위기가 계속 가중될 것이다. 둘째, 경제와 기술에 관련된 모든 문제를 일거에 해결하는 전쟁이 발발할 것이다. 기술 진보의 절정에 해당하는 무기를 전 지구 차원에서 퍼붓는 전쟁 말이다. 어쩌면, 이미 시작된 일인지도 모른다. 최후의 전쟁 말이다.

폭발적 진보

베르나르 샤르보노

우리는 어디로 가는가? 과거에는 이 질문에 답하기 쉬웠다. 하지만 지금은 그렇지 않다. 기독교 왕국의 시대나 군주제의 시대를 살았던 사람이라면, "기독교 왕국으로, 군주제로 간다."라고 대답할 것이다. 내일은 과거의 연속에 지나지 않았을 뿐이니 말이다. 1차 산업 혁명 이후, 역사가 움직이기 시작했을 무렵에도, 대답은 여전히 간단했다. "진보"였다. 과학의 진보, 평등의 진보, 자유의 진보, 행복의 진보가 우리의 목적지였다. 그러나 히로시마 폭격과 스탈린 사망 이후, 우리는 더 이상 쉬운 대답을 제시할 수 없다.

과연 우리 세계는 무엇이 될 것인가? 핵무기의 세상이 될 것인가? 정보화 사회로 내달을 것인가? 조금 더 지나면, 유전자 조작이 난무하는 곳이 되지 않겠는가? 지금까지 자연이나 어떤 신중한 신에 의해 물질에 갇혀 있던 에너지와 기운이 방출됐다. 그렇다면, 우리는 지옥으로 가는 중인가? 용감하고 신선한 과학의 세계가 모든 문제에 해답을 제시한다. 그렇다면, 우리는 낙원으로 가는 중인가? 어쨌든, 두

---

186) 원문의 출처는 다음과 같다. Bernard Charbonneau, ≪Vers un désordre total≫, *Combat nature*, n° 61, mai 1984.

가지는 거의 확실하다. 우리는 앞으로 과거에서 미래의 열쇠를 찾기 어려울 것이다. 그리고 지옥이든 낙원이든, 우리의 미래는 지금까지 인간적 기준에서 유지해 왔던 경계를 넘어갈 위험이 있다.

1. 조직의 시대는 불안과 혼란의 시대다.

현실을 들여다보면, 우리는 극단적인 질서와 무질서 사이에 있음을 알 수 있다. 자연의 현실이든, 인간의 현실이든, 이렇게 선명하게 드러난 적이 없었다. 수학이 모든 영역을 분수로 계산한다. 과학의 방법은 여러 외양을 제거한다. 그리고 거기에서 엄밀한 법칙을 도출한다. 이 법칙이 사물과 사건에 대한 활동을 보장하는 틀로 기능한다. 처음에는 물질에 관련된 여러 법칙이 나왔다. 다음에, 생명에 관련된 법칙들이 나왔다. 머지않아, [경제와 생명 분야에서] 비약적인 발전과 도약l'essor을 이룰 수 있을 [절대] 법칙도 나올 것이다. 이것과 동시에, 우리의 실존도 조직된다. 과거에 국법은 제한된 법이었다. 그러나 지금 국법은 모두를 규정하고 통제하려는 경향을 보인다. 국법은 점점 '해야 할 것'과 '하지 말아야 할 것'까지 세세하게 이야기한다. 우리는 좁고 굽은 통로를 따라 이 창구에서 저 창구로 옮겨 다녀야 한다. 마치 교차로를 건너는 것처럼 말이다. 은행, 법정, 사회보장 본부, 세관이나 비행장의 문마다 엄격하게 규정된 "규칙 상태"가 필요하다. 우리가 납부해야 할 세금이 매년 정산된다. 마이크 앞에서든, 운전석에서든, 우리는 즉각 반응해야 한다. 우리에게 선택의 여지는 없다. 신호에 자동으로 반응해야 한다. 우리는 두 개의 콘크리트 벽 사이에서, 빨간색이면 멈추고, 녹색이면 움직인다. 마치 사형수처럼 통제된 움직임이다.

일터에서, 조직은 기계와 기계 사이에서 인간의 행위를 지시한다. 여가 활동에서, 조직은 자유를 얻기 위한 지성적 노력과 신체적 노력에서 우리를 해방한다. 사하라 사막으로 떠나는 모험에서 실업에 이르기까지, 조직이 모든 일을 담당한다. 기하학으로 환경을 계산하고, 윤나는 약을 덧칠해 환경을 예쁘게 꾸미는 세상이다. 우리는 이러한 환경에서 과학, 기술, 행정의 질서와 논리의 틀 속에 갇힌다. 과연 이것을 질서라 말할 수 있는가?

주변을 조금만 관찰해도, 우리는 조직의 흐름과 무질서의 흐름이 동시에 드러난다는 사실을 알 수 있다. 규칙에 기초한 이러한 틀은 스스로 창조하고 파괴하는 과정에서 끊임없이 움직이는 질서의 틀이다. 좌우에 다림줄을 팽팽하게 설치하고, 그 속에서 벽이 솟아오른다. 이러한 건설 현장에서, 우리의 바람은 모조리 망상이 되고 만다. 지나치게 강하고 빠른 행동은 더 이상 자연과 어울리지 않는다. 이러한 행동은 오히려 자연에 충격을 가한다. 폭발로 흔들리는 건설 현장, 경제 전선, 군사 전선이 우리의 풍경이다. 땅은 오물, 진흙, 엔진 소리, 고철, 콘크리트 조각이 수북하게 쌓인 황무지가 됐다. 이것은 우리 사회의 파멸인가? 우리 사회의 밑그림인가? 시골에는 기계 부품으로 뒤덮인 토사물 속에서, 토지 구역 재조정을 위한 줄을 팽팽하게 설치한다. 도시에서는 수많은 자동차가 빛을 발한다. 그러나 거리는 마치 매음굴처럼 자동차들로 뒤엉켰고, 교통 체증으로 인한 "경적" 소리는 마치 [절정에 올라 내뱉는] 신음처럼 시끄럽다. 혼돈이다. 그러나 이 혼돈은 단지 사물에만 해당하지 않는다. 사회의 혼돈이요, 사람 머릿속을 헤집는 혼돈이다.

2. 사회의 위기

옛 사회는 영원성을 바랐다. 부당한 주장일지 모른다. 또 옛 사회에 존재했던 거룩한 진실은 시대 초월성을 주장했다. 전통은 진보와 무관하게, 삶의 의미를 고정했다. 옛 사회에서의 삶이란 몇 세기가 지나야 겨우 바뀐다. 피레네 계곡에 대해 알 정도로 나이 지긋한 사람은 이러한 '부동성'이 얼마나 압도적인지 잘 알 것이다. 그러나 지금 우리를 태워 나르는 로켓에는 그러한 부동성의 자리가 없다. 사람들은 혁명을 이야기했다. 현대인은 위기를 위기로 말하지 않고, 일시적인 위기로 말한다. 위기다. 전부 위기다. 가치, 이념, 이유, 체제 모두 위기다. 신은 죽었다. 동시에, 신의 동료인 악마도 죽었다. 신과 악마는 정치의 신과 정치의 악마가 됨으로써, 더 나은 존재로 탈바꿈했다.

그러나 너무나 인간적인 이 신들의 수명은 매우 짧다. '가톨릭이냐 개신교냐'의 물음처럼, 프랑스인은 '우파냐 좌파냐'를 묻는다. 그러나 히틀러와 페탱 이후로, 우파는 무엇인가? '어떤 값을 치르더라도 경제 발전을 옹호하자'가 우파의 정견인가? 좌파는 어떠한가? 신의 자리에 오른 스탈린은 악마에 지나지 않았다. 정의의 통치는 '노멘클라투라'номенклату -ра[187]의 통치 그 이상도 이하도 아니다. 혁명은 반동이다. 즉, 군대와 경찰이다. 캄보디아나 베트남의 영웅적 활동의 결과는 집단 몰살 아니면 '보트피플'boat people이다. 마오쩌둥이 하는 짓을 보라. 신은 없다. 신은 확실히 죽었다. 누가 신을 믿는가? 중국에서는 체제의 명줄이 사람의 명줄보다 더 길다. 오늘날 역사는 매우 빠르게 흐른다. 역사를 따르려는 사람은 자기 의견을 계속 바꿔야 한다. "바

---

187) [역주] 소련의 당직자 선출 과정이다. 최초의 선출 방식에서 이탈해, 특권 관료층으로 바뀌었다.

보만이 변치 않는다." 불변이란 실수를 저질렀다는 자기 고백이거나 더 나쁜 일을 함으로써 자기를 부정하는 일이다. 그것은 여러분이 그토록 미화했던 [마오쩌둥의] 폭정을 거부하고 규탄할 수 있도록 여러분에게 부여된 [긍정적인] 자격이다.

우리는 더 이상 무엇이 흰색이고 무엇이 검은색인지 알지 못한다. 히틀러나 스탈린이 없는 상황에서, 이제 우리에게 남은 사람은 이란의 '호메이니'뿐이다. 그러나 호메이니 주도의 이란 혁명이야말로 가장 깜깜한 반응 아닌가? 천년을 이어온 각종 금기 사항이 지난 몇 년 사이에 사라졌다. 근친상간에 대한 금기도 그 힘을 잃었다. 머지않아 결혼과 가족도 민속 문화재 취급을 받을 것이다. 우리의 딸들이 경구 피임약을 맘껏 구매할 수 있는 세상이다. 세대와 세대의 끈이 끊겼다. 부모에게 자식은 화성인이 됐다. 자식의 자식 세대는 더 그럴 것이다. 유전자 공학의 시대에 남자, 여자, 아버지, 어머니, 사랑과 같은 말은 무엇인가? 여전히 의미 있는 말인가? 생명의 금기와 함께 죽음의 금기도 사라진다. 살인과 인질극은 범죄인가? 아니면, 정치 행동인가? 의학의 진보 덕에, 우리는 이제 죽지 않게 됐다. 의사가 병원에서 생명을 유지해 주므로, 우리는 스스로 생명을 유지할 수 있을 권리를 빼앗겼다. 좋은 일인가? 나쁜 일인가? 질문에 답하려면, 우리에게 분명한 기준과 지표가 있어야 할 것이다. 그러나 지금은 그 기준과 지표 자체가 자취를 감췄다.

전쟁이라는 사회 급변의 요인이 있었지만, 사회와 사회의 접촉, 문화와 문화의 접촉은 오랜 세월에 걸쳐 천천히 진행됐다. 사회 접변과 문화 접변은 이러한 배경에서 이뤄졌다. 예컨대, 이슬람은 비잔틴의 유산을 기독교 세계에 전달했다. 그러나 오늘날 대기를 가로지르는 저 소용돌이항공기는 물건들과 사람들을 뒤섞고 부순다. 지구는 획일화됐다. 모든 시간과 장소가 파편으로 나뉘어 여기저기에 흩뿌려졌다. 살림터, 도덕 관습, 각종 우상의 파편이 지구 곳곳에 뒤엉키는 혼란의 시대다. 현재의 풍요에 과거는 더 이상 필요치 않다. 오히려 현재는 과거를 오물 취급한다. 종탑과 첨탑은 신식 건물 사이에서 무너진다. 이단과 점쟁이는 아프리카와 아시아도 머지않아 유럽처럼 번영을 구가하리라고 떠든다. 모두가 똑같은 탑을 쌓고, 똑같은 도시를 만든다. 바벨탑은 그렇게 하늘 꼭대기에 이른다.

만원 지하철 안에서 옴짝달싹 하지 못하는 대중에게 더 낯선 말일 것이다. 충격은 급작스럽게 발생한다. 이 충격에서 자기를 지켜야 한다. 스스로 범위를 좁힌 이 세계에서, 각 사람은 더 악착같이 자기 영역을 지키려 한다. 모두가 생존 투쟁 중이다. 경쟁 말이다. 개인과 개인, 성과 성, 세대와 세대, 회사와 회사, 국가와 국가가 경쟁이라는 싸움판에 뛰어들었다. 믿음도 없고, 법도 없는 세계에 남은 것은 경쟁뿐이다. 이 경쟁을 투쟁 전선이나 시장에도 도입해야 한다. 무질서하게 조직된 철골, 여기저기에서 깨지고 부서지는 소리, 광포한 동요와 같은 이 분위기는 전쟁이라고 해도 과언이 아니다.

우리는 더 이상 우리의 정체성과 방향성을 알지 못한다. 우리는 누구인가? 우리는 어디로 가는가? 그리고 우리는 어떻게 행복에 이를 수 있는가? 먹을 것을 빼앗긴 제3세계의 민중은 육체의 고통과 더불어 정신의 고통이라는 이중고에 시달린다. 그뿐만 아니라, 이들은 자기 정체성에 대한 고통으로 신음한다. 동구권의 고통도 마찬가지다. 이곳은 전체주의 국가의 철창에 갇혀 움직일 수 없다. 서구 세계의 젊은이와 지식인의 지성적, 도덕적 고민, 실업의 위기를 맞은 노동자, 모두가 원자처럼 쪼개진 미래를 만난다. 개인의 광기, 최악으로 내달리는 집단의 광기, 조직된 광기 등이 이미 붕괴 중인 사회를 배회한다. 우리가 기다리는 유일한 혁명은 종교, 이념이나 정치라는 마약에 찌든 혁명, 곧 신경쇠약의 혁명이다.

3. 변화에 대한 가치 부여와 변화에 대한 거부

지평선을 막아 공터를 보호했던 옛 성벽이 곳곳에서 붕괴 중이다. 세상이 움직이기 때문이다. 세상이 움직이는 이유는 과학의 진보와 기술의 진보 때문이다. 우리의 질서는 무질서하다. 이 무질서의 질서는 불안정하다. 그 이유는 정치적으로 불안정한 기획이 우리의 질서를 흔들기 때문이 아니다. 정치 기획은 폭발적 진보로 말미암아 유지된 불안정을 이용할 뿐이다.

우리가 불안정의 원인에 관한 지식을 거부할 정도로, 불안정이 매우 크다. 우파나 좌파나 모두 '변화'라는 '사실'le factum 앞에서 체념한다. 단 하나만 존재할 뿐이다. 즉, 대대적인 변화만 존재할 뿐이다. 거룩한 전쟁에서 승리하려면, 호메이니마저도 알라를 전자공학의 희생 제물로 올려야 할 판이다. 그러나 우리는 변화를 부인함으로써 변화를 수용할 수 있다.[188] 무엇이 도래하든, 이슬람은 언제나 이슬람일 것이며, 사회주의는 항상 사회주의일 것이다. 프랑스도 계속 프랑스일

---

188) [역주] 언어유희와 같은 이 표현의 속뜻은 우리의 "주체성" 문제와 연결된다. 우리가 주체적으로 변화를 부인할 줄 알아야 변화의 여러 측면 가운데 어떤 것을 수용할 수 있을지 알 수 있다.

것이다. 아무것도 변하지 않으므로 모두가 변할 수 있다. 다 원자탄은 아닐지라도, 수많은 폭탄이 폭발할지 모른다. 그러나 그때에도 인간은 여전히 인간일 것이고, 피에르 뒤퐁Pierre Dupont은 피에르 뒤퐁일 것이다.

변화에 관한 가치 평가의 배후에는 변화를 기록하지 않으려는 거부감이 존재한다. 그뿐만 아니라, 변화에 대한 공포도 존재한다. 공상 과학은 이러한 공포의 재탕이다. 우리는 대체품을 개발해 사람 손이 닿은 적 없는 해안가에 수북이 쌓는다. 그런 식으로 자연을 꿈꾼다. 미래로 눈을 돌리자. 우리는 중세나 황금기Belle époque를 상상한다. 무질서는 질서를 부르며, 불안정은 질서를 유지해 줄 강력한 국가를 부른다. 사람들은 거의 모든 분야에서 육체와 영혼의 평화를 회복할 구원자를 기다린다. 현재의 무질서보다 더 우려되는 부분은 이러한 무질서가 낳을 '질서'이다. 곧, 무질서가 켜켜이 쌓여 우리에게 요구되는 질서 말이다.

결론은 새롭지 않을 것이다. 우리의 자동차에 초강력 모터가 달렸다. 이제 제동 장치만 필요하다. 우리에게 발명품은 부족하지 않다. 발명품을 소화할 수 있을 우리의 능력이 부족하다. 전통 질서를 무겁고 부담스럽게 여기지만, 폭발적 진보도 그에 못지않다. 폭탄 궤적보다 끔찍한 일은 어디에도 없다. 모두가 변화le changement를 떠들지 않는가? 사실, '변화'라는 단어 자체에는 아무런 가치가 없다. "변화라면, 어떤 변화를 말하는가?", "변화한다면, 어떻게 변화하는가?", "어떤 속도와 운율로 변화하는가?", 이러한 질문이 현실적인 질문이다. 변화가 입을 가졌다면, 이러한 질문에 답할 수 있어야 그 가치를 확보할 것이다. 왜냐면 인간과 생명의 적응력은 무한하지 않기 때문이다. 하물며, 공해를 소화하는 자연의 힘도 무한하지 않다. 현재는 미래우리가그 정체를 모르는를 명분으로 과거를 계속 포기하지 말아야 한다. 그래야 진보한다. 자연, 전통이나 인격체도 마찬가지다. 각각 변해야 진보할 수 있다.[189] 시대마다 고유한 임무가 있다. 어제는 시작해야 했고, 오늘은 어디에서 발걸음을 내디뎌야 할지 살필 수 있을 시간을 확보해야 한다. '무질서의 심연'과 '질서의 심연'을 잇는 실은 과거보다 더 가늘어졌다. 우리는 두 심연 사이에서 확고한 균형을 유지해야 한다. 생태학은 우리에게 삶의 핵심 단어, 특히 인간의 자유에 핵심을 이루는 단어를 제공한다. 바로, '균형'l'équilibre이다.

---

189) [역주] 여기서 말하는 진보는 산업 개발과 기술 발달로 인해 지존의 자리에 앉은 진보(Progrès)가 아니다. 샤르보노는 알파벳 소문자 피(p)를 사용한 진보(progrès)를 이야기한다. 이러한 진보는 과거와 현재와 미래가 서로 영향을 미치며 전진하는 긍정적인 의미를 함축한다. 과거와 전통을 무조건 구태로 여겨, 제거하고 억압하는 방식을 진보라고 말할 수 있는가? 그러한 진보는 '전체주의'라는 특징에서 벗어나지 못하며, 사회 구성원에게 '자율적 판단'이 아닌 '적응'을 강요한다.

끔찍한 기계[190]

베르나르 샤르보노

우리는 정치적 긴장과 군사 갈등이 눈에 띄게 성장한 시대에 돌입했다. 세계의 거대한 양대 진영이 지구 차원의 대전과 핵전쟁과 같은 실제 전쟁의 위협으로 날카롭게 대립한다. 당연히 긴장이 고조되며, 그 가운데 집단 열정이 폭발한다. 우리 시대의 상황이다. 생태 운동이 이러한 집단 열정에 매몰된다면, 운동의 고유한 소명을 잊고 분열될 수 있다. 필자는 공간의 개발을 통해 극복됐다고 자평하는 신비나 이념과 다른 방식으로 오늘날 지구의 비극을 설명할 수 있다. 짧은 논고에 모든 결과를 제시할 수 없을 것이다. 결과 서술에 논고의 초점을 맞추지도 않겠다. 다만 필자는 「콩바 나튀르」 *Combat nature*의 독자에게 자끄 엘륄과 베르나르 샤르보노의 글을 추천한다. 특히, 인구 폭발과 우리 시공간의 붕괴에 관한 글을 추천한다.

1. 우리 시공간의 붕괴

프랑스 정계의 다수가 실익을 두고 벌이는 이해관계의 충돌을 인

---

190) 원문의 출처는 다음과 같다. Bernard Charbonneau, 《Écologie et menaces de guerre nucléaire》, *Combat nature*, n° 61, mai 1984.

정한다. 국익의 문제이든, 유럽이나 제3세계의 민족주의자들이 어느 쪽도 지지하지 않는 양대 제국주의 권력의 이익 착취의 문제이든, 그러한 충돌을 인정한다. 프랑스 정계의 이러한 통념은 필자의 생각에서 동떨어져 있다. 필자는 경제 제국주의나 정치 제국주의가 인간과 국가만큼 오래됐다는 생각을 거부한다. 또 안드로포프 체제와 레이건 체제 사이에 별 차이점이 없다고 생각한다. 인간사를 단 한 가지 원인에 귀속할 수 없다. 인간사는 다양한 원인의 결과물이다. 결정적이냐 덜 결정적이냐의 차이일 뿐이다. 우리 세계에는 무한에 가까울 정도로 다양한 지역 분쟁이 발생한다. 그런데 현재 상황처럼, 지구를 지배할 수 있는 초강대국 두 나라의 대립이라는 단 한 가지 이유에 치중한다면, 필자는 거의 기계나 다름이 없는 그 이유에 대해 강조할 필요가 있다고 생각한다.

지역 분쟁의 화신들이 있다. 이들은 분쟁에 불을 지핀다. 소련과 미국이 이들을 배후에서 조종한다. 그러나 그보다 더 강한 원인이 배후에 작용한다. 바로, 우리가 사용하는 교통과 통신 수단의 기하급수적인 발달로 불거진 우리의 시공간 붕괴다. 제국주의자들이 전체주의자의 모습을 했든, 평범한 상인의 모습을 했든, 상관이 없다. 지금 이들은 지구에 남은 공간을 찾기 어려울 정도로 맹공을 가하는 중이다. 마젤란 이전 시기에 제국주의자의 팽창 범위는 무한대였다. 그러나 오늘날 그 범위는 더 이상 무한하지 않다. 사람이라면 몇 시간을 걸어야 겨우 사람 손이 닿지 않는 곳이 나온다. 그런데 뉴스가 닿지 않는 곳은 거의 없다. 시간으로 계산하면, 단 몇 초 정도 남았다. 레바논 베

이루트는 로마의 변방 요새 지대 le limes de Rome[191]에 포함되지 않았던 소련보다 미국에 더 가깝고, 카리브 해의 그레나다는 미국보다 소련에 더 가깝다. 지구가 둥근 탓에, 미국인이 러시아인을 포위하고, 러시아인이 미국인을 포위한다.

치명적인 힘을 자랑하는 미국과 소련의 무기는 우리의 시공간을 삽시간에 날릴 수 있다. 그 위력은 알렉산더 황제의 투석기나 베르됭 전투의 대포와 차원이 다르다. 폭발 역시 그만큼 위협적이다. 왜냐면 벼락처럼 번쩍이는 순간에 벌어진 일은 여러 정보와 사건을 가져오고, 국민과 정부가 이를 생각할 겨를도 없이 정보와 정보, 사건과 사건이 충돌하기 때문이다.

장벽이 우뚝 섰다. 사람들은 엄청나게 비좁은 공간에 갇혔다. 이 공간에서 민족주의와 제국주의가 격화된다. 19세기 말에 세계 공간을 공유했던 인구는 10억 명이었다. 20세기 말에는 60억 명이 이 공간을 나눠 가져야 한다. 수많은 사람이 이 공간을 개발하고 착취했다. 그리고 앞으로 더 개발하고 착취할 것이다. 무기가 각 영토를 보호한다. 영토마다 무기들이 우후죽순 확장된다. 무기가 지키고 확장됐음에도, 이 땅은 이웃의 압박을 받는다. 동물의 경우와 비슷하게, 집단과 그 집단이 이루는 국가의 공포와 공격성이 고조된다. 공간의 개발과 그 개발 수단의 발전이 이러한 압박의 과정을 유도한다. 그렇게 되면, 인간은 서로를 무시하거나 용납하는 대신, 서로를 죽이려 한다. 자연은 사람에게 다른 생명체와의 공멸이라는 본능을 부추김으로써, 균형을 되찾으려 한다. 나그네쥐 lemming는 떼 지어 물에 빠져 죽는다. 우

[191) 로마 제국의 국경 지대에 건설된 성채를 말한다.

리도 떼 지어 불타 죽을지 모른다.[192] 압력이 증가한다. 생명체의 행성인 지구가 폭탄이 됐다. 임계 질량을 초과하지 않도록 주의해야 한다! 그렇지 않으면, 지구의 평화를 재건하는 길은 요원할 것이다. 우리가 실패를 맛보고 난 이후에야, 잿더미 위에서 그 평화를 세울지 모른다.

이쪽 진영 혹은 저쪽 진영을 직간접적으로 지지하면서, 이러한 집단 자멸의 길에 들어서지 말자. 생태 운동이 걸을 길이 아니다. 생태 운동은 이 치명적인 살상 기계를 꽁꽁 얼릴 수 있을 만한 냉철한 태도를 가져야 한다. 우리가 이미 그 내용을 보았듯이, 생태 운동은 자기 고유한 [존재] 이유들을 통해 살상 기계의 작동 방식을 해체할 수 있다.

2. 자유정신의 문제

필자는 앞에서 몇 가지 내용을 성찰했다. 성찰의 일차 목표는 다음과 같다. 곧, 생태학 분석은 다른 종교 이념이나 정치경제 이념처럼 결과에 집착하지 말고, 문제의 심층 원인까지 들어가야 한다. 또 이러한 돌파가 어느 지점에서 가능할지 파악해야 한다. 종교 이념이나 정치경제 이념은 자신이 정당화하는 권력에 맹종하면서, 여전히 기술을 진보의 수단으로 여긴다. 요컨대, 복고주의를 벗어나지 못한다. 왜냐면 이러한 이념을 이끄는 혼돈의 급류에 휘말리지 않거나 매몰되지 않는 유일한 길은 과학이나 학문이 아닌, '다양한 정신'esprits이기 때문이다. 통제되지 않는 로켓포의 표적을 고정한 주역은 마르크스주

---

192) [역주] 유럽 대륙을 중심으로 서식하는 나그네쥐는 집단으로 바다에 빠져 몰살하는 경우가 있다. 샤르보노는 이러한 쥐의 습성에 빗대, 무기와 기계의 불꽃에 인간이 집단으로 멸절할 수 있음을 이야기한다.

의, 기독교 근본주의, 시온주의, 국수주의라는 오래된 위성이다. 그러나 위성은 빙산보다 더 견고한 모습의 죽은 별이며, 얼어붙은 별이다. 그들은 원래 살아있는 별이었다. 얼음을 깨라. 그러면, 생수가 다시 흐를 것이다. 유대교의 원천으로, 기독교의 원천으로, 심지어 이슬람교의 원천으로 되돌아간다면, 우리를 사로잡은 '불변의 변화'l'immuable changement를 바꿀 수 있을 타당한 이유를 찾을 수 있을 것이다. 그러나 그것을 다양한 형태로 보호하는 말과 담론의 껍질을 해체하는 작업은 실험실이나 증식로의 문제가 아니다. 거북이 등껍질처럼 딱딱하게 굳은 말과 담론의 해체는 자유정신에 해당하는 문제다. 다시 말해, 시간과 공간의 전통 범주에 대한 언급을 부끄러워하지 않아야 할 자유로운 정신의 문제다.[193] 그것은 전문가 몇몇이 독점할 사안도 아니다. 모두가 의무적으로 짊어져야 할 문제다.

지구의 시공간과 인간의 시공간과 연계된 생태학만 존재한다. 혹은 그러한 자격을 갖춘 사상만 존재한다. 그러므로 이와 관련된 우리의 상황에 대한 비판은 현실적인 질문과 해결책으로 이어진다. 이전 글의 주제였던 '시간의 가속화'를 생각해 보자. 시간의 가속화로 인해 피해가 발생할 경우, 우리는 "어떤 속도로 가야 하는가?"라는 질문을 던질 수 있다. 또 공간의 붕괴 문제와 관련해, 우리는 "인간의 최소 생존 수준은 무엇인가?"라는 질문을 던질 수 있다. 두 가지 질문은 시공간과 마찬가지로 분리될 수 없는 질문이다. 적어도 우리가 짓밟혀 질식사하고 싶지 않다면 말이다.

---

193) 프랑스 현 대통령은 역사의 교훈을 바탕으로, 시간을 거슬러 가자고 충고하며, 우리에게 길을 제시한다.

과학의 비신격화[194]

자끄 엘륄

과학은 우리 시대의 위대한 신이며, 확실성의 어머니이자 모든 재화의 생산자이지만, 동시에 수많은 악을 낳을 수 있는 존재이기도 하다. 필자는 본문에서 과학의 확실성을 문제 삼으려 한다. 물론, 지금의 과학은 기술과 불가분 관계라는 점을 염두에 두자. 크게 두 가지 차원에서 과학의 확실성에 대해 문제를 제기하겠다. 첫째, 모든 결과를 고려할 수 없는 상태에서 비롯되는 불확실성의 문제를 점검해야 한다. 둘째, 점증하는 과학적 사기에서 비롯되는 불확실성의 문제를 따져야 한다.

1. 모든 결과를 고려하기는 불가능하다.

필자는 20년 전에 상당히 긴 논문을 작성한 적이 있다. 이 논문에서 장기長期 효과와 영향력을 계산할 수 없다는 논지로 과학 "진보"와 기술 "진보"의 양면성 문제를 강조했다.[195] 그러나 본문에서는 다른

---

194) 원문의 출처는 다음과 같다. Jacques Ellul, ≪L'incertitude de la science≫, Combat nature, n° 65, août 1984.

195) Jacques Ellul, ≪Réflexions sur l'ambivalence du progrès technique≫, *Revue administrative*, vol. 18, juillet-août 1965, p. 380 - 391. 엘륄의 이 논문은 『기술, 시대의 쟁점』 재판

부분에 관해 이야기하려 한다. 양면성보다 다양성에 초점을 맞추겠다. 즉, 과학 발명의 여러 가능성과 결과와 관련해, 필자가 과학자들에게서 관찰해 왔던 내용과 어쩌면 정반대라 할 수 있을 부분에 초점을 맞추도록 하겠다. 해당 분야에서 엄밀한 전문성을 갖춘 소수를 제외하면, 과학자들은 '가능한 것'과 '가능하지 않은 것'을 완벽하게 이야기할 수 없다. 무엇이 실제에 해당하고, 무엇이 공상 과학적인 순수한 상상에 해당하는지도 이야기할 수 없다. 필자는 연구자로서 특정 분야에 대해 "최신 정보를 유지"해야 한다. 필자가 최신 정보를 유지하려는 분야에서 나오는 전문 보고서를 거의 빠짐없이 읽는다. 그러나 해당 분야의 전문가가 작성한 보고서에서도 모순된 내용을 발견한다.

세 가지 사례를 제시하겠다. (1) 첫 단계는 매우 단순하다. 바로, 컴퓨터 정보 체계를 통한 번역 작업이다. 여러 학술지를 읽으면서 필자는 몇 가지 상호 충돌하는 내용을 접했다. 내용에 따르면, 어떤 이들은 번역을 확립된 사실로 본다. 번역 기계는 이미 제작됐으며, 소소한 교정의 문제만 있을 뿐, 그 이상의 문제를 제기할 필요가 없다. (2) 이와 달리, 번역을 언어학 관점으로 보는 이들도 있다. 이들은 동일 계통의 언어로만 번역할 수 있다고 생각한다. 예컨대 라틴어는 같은 라틴어 계열의 프랑스어나 이탈리아어로 번역할 수 있고, 프랑스어는 유사 언어인 영어로 번역할 수 있다. 단, 여기에 조건이 있다. 번역의 틀을 매우 구체적으로 설정해야 하며, 용어도 무제한으로 사용할 수 없다. (3) 또 어떤 사람들은 번역을 초보 단계에 있는 것으로 여긴다. 대

에 부록으로 실렸다. Jacques Ellul, *La Technique ou l'Enjeu du siècle*, Paris, Economica, 1990, p. 393-409.

표적으로, 학술지 「연구」*La Recherche*에 매우 풍부한 참고문헌을 바탕으로 작성된 논문들이 이렇게 주장한다. 이들이 생각하는 번역의 조건은 다음과 같다. 첫째, 단문이어야 한다. 둘째, 용어가 제한적이어야 한다. 셋째, 단어들끼리 공통되고 일치되는 부분이 있어야 한다. 더군다나 현재 컴퓨터의 번역 속도는 매우 더디다. 독일어에서 프랑스어로 200쪽을 번역하는 데 1개월이 걸린다. 여기에 사람 번역가의 손이 여전히 필요하다. 번역가는 내용을 재검토하고 교정해서 더 나은 번역문으로 다듬는다. 소개된 세 가지 사례 가운데 과연 어느 것이 더 나은가? 사실, 필자는 우열을 논할 필요가 없다고 생각한다.

레이저 활용도 마찬가지다. 필자는 레이저에 관한 여러 문서를 읽었는데, 현재까지 레이저 기술이 적용될 수 있는 분야가 100여 곳을 웃돈다. 혹자는 효율성을 따지고 신중하게 적용돼야 한다고 선을 그으며 10여 가지 분야로 좁히기도 한다. 나머지 분야는 단순히 상상 차원에 머문다. 언젠가 실현되리라 예상은 하지만, 아직 가설 단계에 불과하다. 혹자는 그 유명한 "별들의 전쟁"*Star wars*를 위해 레이저가 사용될 것이라 말한다. 하지만 실제로 그렇게 될지 미지수다. 우려되는 일이며, 받아들이기 어려운 일이다. 오늘날 과학의 가능과 불가능의 한계를 아는 사람은 없는 것처럼 보인다. 1960년까지 과학은 확실성의 어머니였다. 그러나 현 1980년대 중반의 과학은 불확실성을 선동한다. 일반인의 정신에 문제를 야기하고, 정책 계산이나 불안정한 군사 갈등에 이용되기도 한다. 그러나 필자가 볼 때, 실제 위험은 이보다 더 크다.

필자가 제시하는 세 번째 사례는 이 분야에서 가장 무게감 있는 문제다. 바로, 원자탄이 미치는 영향 문제다. 굵직굵직하게 짚어보자. 필자는 비슷한 시기에 세 가지 보고서를 읽었다. 첫 번째로 소개할 보고서는 1981년에 발표됐다. 내용이 상당히 흥미로웠다. 미국의 대형 연구소들이 공동으로 발표한 이 보고서에 따르면, 메가톤급 원자탄 한 발이 100km 상공에서 폭발하면, 사람 목숨을 빼앗거나 재난을 일으키지는 않겠지만, 전자기 효과를 통해 컴퓨터 정보 체계 전체를 교란할 수 있다. 저장 자료, 정보 처리와 전송 등 모든 체계를 무너뜨릴 수 있다. 결과적으로, 현대 국가의 생활 전체를 마비시킬 수 있다. 가시적인 살상과 파괴가 아니더라도, 모두가 멈춘다. 핵 로켓, 공격 체계, 방어 체계도 마찬가지다. 필자는 어느 글에서도 이를 반박하는 정보를 접하지 못했다. 두 번째 보고서에 따르면, 현재의 미사일 방어 체계에는 핵 위협을 받지 않는 단계에 있다. 레이저 활용 덕이다. 인공위성에서 발사하는 레이저가 미국 영토를 겨냥한 모든 로켓을 모조리 파괴할 것이다. 지연 문제도 없다. 2분 만에 모든 체계가 반응할 것이다. 자동으로 무선 유도되는 일종의 소형 발사체_{길이 30cm}가 위성의 적재 공간에 포함돼 있어 핵탄두를 탑재한 모든 로켓에 바로 도달할 것이다. 이 보고서는 급히 발사된 로켓 가운데 기껏해야 1,000대 중 1대가 목표물에 도달할 수 있다고 결론을 내린다. 매우 안심할 수 있는 결과인가? 이와 달리, 에르리히 사강EhrlichSagan 보고서라 불리는 세 번째 보고서는 「르몽드」 지에 실려 한동안 큰 논란을 불렀다. 이 보고서의 내용은 상당히 위협적이다. 보고서는 필자도 지금까지 전혀 생각지 못했던 부분을 상기시킨다. 5,000메가톤급 폭탄_{현재 잠재적으로 20,000메가톤으로 추산}이 행성 아무 곳에서나 폭발한다면, 과연 어떤 일이 벌어질 것인가? 폭발로 인해, 먼지구름, 폐기물, 매연이 지구 전체를 에워쌀 것이고, 2개월에서 1년간 일종의 정치 상태에 빠질 것이다. '이 기간에 전 인류가 칠흑 같은 어둠에 빠질 것'이며, 적어도 2주 동안 지구 전체가 꽁꽁 얼어붙고, 기온도 35℃로 급감할 것이다. 현실적으로 살아남을 수 있는 사람이 없다. 필자는 이 내용을 반박하는 글도 본 적이 없다. 달리 말해, 우리는 핵사용의 영향과 관련해, 가장 완벽한 '불확실성'의 시대에 산다. 누구도 과학 분야에서 벌어진 일의 결과를 정확하게 알 수 없다.

2. 과학 사기극의 증가

필자는 전혀 다른 측면을 논하겠다. "과학의 사기"라는 측면이다. 과학 분야에서 벌어지는 사기와 부정 행각은 과학에 대한 불확실성을 심화한다. 다시 말해, 과학적 사기가 증가함에 따라, 이것이 무엇인지, 우리가 무엇을 아는지, 무엇을 할 수 있는지, 무엇이 궁극적으로 불가능하고 터무니없는지 더 이상 알지 못한다. 물론, 지금 필자는 애당초 거부됐던 은밀한 "개발"이나 기적의 암 치료제, 수력 자동차 엔진 등을 이야기하지 않는다. 어떤 사람도 믿지 않고 결코 "과학"으로 보지 않았던 것들을 논하지 않겠다. 또 필자는 "녹색 혁명"의 실패처럼 재난에 준하는 실패를 맛본 발명에 대해서도 논하지 않겠다. 새로운 모종의 개발은 적절한 일이었다. 그러나 통상 그렇듯, 사람들은 모종의 응용에 사용되는 비용 계산을 망각했다. 예컨대 지나친 물 소비에 들어가는 비용, 비료의 과다 사용에 들어가는 비용 등을 미리 계산하지 않은 채 모종 개발에만 몰두했다. 그러나 필자는 이런 것도 논제로 삼지 않으려 한다. 오히려 필자는 과학이 현실에서 내뱉는 거짓말에 관해 이야기하고 싶다. 즉, 오랜 시간 동안 과학계가 수용하고, 믿고, 적극적으로 받아들였던 거짓말, 시간이 지남에 따라 노골적인 사기로 드러난 거짓말에 대해 논하고 싶다.

미국의 유명 대학에서 연구원으로 재직한 코트 박사[196]는 혈우병 치료제를 발견했다. 놀라운 사건이었다. 그는 총 다섯 차례[1976-1980]년에 걸쳐 특허장을 제출해 일약 국제적인 인사로 등장했다. 그러나 이 치료제는 심각한 문제를 드러냈고, 결과적으로 개발은 실패였다. 1981년 12월에 개발자인 코트 박사는 자신의 실험 결과에 속임수를 사용했음을 자인했다. 조사위원회가 꾸려졌고, 과거에도 코트 박사가 다른 속임수를 써 실험을 진행했다는 사실이 밝혀졌다. 코트 박사의 사건은 수많은 연구소에 경종을 울렸다. 미국의 전문가들은 제출된 특허장을 엄격하게 검토했다. 그 결과, 미국에서 최고 수준을 자부하던 하버드, 예일, 코넬대학교의 고등연구소에서도 사기와 부정행위가 줄줄이 사탕처럼 나왔다. 하지만 이 모두를 실제로 통제할 수 있는가? '누가 이들을 통제할 수 있는가?' 미국의 한 과학자의 말처럼, "대형 연구자의 연구를 감히 반박할 수 없다. 이유는 간단하다. 이 연구자의 수준에 맞는 사람이 없기 때문이다." 1910년에 감히 누가 아인슈타인에게 반론을 제기할 수 있겠는가? 데이비드 라자루스David Lazarus[197]의 말처럼, "물리학 분야에서조차 객관성에는 한계가 있다." 즉, "훌륭하다는 과학도 객관적이지 않다. 그리고 객관적인 적도 없다. 과학의 객관성은 과학을 직접 실행하지 않은 사람들의 뇌리에나

---

196) 조지프 H. 코트 박사를 말한다.
197) 데이비드 라자루스(1921-2011)는 물리학자이며, 일리노이대학교 교수다.

존재하는 말이다."

달리 말해, 과학 작업의 진보에는 일정 부분 주관성이 포함된다. 특정한 결과를 객관적 입증 없이도 정확한 결과로 간주하곤 한다. 주관적 판단이다. 그러므로 통제할 수 없다! 필자는 프랑스와 프랑스 경제를 구하기 위한 연구의 일차적인 중요성에 관한 이야기를 귀에 못이 박힐 정도로 들었다. 필자는 그 이야기를 들을 때마다 과학 작업의 주관성 문제를 발견한다. 그러나 이 사례 외에도, 상황을 정확하게 보여줄 수 있을 다른 사례들을 제시할 필요가 있다. 그것도 이론의 여지가 없는 명백한 사례들이어야 하리라.

미국의 유명 연구자인 스펙터 박사[198]는 1981년에 두 가지 연구를 소개했다. 첫 번째는 광합성에 관한 연구였고, 두 번째는 세포 변형에 관한 연구였다. 건강한 세포가 암세포로 변형된 점을 발견했다며 놀라워했다. 스펙터 박사의 발견은 실험을 통해 밝혀낸 명백한 증거처럼 보였다. 그러나 실제로 그의 실험에 대한 반증도 가능했다. 박사 본인은 반증 가능성을 외면했지만, 실제로 그는 충분히 반박할 수 있는 실험 방식으로 "가짜 발명품"을 내놓고 말았다! 스펙터와 같은 분야에서 활동하는 다른 전문 연구자는 세간의 의구심을 유발한 스펙터의 결과를 되풀이하지 않았다. 스펙터와 비슷한 사례는 하버드대학교에서도 있었다. 1981년 이 대학의 저명한 심장병 전문의는 새로운 결과를 발견했다고 확신했다. 그러나 본인만 새로운 결과라고 착각했을 뿐, 주변 동료들은 이미 그 결과를 당연한 것으로 여겼다. 과학 분야의 사기와 부정행위의 마지막 사례로, 영국의 심리학자 시릴 바

---

[198] 이러한 사기 행각이 드러나기 전까지, 마크 브라이언 스펙터는 명민한 과학자라는 찬사를 들었다.

트Cyril Bart 사건을 이야기해 보자. 그는 인간의 지능지수를 연구했다. 바트에 따르면, 지능지수에는 오직 유전적 요인밖에 작용하지 않는다. 이 심리학자는 이를 입증했다고 자화자찬했다. 6년 동안 실제 쌍둥이를 나눠, 모든 면에서 전혀 다른 가족이 각각 양육하도록 했다. 10년 뒤에 쌍둥이는 정확하게 똑같은 지능지수를 보였고, 같은 능력과 지향성을 보였다. 그러나 불행하게도 1980년에 사기극이 폭로되고 말았다. 그것도 바트 박사의 생일에 일어난 일이었다. 바트가 실험 대상으로 삼은 "실제 쌍둥이"가 진짜 쌍둥이가 아니라는 사실이 드러났다. 실험은 의도적인 날조였다.

물론 "이러한 사기극이 벌어졌다고 하여 과학의 월등한 가치가 훼손될 일은 없다. 그 사기극을 밝혀낸 주인공도 과학자들이기 때문이다! 가짜 가설을 계속 폭로함으로써 과학의 진리가 굳게 선다."라는 말로 과학을 두둔하는 목소리도 있다. 필자도 이를 잘 안다. 그러나 핵심은 다른 데 있다. 곧, 진보적이고 전문성을 갖춘 과학자들이 고의로 거짓된 결과를 제시했던 사건의 증거를 확보하는 작업이 관건이다.

왜 이러한 사기극이 가능한가? 무엇보다 '전문화' 때문이다. 다시 말해, 전문 분야가 더 세밀하게 나뉘는 탓이다. 어떤 분야에는 전 세계를 통틀어 서너 명의 전문가밖에 없다. 확보와 통제가 점점 어려워지는 재료를 요구하면서 더 복잡한 실험을 진행한다. 관련 전문가를 제외하고 이런 실험을 또 누가 진행할 수 있겠는가? 거의 없다고 봐야 한다. 그러니 실험에 성공했다고 떠드는 자들의 말을 신뢰할 수밖에 없는 상황이다! 어떤 전문가는 이 실험의 허위를 밝히기 위해 오래 공들여 실력을 쌓는다. 하지만 그 와중에도, 일은 계속 발생한다. 지금

무슨 일이 벌어지고 있는가? 필자가 보기에, 물리학, 화학, 생물학 분야에서는 과거보다 더 추상적인 작업이 진행되는 중이다. 즉, 가설 단계를 벗어나지 못하면서 통제조차 거의 불가능한 상태의 작업이 진행된다.

지난 10년 동안 급증했던 과학 사기극의 문제를 설명하려면, 과학의 외적 요소를 고려해야 한다. 첫째, 연구자의 숫자가 급증했다. 미국에는 "생명 과학" 분야 연구자만 30만 명에 달한다. 둘째, 과학 출판물 숫자도 급증했다. "자기" 연구소의 운영을 위해 확실하게 신뢰를 받아야 한다. 이를 위해, 출판 속도가 빨라진다. 충분하게 증명되지 않은 결과라고 하더라도, 최대한 빨리 출판해야 한다. "과학"이 명예로운 자리에 근접할수록, 과학의 발전을 위해 정치권에 호소하는 횟수가 증가하며, 국가 예산에 더 민감해진다. 이는 과학 사기극의 유혹을 부추기는 원인으로 작용하기도 한다. 지금 필자는 애송이 과학자를 겨냥하지 않는다. 오히려 최고의 전문성을 자랑하는 고위급 과학자에게 미치는 과학 사기극의 유혹 증가를 겨냥한다. 물론, 필자는 이러한 과학 사기극을 학계에 만연된 현상으로 보지 않는다! 필자는 과학자의 99.9%가 추구하는 학문적 가치와 양심을 의심하지 않는다. 단, 과학적 사기의 급증이라는 실태를 확인할 뿐이다.

과학적 사기의 급증은 지난주에 발표된 모든 "발명품" 가운데 어떤 것이 정확하고, 어떤 것이 거품인지와 같은 질문을 부른다. 단번에 대답하기는 불가능하다. 필자가 첫 단락에서 해설했던 내용에 새로운 내용을 보태 몇 마디 하겠다. 첫째, 이러한 질문을 통해 우리의 비판 정신이 더 날카로워질 필요가 있다. 둘째, 대중을 향한 과학자의 선언을 마치 신의 계시와 같은 말로 받아들일 필요가 없다. 셋째, 과학에 대한 의심 없이 과학의 결과를 맹목적으로 존중할 이유가 없다. 넷째, 과학과 과학자가 궁극적 이성의 대표자이므로, 우리는 그 앞에서 잠잠하고 묵묵히 따르면 된다는 통념 자체를 거부해야 한다.

멋진 신세계를 향하여[199]

베르나르 샤르보노

유럽에 돌연 미국의 사례를 따르는 생태 운동이 출현했다. 처음에는 학문 차원의 운동이었다. 하지만 머지않아 소위 '산업 사회'에 대한 비판 대열에 합류한 몇몇 인물을 운동의 창립자로 내세웠다. 그러나 생태 운동의 선구자들은 이미 1930년대부터 산업 사회에 대한 근본 비판을 단행했다. 이들 가운데 일부는 여전히 잘 알려지지 않았다. 대표적인 선구자로 『멋진 신세계』의 저자인 알도스 헉슬리Aldous Huxley가 있다. 그는 생물학의 아버지로 추앙되는 학자이기도 하다. 생태 운동의 참고문헌은 그의 핵심 저작이 아닌 『멋진 신세계』를 언급한다. 문헌 목록에서 이 책을 확인한 사람은 다소 의문을 품을지 모른다.

반세기가 넘게 지난 지금, 『멋진 신세계』는 본질적인 문제를 여전히 지적하는 강력한 비판서의 역할을 한다. 왜냐면 비단 원폭과 같은 대재앙의 문제에 멈추지 않고, 개발의 과정에서 거뒀던 체계의 성공 문제를 비판하기 때문이다. 사실, 체계의 성공이야말로 최악의 문

---

[199] 원문의 출처는 다음과 같다. Bernard Charbonneau, ≪Vers un meilleur des mondes≫, *Combat nature*, n° 65, août 1984.

제다. 우리가 생명과 죽음이라는 양면성을 체계의 첫 부분으로 채택한다면, 모두가 바로 그 부분을 외면하지 못할 것이다. 이제 인간이 인간을 제작한다. 이러한 표현이 가능하다면, 우리는 기꺼이 인간에 의한 인간의 제작이라고 정리할 수 있다. 이 체계 안에는 오늘날 자연 보호 구역과 같은 형태의 인간 보호 구역이 있다. 인간 보호 구역이란 소설에 등장하는 여러 영웅(?)과 같은 초인이 '호모 사피엔스'의 마지막 부족과 결합하는 곳이다. 이곳에는 죽음만 없을 뿐, 실패의 가능성은 늘 존재한다. 히로시마 원폭 이후, 핵전쟁은 늘 우리를 위협한다. 이것을 다음과 같이 설명해 보자. 1930년대에 지상의 판도라 상자의 문이 열렸다. 이 상자에는 에너지가 담겨 있었는데, 어떤 물질이 그 에너지의 사슬을 풀었다. 이 물질을 다루는 학문에 대한 우려가 빗발쳤다. 당시 사람들은 생명과 정신을 다루는 학문이 그러한 우려를 지울 수 있으리라 희망했다. 그러나 과학을 통해 이 지구를 매우 합리적인 세계로, 멋진 신세계로 구성하리라는 생각, 곧 헉슬리가 묘사한 냉정하면서도 감미로운 이 악몽은 자연과 자유에 밀착된 정신을 가진 사람에게는 핵무기로 점철된 세계만큼 최악의 세계이자 비인간적인 세계다. 바꿔 말해, 헉슬리는 또 다른 방식으로 비인간적인 세계를 그렸다. 기존 세계의 대안으로 제시된 과학과 합리의 세계는 사람의 사람다운 삶을 보장할 수 없다. 어쨌든, "멋진 신세계"와 관련해 헉슬리는 예언자였다. 그 세계는 생명을 제작하는 세계이자 동시에 '과잉 살상'overkill의 세계다.

1. 원자 폭탄 이후 유전자 폭탄

일간지 「르몽드」 Le Monde는 미국의 어느 지역에서 미래의 노벨상 수상자가 가임 여성의 배아를 불임 여성의 자궁에 성공적으로 이식한 사건을 보도했다. 어떤 부부가 아이를 갖지 못해 의기소침한 나날을 보냈다. 그런데 저명한 산부인과 의사가 해법을 찾았다. 언론은 수술 과정을 상세히 보도하지 않았지만, 의사는 남편에게서 정자를 채취해 500달러에 자기 사생활을 판 어떤 여성의 난자에 수정했다. 며칠 후, 호르몬 조절을 마친 배아는 불임 여성의 자궁에 편안하게 안착했다. 「르몽드」는 지금까지 자사에서 발간한 주간지의 표지로 사용했던 난해한 그림을 내리고, 배아 이식 성공과 관련된 사진으로 그 자리를 채웠다. 왜 그렇게 했는지, 아직도 이유가 모호하다. 즉석 사진 찍는 것처럼, 가족사진을 찍은 셈이다.[200] 잡지의 표지는 작은 숲처럼 빽빽한 마이크 앞에서 행복에 겨워 아내에게 입 맞추는 남편의 모습을 담았다. 그녀가 과연 이 배아의 엄마?인지 묻고 따지는 내용은 없었다. 그리고 광고란에 영웅의 이름을 새겨 넣었다. 화면에 등장하기 위해, 무슨 일인들 못하겠는가?

그러나 이것이 전부는 아니다. 에스코피에 랑비오트 Escoffier Lambiotte 박사의 설명처럼, 인공 수정, 냉동 정자 은행, 냉동 난자 은행, 배아 은행, 여성에게 이식하기 전에 암소에게 먼저 응용하는 기술 등으로 인해, 개인과 국가가 원하는 아이를 주문하는 시대가 열렸다. 마치 시트로엔 2CV나 롤스로이드를 제작하듯, 금발 머리카락 가진 아이, 갈색 머리카락 가진 아이, 전문 양성 노동자, 노벨상 수상자까지

---

200) Cf. *Le Monde*, 12-13 février 1984.

모두 만들 수 있게 됐다. 지금 우리는 헉슬리의 "멋진 신세계"를 향해 가는 중이다. 사업이 시작됐다. "정자 기증으로 인해, 이미 5,000명 넘는 어린이가 있다." 이 정자를 냉동 보관하면 된다. 냉장고에서 생존하는 이 다양한 제품에 다양한 유전자 조합을 가한다. 그야말로, 새로운 우생학이다. 그러나 새로운 우생학은 히틀러 방식의 '인종주의 우생학'이 아니다. 새로운 우생학은 과학 우생학이다. 우리 인류에 더 이상 결함 있는 사람이나 바보는 나오지 않을 것이다. 현명하고 신중하게 이종 교배를 한 결과, 기존의 인간과 다른 새로운 인간이 출현할 것이다. 개량종인 홀스타인 젖소 한 마리의 우유 생산이 이제 고인이 된 브르타뉴 젖소 한 마리의 생산에 버금갔듯이, 새로운 인간의 물질적, 정신적 생산성은 옛 인간의 생산성에 뒤지지 않을 것이다. 더 이상 교회에서 결혼할 필요도 없다. '시험관 속에서'*in virto* 노벨 수상자의 정자와 미스 월드의 난자를 결혼시켜 아름다우면서도 똑똑한 유권자를 얻으면 그만이다.

물론, 국가와 인류의 미래를 위해 매우 중요한 활동을 자격도 없는 두 개인의 무질서한 충동에 맡길 수 없다. 또 여전히 수작업으로 일하는 소규모 회사의 시행착오에 맡길 수도 없다. '아기 제조'*la fabrication des bébés*는 계획적으로 진행돼야 한다. 중국이 대표 사례다. 중국은 '출산 허가'라는 방식을 운영한다. 이 방식은 '소프트웨어'와 '하드웨어'에 상당한 투자를 요구한다. 세계 시장의 인구통계학적 과제를 해결할 수 있고 경쟁력까지 갖춘 초대형 기업만이 이를 수행할 수 있다. 프랑스는 첨단 산업에 진출할 수 있을 절호의 기회를 잡았다. 평범한 생산성을 보이는 대다수 노동자는 곧 실업자가 될 것이라는 반대 의견도

빗발칠 것이다. 자격증을 소유한 몇몇 [클럽] 운영자는 이 노동력을 '성性과 관련된 여가 활동'Loisirs rotiques에 재활용할 것이다. 멋진 신세계에는 자연과 자유라는 오래된 달빛의 자리가 더 이상 없다.[201]

2. 상상할 수 없는 일

불행하게도, 우리 사회는 여전히 갈팡질팡한다. 기독교와 인문주의의 생존과 과학의 명령 사이에 갇힌 우리 사회는 이제 갓 출산한 이 작은 괴물 앞에서 무엇을 생각해야 할지 잘 알지 못한다. 자연적이고 다소간 자발적인 생명의 창조에서 방법과 기술을 통한 생명의 제조로 이동했다. 이러한 이동은 사실상 예측 불가능하고 생각할 수 없는 상태로의 비약이다. 우리는 진보를 통해 이미 흔들리는 낡은 도덕과 사회의 틀을 부숴야 한다. 그러나 그에 대한 의식은 지연된 감이 있다.

여러 부분이 있지만, 한 가지 내용을 설명하도록 하자. 성적 금기에서 해방된 이른바 '성해방 사회'에서, 흥미롭게도 정자 수집 과정에 대해서는 쉬쉬한다. 한 전문연구소 소장은 "프랑스에 정자 기증자가 부족하다!"고 탄식한다. 정자 기증은 과연 어떤 경로를 거치는가? 대부분, 고통이나 쾌감 없이, 높은 수준의 과학적 검증 과정에 따라 진행되리라 생각할 것이다. 그러나 실제는 그렇지 않다. 구체적인 내용은 아니지만, 우연치 않게 알게 된 정보에 따르면, 정자 채취 과정은 자위 행위였다. 병원 간호사의 깐깐한 시선을 의식하면서, 어떻게 정자를 채취할 수 있는가? 그렇지 않으면, 피임 기구를 갖고 채취하는가? 배우자를 동반하는가? 채취된 정자는 바로 수거해서 냉동 보관하는가?

---

201) [역주] 자연과 자유는 샤르보노 생태 사상의 핵심 용어다.

막연한 상상만 하게 된다. 정자 기증을 독려하기 위해 국립자위연구소를 세워 태국 마사지를 전문적으로 교육 받은 간호사를 배치하든지, 포르노 영화를 상영하는 특별실을 만들 수는 없는가? 아니면, 채취된 정자를 당대 유명인의 특징을 재현한 대용품 속에 정확한 온도를 유지해 수집하면 어떤가? 마이크로 전자 기술이 적합한 모든 반사 행동을 이 제품에게 제공할 것이다. 과학이 길을 보여줬고, 기술은 그 길을 걷도록 해야 한다. 구석기 시대에 머물면 안 된다.

농담은 이제 그만하자. 필자가 위에 거론한 문제는 지금까지 자연의 자발성과 개인의 자유에 맡겨진 활동을 통해 제기된 문제 가운데 가장 단순한 문제일 뿐이다. 사실, 전 분야가 위험하다. 심지어 종교도 위험하다. 혼인성사를 고수하는 가톨릭교회는 이 '유전자 공학'을 "수의학 기술을 이용한 간음"으로 평가한다. 가톨릭교회의 이러한 평가를 전적으로 틀렸다고 말할 수 없다. 또 일간지 「르몽드」에 따르면, 최초의 시험관 아기인 아만딘Amandine[202]의 "아빠"는 국립농학연구소INRA, Institut national de la recherche agronomique에서 연구원 이력을 시작한 후 국립보건의료연구소INSERM, Institut national de la santé et de la recherche médicale로 이직했다.[203] 우리가 들은 바, 인공 수정에 성공한 이 저명한 과학자는 "의료계를 지원하는 데 어려움을 겪고 있으며, 이익을 추구하는 데도 어려움을 겪고 있다." 그런 이유 때문에, "그는 더 많은 월급을 받고 싶어 했고, 뇌이유Neuilly에 있는 미국 병원에 자신의 서비스를

---

202) [역주] 프랑스 국적의 최초의 시험관 아기인 아만딘은 1982년 2월 24일 프랑스 클라마르 소재 앙투안 베클레르 병원에서 태어났다.
203) [편주] 베르나르 샤르보노가 지금 아만딘의 과학적 "아빠"로 언급하는 인물은 프랑스의 생물학자 자크 테스타르(Jacques Testart, 1939)이다.

판매할 수 있는 허가증을 확보했다."[204] 여성의 인공 수정은 분명 소의 인공 수정보다 수익성이 더 높다. 어쨌든, 가톨릭교회는 인공 수정의 수익성과 마주해, 교회의 언어인 라틴어를 잃고, 교회법도 잃는 중이다. 누가 아만딘의 아버지인가? 거듭 말하지만, 인간의 법은 기술의 관리 감독을 따르지 않을 수 없게 됐다.

3. 선악 저편에 있는 과학적 추상

생명에 관한 과학과 기술은 우리를 광란의 세계에 빠뜨린다. 그 세계는 모든 것을 허락한다. 모든 것을 허락하는 이유는 모든 것이 가능하기 때문이다. 또 그 세계에서는 신학, 법, 언어, 이성과 같은 우리 시대의 산물이 자리를 찾지 못할 것이다. 우리가 잠시라도 이러한 산물로 되돌아가기를 바라느니, 눈앞에 닥친 상황을 고려하는 편이 더 나을 것이다. 모든 것이 가능해졌다. 따라서 우리는 자녀의 신장, 눈동자 색깔, 심지어 성격까지도 선택할 수 있을 것이다. 그러나 특정인의 자의적 선택을 심각한 사안이라고 호들갑 떨지 않겠다. 문제는 국가 단위에서 이뤄진다는 점에 있다. 프랑스는 경제 실험연구소와 국방부에 정자를 직접 기증할 수 있는 사람을 구한다. 부부가 더 이상 나올 필요가 없게 됐다. 부부는 원자재 임시 제작소일 뿐이다. 부성, 모성, 엄마, 아빠와 같은 말은 앞으로 무엇을 의미할까? 과학 지식은 이러한 말을 없앨 수 있다. 그렇다면, 과학 지식은 이러한 말의 부재가 어린이에게 의미하는 바를 모두 기록할 수 있을 정도로 위대한가? 과학 지식이 여성과 남성 부부를 비롯해, 젊은이에게 망상을 심을 위험이

---

204) Cf. *Le Monde*, 12 - 13 février 1984.

있지 않은가? 부부의 사랑으로 얻은 자식도 많지만, 성적 쾌락 때문에 덜컥 생긴 자식도 그만큼 많다. 이 사람, 저 사람 가릴 것 없이 일어나는 일이다. 새로운 '동정녀 수태'Immaculée Conception는 '성육신'Incarnation을 부인한다.[205] 과학의 추상성은 우리를 선악 저편으로 인도한다. 즉, 죄의 즐거움과 도덕적 순응주의 너머의 세계로 우리를 이끈다. 병원에 정자를 기증하는 일은 의의에도, 정신에도 낯선 일이다. 그것은 마치 살균 소독된 세계에 사는 것과 같다. 사람들은 이 세계를 과학 이성의 세계라고 떠든다! 옛 사회는 성에 대한 불꽃같은 열정을 염려하며 성관계를 억제했다. 그러나 새 사회는 억눌렀던 사태를 회복했다. 그와 동시에, 이 사회는 성관계를 폐기했다.[206]

사람들은 논의 대상의 변화와 정치 계획의 변화를 모두 근본적인 변화로 여길 수 있다. 이것은 레바논에 공수 부대를 파병하느냐 마느냐의 문제만큼 중요하다. 그러나 "우리는 그 일을 멈추지 않는다." 과학의 진보가 부른 새로운 변화의 불확실한 방향과 결과에 대한 문제 제기는 과연 타당한가? 사람들은 이 변화를 두고 "그것은 발생한 사태이다"라고 말할 것이다. 과학은 우리가 다른 사태에 몰두하도록, 자연이라는 "사태"factum에서 우리를 해방했을 뿐이다.

생태학이 자연과 자유에 대한 사랑을 회복한다면, 멋진 신세계에 드리운 악몽과 같은 분위기를 상상하지 않아도 될 것이다. 왜냐면 유전학이 우리에게 마련한 장래는 전체 미래의 한 장에 불과하기 때문

---

205) [역주] 이 문장은 유전자 공학과 같은 현대 과학 진행하는 육체관계 없는 '수태'와 종래의 육체관계를 통한 '수태'를 가리키기 위해, 가톨릭교회에서 '무염시태'라 부르는 동정녀 수태와 그리스도의 성육신을 은유로 사용한다.

206) [역주] 부부의 애정이 아닌, 관능과 쾌락에 치중된 성적 현상을 말하며, 동시에 정자와 난자의 인공 수정을 통한 자식 생산으로 인해, 육체관계 없이도 원하는 자식의 모습을 고를 수 있도록 유도하는 과학 이성의 행보를 꼬집는 표현이다.

이다. 즉, 묵시록과 같은 '체계적 총괄갱신'의 한 장에 불과하기 때문이다. 과학의 얼어붙은 객관성에 의해 조직되고 과학적 합리성에 따라 동결된 이 세계에 대한 전망은 인간 정신에 아직 남아 있는 것에 반항할 뿐이다. 이 맹목적 반항을 잠재우는 유일한 수단은 최후까지 조직화를 밀어붙이는 일일 것이다. 그러나 우리는 아직 그 단계에 있지 않다. 과학이 생명의 복합적인 작동 방식을 관통하기 시작한다면, 과학은 개인으로서의 인간이든 집단으로서의 인간이든, 인간에 대해 제대로 알지 못할 것이다. 사회학은 사회에서 벌어지는 여러 사태를 통계 자료로 기록하는 학문으로 축소됐다.[207] 이 통계 학문에서 기존 사회학은 유사 과학이자 이데올로기일 뿐이다.

사람들은 인간 주체를 물건 취급하는 상황에 이르지 않을지 물어볼 수 있다. 개인이든 집단이든, 광기에는 아직 밝은 날이 있다. 행운인지 불운인지 몰라도, 정치는 아직 과학적, 기술적 활동이 아니다. 멋진 신세계는 아직 지구 전체와 인간 전체 위에 군림하지 않는다. 핵폭탄을 확보해 멋진 신세계를 꿈꾸는 국가가 여럿 있다. 멋진 신세계는 모든 자연과 자유를 부인하고, 인간의 내면 깊은 곳까지 추적하며, 정체성의 다양성을 위협받는 개인과 민중의 맹목적인 반응을 부른다. 과연 그러한 세계는 [폭탄으로 인한] 최악의 잿더미와 다른 모습으로 설 수 있을 것인가? 별로 중요치 않은 질문이다. 우리는 '멋진 신세계'가 곧 '잿더미로 변한 세계'임을 확인했기 때문이다. 그 세계가 [지금] 우리의 유일한 적이다.

---

[207] [역주] 사회에서 발생하는 사건을 직접 조사하고, 확인하고, 유형을 발견하는 사회학(la sociologie)이 통계 자료 정리와 다르지 않은 **사회과학**(les sciences sociales)에 환원됐다는 말이다.

근본 이익에 관하여[208]

자끄 엘륄

필자는 이데올로기와 생태학에 관해 생각하며, 그 동안 자주 탐구되지 않았던 부분을 다루기로 했다. 지난 몇 달 동안, 교육과 관련해 치열한 논쟁이 발생했다.[209] 물론, 별 소득 없는 논쟁이었다. 우리는 논쟁 과정에서 부모의 자유와 같은 '사익'과 공공재를 책임지는 국가와 같은 '공익'의 대립을 봤다. 우리는 이러한 대립을 가볍게 보고 넘기지 말아야 한다! "사회에 관해 생각하기" 시작하면서 마주하는 첫 번째 문제가 바로 사익의 문제이기 때문이다. 사익의 문제는 잘 알려진 두 가지 원칙으로 공식화됐다. 첫째, 사람은 누구든지 자기 이익을 따른다. 각자의 이익 추구에 다른 이유는 없다. 이러한 생각이 공식화되고 얼마 지나지 않아, 인간이라는 종은 이익을 추구한다는 이념도 인정을 받기 시작했다! 정치경제 분야를 그 사례로 들 수 있다. 이익만 따지면 그만이다. 굳이 덧붙이자면, 이익을 얻을 수 있는 태도나 방식을 계산하면 된다. 둘째, 사회는 사익의 결합으로 만들어졌다. 즉,

---
208) 원문의 출처는 다음과 같다. Jacques Ellul, 《L'idéologie de l'intérêt privé et l'idéologie de l'intérêt public》, *Combat nature*, n° 66, novembre 1984.
209) 1984년에 "자유학교운동"(le mouvement de l'école libre 사바리 법(loi Savary)의 입법에 예고된 사교육 개혁 정책에 대립한다. 입법 반대 시위가 격화됐고, 결국 입법은 좌절됐다.

각자는 개별 이익을 추구하며, 자기가 해야 할 일에 최선을 다한다. 그럴 때, 사회의 자연, 역량, 결집력은 반드시 증가할 것이다. 거기에는 갈등도 없고, 대립도 없다. 애덤 스미스의 "보이지 않는 손"과 같은 자발적인 작동 방식으로 말미암아, 이익과 이익이 서로 결합하고, 결국 동반 성장으로 이어진다. 이러한 조건에서는 무엇보다 각 사람이 기울이는 노력을 절대 막아서는 안 된다. 자연스럽게 이익과 이익이 조합을 이룬다는 전제를 제거하지도 말아야 한다. 요컨대, 일체 개입하지 말아야 한다. 완전 경쟁과 무한 자유를 추구해야 한다. 그렇게 됐을 때, 사회의 전 분야에서 "최고의 성과"를 거둘 것이다. 이러한 원칙에는 이중적인 생각이 작용한다. 최고의 성과를 냈기 때문에, 그러한 노력의 대가와 보상을 받아야 한다. 그것은 좋은 일이다. 또 사회에 최고의 결과를 선사했고, 최고의 상품을 제공했기 때문에, 사회적 부가 최댓값으로 치솟을 수 있다! 그러나 현재 이러한 담론을 갱신해야 한다는 목소리가 높다. 우리는 이 부분에 주목해야 한다.

그러나 이것이 어떻게 이데올로기인가? 단지 그것을 믿는 사람이 많기 때문인가? 그러나 우리가 그러한 주장 전체를 들어본 적도 없고, 그 주장들이 지나치게 이상주의적이라는 데, 문제가 있다. 승자가 최고라는 주장은 거짓이다. 승자가 최고라는 주장이 성립한다면, 가장 무자비한 사람, 가장 운 좋은 사람, 거짓말쟁이 등이 승자가 될 것이다. 사적 획득을 통해 집단이 부유해진다는 말도 거짓이다. 과거 식민지 시절이 단적인 사례다. 식민지 사업에 가담한 프랑스의 여러 사기업은 많은 돈을 벌었다. 그러나 식민지는 이 국가를 위해 혹독한 값을 치러야 했다. 식민지는 수탈만 당했을 뿐, 아무 것도 얻지 못했다!

그렇다면, 우리는 '인간이 자기 이익에만 복종한다'는 주장을 의심해 볼 수 있을 것이다. 인간의 사익 추구와 다른 여러 요소가 작용한다! 필자는 이 문제를 계속 다루려 한다. 그러므로 대대적으로 적용할 수 없다는 기준을 놓고 봤을 때, 매우 의심스러운 이념이고 원칙일 수 있지만, 사람들은 이 이념과 원칙을 계속 참작하고, 사회의 이상향으로 소개하기를 주저하지 않는다. 나아가, 현실 위기의 "해법"으로 제시하기도 한다.

1. 일반 이익은 없다.

사회주의 진영은 매우 이른 시기에 자유주의의 학설과 적용을 비판했다. 무엇보다, 사회주의자들은 자유주의라는 놀이의 규칙을 적나라하게 폭로했다. 다시 말해, 자유주의는 언제나 패자敗者를 약자로 본다. 오늘날 너무 분명하게 드러난 사실이다. 그러므로 자유주의가 말하는 자유는 오직 승자, 곧 강자만이 누릴 수 있다. 나머지 패자는 승자의 힘에 예속된다. 이유가 무엇인가? 사회에서 벌어지는 경기는 고립된 개인의 경기가 아니기 때문이다. '사회의 경기'는 개인과 개인의 달리기 경주가 아니다. 또 1등이 나머지 학생에게 아무런 힘도 행사할 수 없는 교실의 상황도 아니다. 자유주의 사회나 경제에서 승리는 곧 권력이다. 그것은 패자에 대한 지배를 의미한다. 패자는 자유를 잃는다. 사회나 경제의 경기를 운영하는 선수는 개인이 아닌, 권력 집단이다. 따라서 개인 운운하는 모든 말은 헛소리일 뿐이다.

근본부터 불의한 사회를 원하지 않는다면, 개입하고 규제해야 한다. 강력한 힘으로 타자를 억누르지 말아야 하며, 보이지 않는 손에게 맡겨 놓지 말고 철저하게 조직화를 꾀해야 하며, "공익"을 대변하는 권력이 필요하다. 이 권력은 보통 국가 권력이다. 국가는 공익에 따라 행동할 것이다. 공익은 사익의 총합이 아니다. 사회를 바라보는 일반적인 시각이 있다. 곧, 공동선에 이르기 위해 사익의 체계적인 조화를 추구해야 하는데, 그러한 조화를 이루는 수단과 방법은 정의이어야 한다. 사람들은 "사익"과 "공동선"을 뒤섞는다. 그러므로 "자유는 압제자요, 법은 해방자다"와 같은 구호를 만든다. 이들은 법이 곧 국가라는 사실을 잊었으며, 국가가 우리를 예속에서 해방한 일이 매우 드물다는 점도 잊었다. 자유 타령하는 자들과 똑같다. 그저 꿈만 꾸면서 어디로 가야할지 길을 잃었다. 국가, 정의, 공익을 외치는 자들은 법을 순수하고, 정의롭고, 선하고, 공정하다고 이상화한다. 또 선과 역량, 지혜 등이 충만한 사람들이 그 법을 집행하리라 착각한다. 불행한 일이다. 정치인들은 그런 사람들에 전혀 해당하지 않기 때문이다! 사익을 정당화하기 위해 자유를 방패막이로 내세웠듯, 모든 독재를 정당화하기 위한 방패막이로 공익을 내세울 것이다. 지금 필자는 권위주의 국가의 독재보다 **'행정 국가'의 독재**를 겨냥한다. 이런 국가는 공익을 명분으로 "도시 조직"이나 산업 조직을 몰수하고 재편한다. 또 농촌 사람을 쫓아내고, 경제 구조를 강제로 부과하기도 한다. 이것을 영광스러운 이상으로 받들려는 자들은 머지않아 자유만큼 공익도 속빈 강정에 불과하다는 사실을 깨닫게 될 것이다. 간단히 말해, 공익이나 일반 이익은 존재하지 않는다.[210] 그것은 이데올로기이며, 선전물,

---

210) 이 주제와 관련해, 자크 슈발리에가 주도한 공동 연구서를 읽을 필요가 있다. Jacques Chevallier(dir.), *Variations autour de l'idéologie de l'intérêt général*, 2 vol., Presses universitaires de France, 1978.

겉치레, 말장난이다. 하지만 통치를 위해서는 꼭 필요하다. 공익일반이익 이념은 모든 개별 주장, 개인의 특정 이익, 특수주의, 사적 이익만을 대표하는 반대자를 억압할 수 있으며, 일반 이익의 위엄에 맞서려는 자들을 무시할 수 있다! 우리는 자유주의 이념에서 볼 수 있었던 악덕과 똑같은 악덕을 공익 이념에서도 볼 수 있다. 자유주의자들은 "개인의 이익이 모여 집단의 행복을 이룬다."라고 말한다. 반면, 일반 이익을 지지하는 자들은 "일반 이익 안에서 당신의 이익을 이해해야 한다. 일반 이익이 먼저이기 때문이다. 따라서 국가는 바로 당신의 재산을 위해 일반 이익을 만든다."라고 말한다. 순진하기 이를 데 없는 이데올로기다.

2. 사익과 공익의 혼합

하지만 우리의 상황은 저 이데올로기처럼 순수하지 않다. 지금 프랑스 상황에서 볼 수 있듯, 사익과 공익이 마구 뒤섞였다. 가히 최악이라 하겠다. 개별자는 모든 수단을 동원해 자기의 성공을 추구한다. 우리는 행정 기관에서 근무하는 공무원들이 사익을 위해 공모하는 모습을 본다. 이익 앞에서 똘똘 뭉친 이들은 법의 테두리 안에서 그 일을 추진한다. 지금 필자는 무한 반복되는 상황을 단 몇 줄로 표현했을 뿐이다. 최신 사례를 하나 들겠다. 필자가 매우 좋아하는 숲과 관련된 사례다. 한 달 전에 어처구니없는 소식을 들었다. 1,000 가구가 입주할 수 있는 건물을 짓는다고 소나무 22만평을 베겠다는 소식이었다. 이익으로 똘똘 뭉친 계획이다. 그 출발점에는 개별 이익만 추구하는 부동산 개발업자가 있다! 우리는 시에서 저가에 팔린 그 땅을 다시 매입하라고 요구했다. 시 당국은 신축 건물이 "주공 아파트"와 같은 사회적 특징을 가진 건물이라는 이유를 들어, 우리의 요구를 거절했다. 거기에다, 가난한 사람이 경치 좋은 해안가에서 살지 못할 이유가 있냐고 반문하기까지 했다. 시장은 이 공약으로 선거에 당선됐다. 비슷한 공약으로 유리한 자리를 점했던 전통 방식을 사용한 셈이다. 이 공약은 유권자에게 기막히게 먹혔다. 여기에 한 술 더 떠, 그 동안 반대에 막혔던 도로 신설 계획까지 일사천리로 추진했다. 주거 단지 신축과 도로 신설과 같은 계획을 추진함으로써, 시 당국은 새로운 수입과 지원금을 확보하게 됐다. 우리가 똑똑히 봤던 것처럼, 시는 공익을 대대적으로 내세웠다. 필자가 보기에, 오늘날 프랑스의 특징 가운데 하나가 바로 사익과 공익의 지속적인 혼합이다. 법은 억압에 복무하고, 부자와 강자의 자유는 투기 동력에 사용된다. 부자와 강자가 법을 독점했기 때문에 이런 일이 벌어졌다고 말하지 말자! 우리가 아는 모든 좌파 체제에서도 똑같은 일이 기계처럼 반복되니 말이다.

3. 생태학을 특정 이데올로기로 만들지 말자.

필자는 본문에서 수행한 분석을 생태학적 성찰에 유용한 분석으로 생각한다. 두 가지 이데올로기 중에서 하나를 택해야 하는 함정에 빠지는 일을 막아주기 때문이다. 생태학은 철저한 비판 능력을 유지해야 한다. 무엇보다 사적 이익이라는 이데올로기를 철두철미하게 비판해야 한다. 반면, 모든 사람의 특정 이익도 엄격하게 보호해야 한다. 왜냐면 일정한 수준의 "사익" 추구는 타당하기 때문이다. 물론, 여기서 말하는 사익이 "경제 이익"에 환원되지 말아야 한다! 또 생태학은 공익 혹은 일반 이익의 이데올로기도 철저하게 비판해야 한다. 그러나 생태학은 일반 이익의 새 표본을 만들어야 한다. 일반 이익, 즉 공익이 없다면, 우리의 공공 생활은 불가능할 것이다. 더불어 살아감, 즉 "공생"vivre ensemble을 위해, 우리의 욕구, 욕망, 충동 가운데 일부를 포기해야 한다. 그러나 우리는 공생, 즉 "더불어 살아감"을 기준으로 삼아 공익을 측정해야 한다. 국가 차원이나 국제 차원의 거대한 기획의 총체성을 추구하는 대신, 각자의 기획과 마주하면서 다음과 같이 질문해야 한다. "더불어 살아가도록 우리를 돕는 데, 과연 이것이 무슨 소용인가?" 생태학은 "이익"에 중점을 둔 관습적인 용어에서, 오늘날 진행 중인 인간과 권력의 개념을 억누르는 근본적이고 중요한 이익의 두 측면을 제시해야 한다. 무엇보다, "미래 이익"의 보존이라는 원칙을 제시해야 한다. 새로운 원칙은 아니지만, 이 원칙으로 끝없이 되돌아가야 한다. 이러한 회귀가 매우 두드러진 결과를 낳을 것이다. 이를테면, 되돌릴 수 없는 일을 절대 하지 말아야 한다. 이 부분을 미리 염두에 둬야 한다. 미래에서 과거로 되돌아가는 기회나 우리가 했던 일을 취소하는 기회가 부여돼야 한다. 또 우리가 지금 하는 일의 결과를 모를 경우, 결코 어떤 기획도 실행에 옮기지 말아야 한다. 우리가 사용하는 수단이 더 강력해질수록, 예고와 우발성에 대한 계산의 요구는 더 엄격해지고 냉정해져야 한다. 우리는 모든 수단을 동원해 '곧 죽어도 경제 성장'을 추구해야 한다는 강압을 거부해야 하며, 기업가에 의한 사적 이익의 합법화도 철저하게 거부해야 한다.

그러나 두 번째로, 우리는 무엇보다 자연 환경의 이익을 추구해야 한다. 이 역시 새로운 주장이 아니다! 필자는 본문에서 이 문제를 따로 설명하지 않겠다! 다만, 두 가지 문제를 제기해 보려 한다. (1) 환경에 대한 관심이 나머지 모두의 토대를 이룬다. 따라서 환경에 대한 관심이 우선시 돼야한다는 사실을 '사익 지지자'와 '공익 지지자' 모두에게 이해시켜야 한다. 어떻게 할 수 있는가? 자연 환경이 존재하지 않는다면, 단기간이든 장기간이든, 공익도 존재하지 않고, 사익도 존재하지 않을 것이다. 자연 환경에 대한 관심은 우리 모두의 관심사다. (2) 우리가 강조하는 생태 문제의 두 번째 측면은 다음과 같다. 생태학이 특정 이념으로 뒤바뀌는 일을 막기 위해, 경계심을 유지해야 한다. 어떻게 할 수 있는가? 미래의 이익을 보호하고 자연 환경의 이익을 보호하는 작업이 단순한 학설과 믿음의 혼합물로 바뀌지 않으려면, 우리는 어떻게 해야 하는가? 생태 운동가들은, 생태학이 권력을 정당화하고 권력의 무기로 기능할 때만 이 문제를 진지하게 여길 뿐, 그 범위를 벗어나면 진지한 고찰을 멈추고 지루한 논제로 여기곤 한다. 이 모순된 사태를 막으려면, 과연 어떻게 해야 하는가?

생태학은 우파도, 좌파도 아니다[211]

베르나르 샤르보노

오늘날 다양한 산업 사회는 과거의 유산을 제각각 계승했음에도 불구하고, 크게 두 가지 유형에 환원된다. 동구권을 중심으로 한쪽에서는 국가가 세부적인 문제까지 일일이 통제하고, 계획을 세우는 전체주의 사회가 존재한다. 서구권을 중심으로 한쪽에서는 우파나 좌파의 다수당이 정부를 이루고 시장과 그 수익성의 틀 내에서 계획을 진행하는 사회, 양극화된 사회가 존재한다. 그리고 과학 조직과 산업 조직의 발달이 남긴 자유 지대가 양쪽 사회 사이에 여전히 존속한다. 동구권의 사회 응집력을 보장하는 요소는 국가 중심의 일사불란함과 사회 국가 체제일 것이다. 반면, 서구권의 응집력은 집권당과 야당의 세력 경쟁이나 정당 간 합종연횡合從連橫으로 유지될 것이다. 초강대국의 냉전이 내전으로 재현되는 셈이다. 사실상 협력자인 두 세력이 공동의 놀이 규칙을 존중하자는 협약을 맺은 형태인 이 내전은 전체주의 사회를 얼어붙게 하는 '얼음장 평화'의 역할을 한다. 프랑스의 경우, 샤를 드골이 제정한 대통령제를 택했다. 공산당이라는 중요 정당

---

211) 원문의 출처는 다음과 같다. Bernard Charbonneau, ≪L'écologie ni de droite ni de gauche≫, *Combat nature*, n° 66, novembre 1984.

이 출현했음에도, 좌파든 우파든 권력 교체가 가능한 대통령제를 선호했다. 근대 시기 초반부터 진행된 앵글로색슨 국가들이나 북유럽 국가들의 양원제와 마찬가지로, 사실상 좌파나 우파가 세력 균형을 이루는 방식이다.

그러나 전체주의 체제도 다소간 차이만 있을 뿐, 사회에 내재화된 속박을 통해 권력을 독점한다. 프랑스의 우파와 좌파, 미국의 민주당과 공화당, 북유럽의 사회주의자와 보수주의자 역시 정치, 경제 혹은 문화 활동을 독점한다. 정치 신앙이 종교 신앙을 대체한 시대, 혁명이든 개혁이든 이러저러한 정당이 날뛰는 시대에 모든 프랑스인은 우파 본능 아니면 좌파 본능에 속한다. 전체주의에 대한 비판도 히틀러냐 스탈린이냐에 따라 관용의 정도가 갈린다. 프랑스 사회를 가르거나 한데 묶는 근본 모순에서 빠져나오는 데 성공을 거둘 수 있을 이들은 놀이터에서 두 패로 갈려 싸우는 방식으로 사는 이들이 아니다. 아마도 이들은 좌파 소속도, 우파 소속도 아닐 것이다. 진영 논리를 벗어난 이들이며, 그 의견과 행동은 [양쪽에서] 투명 인간 취급을 받을 것이다. 이들은 배제된 이들보다 더 나쁜 상태에 처하며, 좌 우파 언어와 다른 언어를 쓰기에 걸림돌이라는 문제조차 제기되지 않으며, 사회정치 분파에 속하지 않는 부재 상태를 경험한다.

1. 우파란 무엇인가? 좌파란 무엇인가?

우파나 좌파에 속한 이들에게는 생소한 질문일 것이다. 우파에게 이 질문은 큰 문제가 아닐 것이다. 우파도, 좌파도 아니라는 말을 이미 잘 알기 때문이다. 우파는 현실 진리에 의존하면 그만이다. 그러나 좌파는 다르다. 추하고 역겨운 파시스트가 아닌 이상, 어떻게 좌파가 되지 않을 수 있는가? 그러나 히틀러가 우파의 수장이고 스탈린이 좌파의 수장이라고 생각하는 자에게는 우파와 좌파의 정체를 물을 필요가 있다. 과연 우파란 무엇인가? 그리고 좌파란 무엇인가? 원칙상, 그리고 실제로, 이 질문을 서로 다르다고 말할 수 있는가? 둘을 어떻게 구분할 수 있는가? 또 둘이 서로 대립하는 이유는 무엇인가? 사실, 위 질문들은 서로 혼합되면서 전개된다. 그럼에도, 우리는 이 질문을 구분하는 문제에 관해 이야기하려 한다.

1939년 이전 시기, 특히 1914년에 이 질문에 답한다면, 그 대답은 쉬울 것이다. 원칙상 우파는 질서를 중시한다. 우파는 종교적 진리와 굳건한 자연 및 본성의 필연성을 바탕으로 사회를 건설한다. 위계와 서열, 사회의 훈육, 가족, 조상의 땅, 조국, 군대를 존중한다. 또 우파는 민족주의와 보수주의를 표방하며, 땅과 전통에 뿌리내린 삶을 지키려 한다. 반면, 좌파는 질서에 반하며, 만인의 자유를 요구한다. 또 좌파는 강자에 맞서 약자를, 부르주아 자본가에 맞서 노동자를 옹호한다. 좌파는 국제주의와 반反군국주의를 표방하며, 진보주의자를 자처한다. 통상 좌파는 과학과 산업의 진보를 통해 지상의 자유와 평등을 구현할 수 있다고 생각한다.

우리가 이 원칙을 택한다면, 좌파와 우파, 보수와 혁명, 질서와 자유, 현실과 이상 사이에 논쟁이 끊이지 않을 것이다. 아마도 양쪽 진영이 지도의 반반을 채울 것이다. 그러나 과학과 기술의 진보가 이끈 역사의 가속화는 각자의 원칙을 포기하도록 했고, 그 결과 좌파와 우파의 토론에서도 그 의미를 무색케 했다. 질서와 명령을 표방하는 우파가 진보가 되고, 혁명을 앞세운 좌파가 질서와 명령을 표방하는 진영이 된다.

2. 우파는 어디에서 좌파가 되고, 좌파는 어디에서 우파가 되는가?

우파는 처음부터 부르주아 자본가를 택했다. 우파의 보수주의 원칙과 산업 발전에 부합하는 자들이었다. 특히, 산업 발전은 부와 권력을 만드는 원천이다. 미국에서 벌어진 혁명, 즉 레닌 혁명이 아닌 포드 혁명과 같은 혁명은 자연의 질서와 사회의 질서를 전복했다. 세계의 땅과 시장을 지배하려는 국가 제국주의자의 배타주의가 전복의 과정에 속도를 더했다. 1914-1918년 사이에 자본주의 국가는 승리를 위해 국가 주도로 전쟁 계획을 수립하는 사회주의를 설립하기에 이른다. 물론 양차 대전 사이 기간에 좌절됐지만, 이러한 사회주의 제도 이후 등장한 경제 위기와 나치의 제국주의는 다시 한 번 자본주의 경제를 결집했다. 이론상 반동에 해당하는 '우파 전체주의'는 실제로 진보주의를 택했다. 지도자 숭배는 비인간적인 관료주의를 강화했고, 고대 게르마니아로의 회귀는 국가 주도의 과학과 산업의 최첨단avant-garde 발전을 요구했다. 탱크, 항공기, 로켓을 생산해야 한다. 반면, 자본주의 미국은 승리를 위해 사람, 물건, 과학을 결집한다. 즉 이 요소들을 사회화한다. 그리고 결국에는 히로시마 땅에 새로운 빛을 발산하고 말았다.

1차 대전과 같은 전면전으로 탄생한 좌파의 혁명도 같은 방향으로 진행한다.

마르크스 이념의 절대성은 완전히 모순된 실천을 정당화한다. 이론상 무신론, 아나키즘, 국제주의를 표방한 1917년 혁명은 소비에트 정당과 군대를 숭배하면서 정통파 독재 및 총체적 독재에 도달한다. 혁명 이념을 표방한 소련은 도덕적으로는 반동이었다. 내외의 적을 반드시 물리쳐야 했다. 그러한 필요성이 사람과 사물 전체를 산업으로 직조하면서 권력에 대한 집착으로 이어졌다. 사회 정의를 명분으로 모든 자유를 억압했다. 이 억압을 바탕으로, 특권층은 대중에 대한 테러와 선전을 자행할 수 있었다. 그러나 우파 혁명의 폭음과 수용소가 갈색이었다면, 좌파 혁명의 그것은 적색이다.

그러나 서구 세계에서 우파 개혁주의나 좌파 개혁주의는 자연 및 인간의 '무기력함'과 신성불가침 영역이 된 '개발' 사이의 타협안을 끌어냈다. 기존의 종교, 도덕, 이념에서 금기시됐던 부분이 새로운 상황을 맞아 힘을 잃었기 때문이다. 우파와 좌파 모두 생산, 수익성, 기술 진보에 대한 필수 적응 등과 같은 조건에 무기력하게 매몰됐다. 그렇지만 유럽 시장과 세계 시장의 갖가지 요구사항은 물적 역량과 산업 능력의 동일 노선을 부추기고, 그 결과 국수주의적 경쟁을 고조시키는 역효과를 낳을 뿐이다.

서구에 속한 대부분의 나라와 마찬가지로, 프랑스에서도 이익과 권력에 대한 추구가 진보주의 우파를 가능케 한다. 과학과 경제의 진리가 위기에서 헤어 나오지 못하는 종교와 도덕을 대체한다. 비시 정부의 페탱 원수는 "땅은 결코 거짓말을 하지 않는다"를 신뢰하지 않았다. 그러나 전문기술관료는 자연 착취와 농촌 사막화의 속도를 높이기 위해 경제 계획과 대기업의 자유를 결합한다. "노동, 가족, 조국"과 같은 공식은 맨 마지막 '조국' 정도만 제외하면 이미 극복된 공식이다.

노동에 대한 대답은 휴양지 개발 산업이고, 가족의 위기에 대한 대답은 가족이며, 드골주의에 대한 대답은 전문기술관료나 초국적 기업이다. 우파에게나 좌파에게나 구원받을 유일한 기회는 발전과 개발이다. 텔레마티크, 컴퓨터, 유전자 등과 같은 분야의 발전만이 구원으로 가는 유일한 길이다. 땅이나 사람에게 속하는 것은 나중에 살필 일이 되고 만다. "관리와 감독이 뒤따를 겁니다."라고 말들 하지만, 실제로는 관리와 감독이 먼저다.

선거 공약을 찬찬히 보면, 좌파도 우파와 큰 차이가 없다. 미테랑은 지스카르보다 더 우파처럼 행동했고, 사회당의 자크 들로르Jacque Delors는 민주연합의 레몽 바르Raymond Barre보다 더 정통주의자로 보였으니 말이다. 이쪽이나 저쪽이나 한목소리로 물가 폭등l'inflation에 맞서 싸웠다. 국유화 작업을 어느 정도 마친 이후에는 기업의 감세 문제를 거론하기 시작했다. 고속도로, 원자력발전소, 로켓 건설도 추진했다. 그러나 종래의 프랑스 공격 무기처럼, 이 로켓도 삼색212 연기를 뿜을 것이다. 권력을 잡은 사회주의 좌파가 드골주의 전통을 되살린다면, 좌파 정부도 이전의 지스카르 정부 이상으로 유럽주의와 대서양주의를 표방할 것이다. 공산당이 유일한 희망일지 모른다. 그러나 이 당도 폴 데룰레드Paul Déroulède213가 1900년에 추진한 방식을 답습해 조국 프랑스와 프랑스 땅에서 이뤄지는 생산을 옹호하는 중이다. 공산당이 같은 좌익 계열 경쟁자인 사회주의 좌파를 압도하려고 국수주의 극우 논리를 사용하는 촌극이 벌어지는 판이다. 필자는 세상의 혁

---

212) [역주] 프랑스의 국기를 구성하는 세 가지 색(파랑, 하양, 빨강)을 가리킨다.

213) 폴 데룰레드(Paul Déroulède, 1846-1914)는 프랑스의 시인, 극작가, 정치인이다. 가톨릭 보수주의 노선의 '애국동지연맹'(Ligue des Patriotes)을 이끌었다.

명을 꿈꾼다. 그러나 혁명은 이 정파들이 떠드는 방식과 달라야 한다고 생각한다. 서기 2000년의 여명黎明기를 맞은 지금, 우파가 뭐고, 좌파가 뭐란 말인가?

3. 우파이면서 좌파인 생태 운동

1970년까지 우리는 같은 권력을 두고 옥신각신하는 우파와 좌파의 찬반 논의에서 헤어나지 못했다. 우파는 어떤 대가를 치르더라도 시장을 통해 경제를 발전시켜야 한다는 암묵적인 이데올로기에 갇힌다. 반면, 좌파는 경제 결정론에 경도된 마르크스주의를 벗어나지 못했다. 협력자이자 적인 두 진영에서 핵심은 '공통의 선험성'이었다. 즉, 시장의 틀 안에서 어떤 대가를 치르더라도 국가를 통한 개발은 진행돼야 한다는 공통의 선험성이 양 진영의 핵심 가치였다. 그러나 68년 5월 이후의 생태 저항 운동과 더불어 양 진영의 불협화음이 발생한다. 생태 문제와 관련해 두 정파의 불일치를 보는 데, 우리는 68년 5월 이후까지 기다려야 했던 셈이다. 뒤늦게 드러난 대립의 새로운 면이 있다. 과학적이고 산업적인 사회에 비해 훨씬 더 종교적이고 농촌 친화적인 사회에 살았던 애덤 스미스와 마르크스는 우리 시대를 상상하지 못했다. 바로 여기에 우리 시대 우파와 좌파 대립의 새 국면이 있다. 이 시대에 대한 두 가지 질문은 제기하면서, 우리는 새롭게 드러난 대립의 의미를 찾을 수 있다. 첫 번째 문제는 항상 증가하는 기술력에 의한 토양 착취개발의 한계에 관한 문제다. 기술력 신장은 결국 지구의 평형 상태에 심각한 위협으로 작용할 것이다. 두 번째 문제는 과학 조직과 국가 조직이 인간의 자유에 제기하는 문제다. 풀어 말해, 과학 조직과 국가 조직은 결국 전체주의 조직과 세계 차원의 조직이 될 것이며, 자연에 대한 맹목적인 착취로 인해 인간마저 파괴되는 비극을 막는 유일한 해결책으로 선전될 것이다. 그러나 이러한 조직들은 인간의 자유를 제어하고 통제하는 쪽으로 흐른다. 농토가 줄어든다. 이는 사람들의 정체성을 위협한다. 삶이 획일화됐다. 신토불이身土不異를 추구하는 사람은 제복 입은 것 같은 획일화된 삶[214]에 분노한다. 자신이 발 딛고 사는 땅 너머의 모든 세상을 거부하는 민족주의 역시 분노를 감추지 않는다. 한 편으로는 다행이며, 다른 한 편으로는 불행이다. 어쨌든, 민족, 대륙이나 지구에서, 자연에 남아 있는 극소수라도 구하려면, 점점 규정과 제재가 필요할 수밖에 없다. 즉, 자발성과 자유를 제한해야 한다. 과학 발전과 산업 발전 자체를 멸절해야 한다는 식으로 흐르지 않으면서도 자발성과 자유의 제한으로 이어질 생태 파시즘의 모순에 빠지지 않는 유일한 길은 생태 운동밖에 없다. 생태 운동은 모든 행위를 자동으로 규정하는 선험적 금기에 종속되지 않고, 인간의 목적에 봉사할 수 있을 수단을 제시할 수 있다.

현실 사회의 장벽과 걸림돌인 우파와 좌파 딱지 붙이기 놀이에서 벗어나자. 그리고 각자에게 결여된 것, 대비되는 것을 가져와 배울 것은 배우자. 혹자는 생태 운동이 우파와 좌파의 심층 동기들에 답하기 때문에 이 운동을 우파이면서 동시에 좌파라고 말할지 모른다. 생태 운동이 우파를 자처할 경우, 현실주의 형태를 보일 것이다. 즉, 생물학적이고 현세적인 육체를 소유한 인간은 누리려는 욕망과 권력에 대

---

214) [역주] 경제 식민주의의 연장인 세계화에 대한 비판이다. 정치생태학은 이러한 '세계화 패권주의'의 획일성 문제를 지속적으로 비판한다. 세계라는 전체집합 안에서 부분집합들의 다양성이 아니라, 아예 전체집합 자체를 외부에 구축하는 외재성을 추구한다. 이런 점에서, 지역주의, 민족주의, 자유의지주의(libertaire, anarchisme)의 목소리가 겹친다.

한 욕망을 무한 충족할 수 있을 것이다. 생태 운동은 이 사실을 발견할 것이다.

생태 운동가가 된다는 말은 넘지 말아야 할 한계선이 존재한다는 사실을 수용한다는 말과 같으며, 나아가 그 한계선을 사랑한다는 말과 같다. 왜냐면 한계선이 없다면, 인간은 단지 매력적인 추상에 불과하기 때문이다.[215] 생태 반란은 보수적이며, 자연을 보호한다. 사람들이 창조 대신에 파괴를 일삼으면서 강제로 그 속도를 높이려는 자연에 대해, 생태 운동은 자연의 본래 상태와 더디게 흐르는 자연의 속도를 지키려 한다.[216] 생태학은 우파 유물론이나 좌파 유물론에 맞서, 단순성과 가난에서 얻는 풍요를 취하는 편을 택한다. 또 자기 토양과 본래 전통에 뿌리내리고 사는 존재들의 편에 선다. 무엇보다 생태학은 소위 기술 진보라는 금기도 거부한다. 진보된 기술이라고 무턱대고 사용하기 전에, 과연 무엇에 쓰일 수 있는지를 따져야 한다.

그러나 생태학의 이러한 대립에는 좌파 속성도 존재한다. 왜냐면 자유와 평등에 대한 생태학의 열정은 분명 좌파의 영향이기 때문이다. 좌파는 지식인과 권력자에 대항하면서 대중 지식과 대중 자발성을 지지하는 쪽에 선다. 좌파는 서구식 개발 경제 모델을 제3세계의 고유문화에 강제 주입하는 방식을 거세게 비판한다. 지역, 대륙, 지구의 문제를 제기하는 데 있어, 생태 운동은 국수주의적이지 않고 국제주의적이다. 왜냐면 생태 운동은 자연을 보호함과 동시에 진정한 자

---

215) [역주] 한계선을 넘는 인간은 낙관론에 경도된 나머지 미래에 대한 무한 진보를 꿈꾼다. 물론, 여기에서 말하는 진보는 경제와 과학기술의 성장을 동반한 진보다. 그러나 이러한 진보의 이면에는 인간을 궁극적으로 파국으로 내모는 위협이 도사린다는 사실을 직시해야 한다. 한계선은 바로 이 경계를 지시하는 말이다.

216) [역주] 이 점에서 생태 운동은 보수적이며, 진보를 추구하는 기술의 파괴적 성장과 세계화 경제의 패권을 맹비난한다.

유, 즉 모든 인간의 자유를 보호하려하기 때문이다. 각 사람의 정신은 그 사람의 땅에서 맺힌 결실이다. 생태 운동은 각 사람의 고유성, 개성, 자유를 철저히 지키려 한다.[217]

필자는 생태학에 특정 '주의'ism라는 딱지를 붙이지 않겠다. 생태학은 자연주의 우파나 급진주의 좌파가 만들려는 자연이나 자유를 옹호하지 않는다. 생태학은 그러한 편파적 자연, 편파적 자유가 아닌 모두의 자연, 모두의 자유를 옹호한다. 풍요와 생명을 가질 이러한 역설이 생태학을 특정 이념에 고착되지 않도록 할 것이다.

생태학은 매 순간 전진해야 한다. 때와 장소에 따라 좌파와 연대할 일은 좌파와 연대하고, 우파와 연대할 일은 우파와 연대하면서 전진해야 한다. 생태학이 이 점을 망각한다면, 좌·우파 극단주의의 '게토'에 매몰되고 말 것이다. 생태학이 편협한 극단주의에 유폐된다면, 정작 생태학이 지키려는 자연과 자유는 당파의 통제권에서 빠져나오지 못할 것이고, 결국 당파를 위해 양심을 파는 학문과 집권에 미쳐 아무런 계획도 세우지 않는 운동으로 대체되고 말 것이다.

---

217) [역주] 정치생태학이 경제, 정치, 문화, 정신 획일성을 추진하는 세계화에 극렬하게 반대하는 근거이기도 하다. 세계화라는 전체집합 안에서 부분집합들의 다양성을 논하는 가짜 생태학(예컨대, 초국적 기업들과 국제기구들이 선전하는 "지속 가능한 발전" 개념)과 확연하게 대조되는 부분이기도 하다.

결론: 몇 가지 논의 주제[218]

자끄 엘륄

생태학은 자연, 나무, 멸종 생물, 재생 불가능 자원에 대한 보호에 만족할 수 없다. 나아가 오염과 공해에 반대하는 투쟁으로 생태학의 임무를 다했다고 말할 수도 없다.

첫째, "인간의 생태 지위"la niche écologique humaine는 생물학 환경에서 만들어진 "자연적" 지위일 뿐 아니라 "사회적 지위"이기도 하다. 따라서 생태학은 인간의 집단인 사회에서 겪는 치명적인 일탈에 맞서는 투쟁을 포괄해야 한다.

둘째, 그렇지만 자연이 반격을 가한 이유는 인간의 무분별한 행동 때문이다. 자기 주변 환경에 대한 인간의 태도와 인간의 목적을 실현하기 위한 수단들[219]로 인해, 자연은 인간에게 반격한다. 따라서 생태학은 이러한 파괴를 유발하는 사회 구조 전반에 대한 앎과 비판을 포함해야 한다. 이데올로기, 정치 조직, 무한 경제 성장, 과학, 기술의 실체를 정확히 알고 비판할 수 있어야 한다. 바로 이것이 생태학의 첫

---

218) 원문의 출처는 다음과 같다. Jacques Ellul, ≪Conclusion sous forme de thèses≫, *Combat nature*, n° 67, février 1985.

219) 이러한 수단들은 사실상, 파괴 수단들이다.

번째 기준이다. 이 점을 의식할 때, 우리는 문화와 문명을 이루는 모든 구성물을 폭넓게 의식할 수 있을 것이다.

그러므로 우리는 생태학을 '엄밀하고 광범위한 의미'*stricto sensu et lato sensu*에서 논할 수 있다. 파괴를 일삼는 현 체제 전반을 문제 삼지 않는다면, 엄밀하고 광범위한 의미로 생태학을 논한다고 말할 수 없을 것이다. 오염을 막으려 특정 분야를 보호하거나 주된 위험 요소에 맞서 결집하는 정도로 생태 운동의 임무를 다했다고 말할 수 없다.

1. 생태 운동은 종종 자발적이다.

공해와 동물 종種의 소멸과 같은 명백한 상황에 직면해, 자발적이면서 본능적인 반응이 나타난다. 생태 운동가들은 직접적인 감정과 분노를 표출한다. 그러나 거기에 그치지 말고, 그 태도를 넘어서야 한다. 물론, 공해와 동물 종 소멸에 대한 직접적인 감정과 분노의 표출은 매우 타당한 태도다. 하지만 이러한 감정과 분노의 표출로는 거리 시위의 단계를 넘어서지 못한다.

우리가 말한 내용이 정확하다면, 예컨대 이러한 실천에 대한 문서와 정보를 확대하는 일을 우선시해야 한다. 또 역효과를 낳거나 오히려 파괴적인 결과를 부르는 행동[220]과 관계된 문서와 정보 역시 확대해야 한다.

2. 이론의 시급성

그러나 이것으로 충분치 않다. 우리 사회는 복합 체계다. 따라서

---

[220] [역주] 시위를 말한다. 엘륄은 시위 자체를 비난하지 않는다. 오히려 시위의 부작용, 역효과, 한계 등을 고찰하면서, 자발적 변혁의 단계로 생태 운동이 전진해야 한다고 생각한다.

사회에 관해 숙고하는 태도를 유지할 필요가 있다. 다시 말해, 자연환경을 파괴하는 이 체계를 구성하는 현상 전체를 학설에 준한 해석이든, 이론에 따른 해석이든, 포괄적으로 사유할 때라야 규정 요소에 대한 실질적인 공격이 가능할 것이다. 포괄적 사유의 전형은 마르크스였다. 마르크스는 사회 경제 상황에 대한 포괄적 해석을 제시했다. 그는 이러한 해석에서 출발해 일관성 있게 행동할 수 있었다. 오늘날 생태학도 마찬가지다. 생태학에는 사회 체계 이론이 있어야 한다. 생태학에 사회 체계 이론이 없다면, 일회적이고 상징적인 조치에 더 이상 휘둘리지 않고 삶에 필요한 조건들을 제대로 정립할 수 있을 것이다.

생태학 이론은 경제적이면서 정치적이고 "철학적"이어야 한다. 곧, 분석과 성찰의 모든 단계를 포함해야 한다. 생태학 이론은 생태 정보기관이 공급한 여러 정보를 해석하고, 일시적 유행과 사안별 주제만 졸졸 따라다니는 행태를 반드시 극복해야 한다.

많은 사람이 지성 작업을 부차적이고 시대착오적인 일로 여긴다. 또 긴급하게 행동해야 할 사안을 우회하는 일로 평하기도 한다. 그러나 제대로 된 이론을 확보하지 않는다면, 생태 운동은 금세 지치고 말 것이다. 두 가지 선택지를 제시하겠다. 첫째, 당장 해결해야 할 과제들이 있다. 사람들은 이따금 "이론은 집단적인 실천 행동을 통해 태어난다."라고 생각한다. 둘째, 시급한 사안에 대한 개입이 불가능하다면, 어떤 기획을 타격해야 할지, 어느 쪽에 전선을 형성해야 할지, 어떤 실천 방식을 채택해야 할지를 알아야 한다. 필자 역시 이 입장을 옹호한다. 말로는 실천이 이론에 선행한다고들 하지만, 실제로는 이론이 실

천의 방향성과 출발점이 된다. 실천은 이론을 통해 교정돼야 한다.[221]

인류는 전대미문의 문제들과 마주했고, 이 문제들을 피할 수 없다. 그만큼 생태학의 정치적 실천은 매우 중요한 문제다. 그러나 이러한 문제들에 제대로 대응하려면, 문제들에 대한 분석과 이해가 절대적으로 필요하다.

3. 사회 전반 문제와 관련된 생태학

방금 우리는 정치 행동을 2차 계획의 자리에 배치했다. 물론, 이때 정치 행동이란 선거, 대리자, 정당과 관계된 정치를 말한다. 우리는 국가와 행정부의 매개를 거치지 않아야 위험한 차원에서도 생태학을 효과적으로 끌고 나갈 수 있다. 더욱이 정치 체제의 변화로 우리 문명의 변화를 기대하기란 어불성설이다. 오늘날 정치권력이 하나같이 경제, 과학, 기술의 명령에 복종하기 때문이다.[222] 정치는 이러한 명령을 명분으로 자연환경을 파괴하고, 사회 환경의 구조를 무너뜨린다. "정치생태학"은 사회 전체와 연관될 정도로 그 범위가 넓다. 정치생태학의 성격은 분명하다. 그러나 엄밀한 의미에서, 생태학이 정당 정치 영역에 뛰어들어야 한다는 말은 오류다. 때때로 이 말은 생태학의 본업

---

221) [역주] 엘륄은 이론의 중요성을 역설했지만, 그만큼 지역 사회에서 끊임없이 실천했던 인물이기도 하다. 젊은 시절 레지스탕스 연락책으로 활동했던 일을 필두로, 프랑스 정부의 아키텐 지역 해안 개발 사업에 맞서 질기게 투쟁했으며, 보르도 외곽의 페사크 지역의 불량 청소년 돌봄 활동에 가담했고, 아나르코 조합주의 모임인 전국노동총연맹(CNT) 회의에도 정기적으로 참여했다.

222) [역주] 엘륄과 샤르보노는 생태 운동가들의 정당 정치 참여를 꾸준히 반대했다. 두 사람이 프랑스 녹색당 창당을 강하게 비판했던 이유이기도 하다. 대의 정치나 정당 정치가 철저하게 경제 논리 및 과학기술 수단과 맞물려 작동하고, 이들의 종속 변수로 전락하는 현실을 간파했기 때문이다. 엘륄과 샤르보노는 소규모 공동체의 평등한 연맹(fédéralisme)을 통해 직접 민주주의와 정치적 자율성을 확보하려 했다. 본문에서 엘륄이 "실천"을 뒤로 미루는 배경에는 바로 이러한 의도가 존재한다.

을 감추거나 미루는 알리바이로 작용하기도 한다. 우리가 단행해야 할 공격이나 문제 제기는 어떤 권력도 감히 규탄하지 못했던 것들에 다다라야 한다. 누구도 쉽게 범접할 수 없었던 사회 운영 원칙까지도 심의해야 한다.

4. 생태 운동의 동기를 갱신하라.

최근에 생태 운동의 분명한 징후가 나타났다. 곧, 이 운동은 쇠퇴기 혹은 침체기에 들어갔다. 우리는 독일 "녹색당"의 성공을 지나치게 부풀려서는 안 된다. 필자는 독일 녹색당의 성공이 심각한 오해에 기초했다고 생각한다. 사람들은 "행동"에 쉽게 피로감을 느낀다. 생태학의 목소리에 귀 기울이는 청중도 극소수다. 선거가 이 현실을 가감 없이 보여줬다. 생태학에 관한 여론의 관심은 점점 줄어든다. 사람들은 지중해나 발트 해가 죽음의 바다로 변하는 현실을 수동적으로 개탄하는 정도에 만족한다. 또 극심한 공해의 문제를 염려하고 걱정하는 정도로 할 일을 다 했다고 생각한다. 산성비가 숲을 파괴한다. 사람들은 또 염려한다. 그러나 염려만 할 뿐, 산성비를 만드는 원인과 대결하겠다는 급진적인 선택의 자리로 나아가지 않는다. 필자는 모든 사회 운동은 퇴행기를 경험한다고 생각한다. 레닌은 이를 불가피한 순간이자 모든 전략 가운데 가장 어려운 순간이라고 말했다. 퇴행기를 견딜 수 있을 최상의 전략을 제시하는 올바른 이론이 있어야 한다. 그래야만 퇴행기를 극복할 수 있다. 만약 생태학이 정보 제공의 단계대중이 금세 지루하게 여길, 감성적 단계나 정서적 단계장기적으로 약화돼야 할, 일회성 행동의 단계에 머문다면, 생태학은 제한된 특정 기간마저 극복할 수 없을 것이다. 그러나 매우 헌신적이고 자발적인 운동가의 모든 행동이 의식의 약화라는 현실을 벗어나지 못하고 오히려 예속됐다. 우리는 이 사실을 알아야 한다. 한편, 우리에게는 행정, 과학, 경제, 기술 분야에서 활동하는 많은 동지가 있다. 우리의 운동을 지속할 수 있을 힘을 보태는 소중한 동지이다. 이 활동가들은 자기 시간을 들여 운동에 헌신하며, 동력이 약해지지 않도록 힘을 불어넣는다. 우리가 부족한 상황을 맞이하더라도, 그 상황을 보충할 수 있는 유인한 요소가 있다면, 바로 '원천으로의 복귀'일 것이다. 절망적인 시기를 극복하고 운동의 동기와 결집의 방향성을 갱신하는 데 민감한 이론을 원천으로 삼고, 그 원천으로 되돌아가야 한다.

5. 소소한 활동: 일상에서 투쟁하라.

강조해야 할 중요한 요소가 있다. 곧, 우리는 화려한 공연과 같은 활동에 현혹되지 말아야 한다. 쉽게 말해, 1 이론은 지적 차원에 그치지 말아야 하고, 2 행동은 대규모 시위에 그치지 말아야 한다. 참여의 첫걸음은 개인의 존재 양식을 어떻게 선택하느냐에 달렸다. 에두아르 크레스만Édouard Kressmann[223]이 소규모 차원의 실천과 참여에 관한 목록을 작성한 것처럼, 우리는 어떤 난방 연료를 사용할 것인지, 어떤 종이를 쓸 것인지, 어떤 이동 수단을 활용할 것인지, 어떤 종류의 음식을 먹을 것인지를 고민해야 한다. 바로 거기에서 생태학에 관한 개인의 진지한 성찰이 시작되고 발전한다.

---

223) 자끄 엘륄과 베르나르 샤르보노의 친구였다. 유럽 생태 운동의 주요 기수였으며, 이 운동의 연맹체인 잡지 「에코로파」(ECOROPA)를 펴냈다.

6. 행동의 여정을 떠나야 할 시간

여론의 무관심, 핵발전소의 수용 등, 생태 운동은 현실적인 어려움에 봉착할 수 있다. 그러나 난관이 있더라도, 낙심하지 말아야 한다. 실제적 위협이나 잠재적 위협이 누적됐으나 항의의 그림자, 의식화, 자연 보호를 위한 단결, 학문의 새 방향, 건전한 기술이나 대안 기술에 관한 연구의 그림자가 드리워지지 않았던 30년 전의 상황과 지금의 상황 사이에 어떤 차이가 있는지 명확하게 파악해야 한다. 우리가 적어도 토대의 문제로 제기해야 할 문제가 있다. 바로 '진보'의 문제다. 그러나 염려되는 문제도 있다. 만족할 만한 수준에 이를 때까지, 과연 우리는 이 기나긴 여정을 되풀이할 수 있을 시간을 확보할 수 있을까?

생태 운동의 존재 이유[224]

베르나르 샤르보노

생태 운동은 현실의 무질서를 조장할 수 있다. 만약 그 가능성을 고려하면, 우리는 생태 운동에 부과된 과제의 무게 때문에 망설이게 될 것이다. 왜냐면 그 과제는 완전한 전환, 즉 가던 길을 돌이켜야 할 철저한 방향 전환의 문제이기 때문이다. 생태 운동은 현실 사회를 구성하는 여러 원칙에 문제를 제기해야 한다. 그뿐만 아니라, 이 사회의 관행과 이해관계도 문제 삼아야 한다. 우리가 특정 부문의 변화를 '혁명'이라 부를 수 있다면, 현실의 무질서를 낳는 생태 운동의 변혁 과제야말로 혁명이라는 말에 부합할 것이다.

그러나 도시를 강제로 시골로 바꾸는 캄보디아 폴포트의 괴물 전체주의로 질주하고 싶지 않다면, 그러한 변화는 경험을 누적하면서 한 걸음씩 진보하는 방식을 취해야 할 것이다. 즉, 개혁 노선을 걸을 수밖에 없을 것이다. 전체를 일거에 폭파하지 않으려면, 산업 사회를 관리하고 이 사회의 합리적인 부분과 유용한 부분을 보존하는 방식에서 출발해야 한다. 그리고 이러한 타협은 자연과 사람을 존중하면

---

[224] 원문의 출처는 다음과 같다. Bernard Charbonneau,《Nécessité de l'impossible》, *Combat nature*, n° 67, février 1985.

서 미래를 향해 나아가겠다는 결연한 의지를 통해서만 이뤄질 수 있다. 그러한 행동은 기적적인 해결을 좋아하는 이상주의자나 가능성 있는 능력만을 행동 기준으로 삼는 현실주의자를 매료시키지 못할 것이다. 그러나 이러한 이상주의와 현실주의는 생태 운동의 핵심이 아니다. 그렇다면, 생태 운동의 관건은 무엇인가? 생태 운동이 역사의 흐름에 따라 이뤄져야 할 완전한 사회에 대한 꿈의 산물인지, 아니면 물질적, 정신적, 실제적 필요에 부응하는 운동인지를 파악하는 작업이 관건이다.

1. 총체적 과학과 세계 국가

우리는 가짜 질문에서 탈피해, 진짜 질문을 제기해야 한다. 생태 활동가들이 가장 먼저 제기해야 할 문제는 생태 활동의 존재 이유를 아는 문제다. 또 활동가들은 활동의 정도와 심각성에 대해서도 알아야 한다. 활동가들은 이 관점을 결코 잃지 말아야 한다. 그럴 때라야 운동은 전진할 수 있다. 그러므로 우리는 생태 운동의 존재 이유와 그 범위 및 무게에 대한 앎을 결론으로 내놓을 수 있다. 생태 운동가들도 인류를 거대한 공룡으로 만드는 암적인 과정을 활동의 동기로 삼을 수 있다. 그러나 이 과정은 그 규모 자체로 말미암아 비난받아 마땅하다. 그것은 물리적인 죽음 혹은 정신적인 죽음의 위협이기 때문이다. 궁극적으로 번영은 경제 위기와 사회 위기에 빠졌다. 이러한 번영은 건실한 뿌리 없이 발전하는 인간의 권력과 맞물렸다. 이 권력은 공간 부족, 물 부족, 집단 신경증, 군사적 갈등과 같은 재난 상황에 이를 뿐이다.

이 행성의 전 영역에서 발생하는 결과를 조율하는 힘은 '총체적 과학'과 '세계 국가'라는 사건으로 귀결될 수밖에 없다. 그러나 과학은 지연될 것이며, 공포 이외에 다른 법을 모조리 거부하려는 국민 국가들이 땅을 나눠 가질 것이다. 그렇지 않을 경우, 국가는 국제 질서를 강요할 것이다. 이 질서는 끔찍한 재앙을 겪은 뒤, 향후 예방 차원으로 나타나거나 사전에 전쟁을 막으려는 기적의 일환으로 나타날 것이다. 여하튼, 국제 질서는 인간의 모든 사건을 알 수 있는 과학의 도움을 받아 지구상에 존재하는 모든 것을 알고 지배하려 들 것이다. 사람들의 반향도, 사물들의 반작용까지도 알고 지배할 것이다. 통신과 교통의 가속화가 우리 사는 행성을 좁고 미세한 곳으로 만들 때라야 이 모든 지식과 지배권을 유지할 수 있다.

무엇보다, 이러한 과학적 권위와 세계 권력에 '전체주의'라는 수식어가 타당할 것이다. 생태주의자의 의미에서 볼 때, 지구 생태계 관리의 핵심은 여러 수단의 능력에 맞는 효과와 그 규모다. 즉, 관리할 수 있는 규모를 넘지 않아야 한다. 지금, 과학과 행정은 인간의 생존과 생명체의 행성인 우리 지구의 생존을 확보한다는 명분으로 자연을 대체하려 한다. 그러나 과학과 행정의 이러한 대체로 인해, 인간의 모든 자유와 다양성이 희생됐다.[225] 통제되지 않는 개발은 인류의 정신과 육체에 위협을 가중한다. 그러므로 이 위협은 별도로 다뤄야 할 필요가 있을 만큼 절대적이다.

---

225) [역주] 자연공원 및 녹지 조성과 같은 사업도 결국 인위적인 개발 사업의 일환이다. 불도저 밀고 들어와 건물을 신축하든, 도시를 개발하든, 녹지를 조성하든, 개발의 인위성에는 변함이 없다. 샤르보노는 엘륄과 마찬가지로, 과학과 행정의 이름으로 자행되는 인위적 생태학은 중앙집권적이고 관료주의적이며, 인간과 지역 문화의 자발성, 자율성, 다양성을 해친다고 지적한다. 관료와 학자의 '탁자'에서 기획된 사안을 지역에 강제하는 전체주의 방식이다. 문단 첫머리의 지적에 주목하라.

이러한 사회에 맞서는 첫 번째 과제는 우리에게 제기된 비극적인 문제를 사전해 해결할 수 있을 더 나은 이념이나 기술 도구의 제공이 아니다. 오히려 문제 자체를 제대로 파악할 수 있고 의식할 수 있을만한 이념이나 도구의 제공이 그 첫 과제다. 몸에 좋은 약은 쓰다. 그러한 약은 순간의 고통을 완화하는 진정제가 아니다. 치료제의 효능은 진단의 정확성에 달렸다. 이 단계를 빼면, 어떤 것도 이룰 수 없다. 그러나 제대로 진단하고 치료제를 쓴다면, 다음 단계를 차례차례 진행할 수 있을 것이다. [생태] 운동이 권력이나 탐하는 저질 기획에 머물지 않고 운동의 힘과 지속성을 유지하려면, 무엇보다 운동의 존재 이유가 분명해야 한다. 왜냐면 존재 이유를 곱씹음으로써, 운동의 생생한 힘을 잃지 말아야하기 때문이다.

행동을 촉발하는 동력이 운동을 끈질기게 만드는 힘이다. 즉, 장애물을 만나고 실패하더라도, 다시 일어나게 하는 힘이다. 이러한 동력은 상황에 적합한 해법을 발견하고 운동에 도움이 될 기회를 찾을 수 있을 상상력을 불러일으킨다. 나아가, 그것은 불가능한 것을 가능케 한다. "사라질지언정 포기하지 않는다. 부러질지언정 굽히지 않는다. 다른 길은 없다." 삶의 마지막 순간까지 이 신념을 곱씹었던 사람들이 이 땅에 있는 것 모두를 보존하거나 바꿨다.

2. 무엇을 할 것인가? 해법은 무엇인가?

질문자가 자연과 자유에 밀착된 상태가 아니라면, 질문자 본인에게 행동과 해법에 관한 질문을 제기해야 할 것이다. "그대는 오늘날 개발과 발전이 자연과 자유에 기회를 준다고 생각하는가? 그대의 생명, 그대의 소유, 그대와 같은 종에 속하는 것, 그리고 아마도 비좁은 땅에서 살아가는 생명을 보존하기 위해, 그대는 현재 상태에서 구상할 수 있는 유일한 해법인 '전체주의 과학'과 '전체주의 권력'의 대가를 치를 준비가 됐는가? 그렇지 않으면, 그대는 죽기보다 이 폭탄 속에서 산 채로 매장되기를 선호하는가?" 이러한 딜레마에 처했을 때, 필자는 그 상황을 벗어나기 위해 전력을 다하지 않는 사람을 상상할 수 없다. 자기 땅과 자유를 긍정하는 사람이 이러한 상황 이탈을 부정한다면, 어떻게 해야 한단 말인가! 의미 있는 행동에 참여하는 삶만큼 강하고 행복한 삶은 없다. 또 우리는 그러한 삶이 비록 '맨 처음'l'alpha도 아니고 '맨 나중'l'oméga도 아닐지라도, 생태 운동의 존재 이유는 인간적으로 가장 위대한 것에 해당한다는 사실을 알아야 한다. "희망할 필요는 없다. 계획하고 행동하면 된다. 성공할 필요도 없다. 끈질기게 버티면 된다."226 바로 이것이 400년 전 승리의 열쇠였다.

---

226) 스페인 국왕 펠리페 1세에 맞서 네덜란드 독립 운동을 이끈 오라녜 나사우 빌럼 1세 (1533-1584)의 말을 인용했다.

반등

베르나르 샤르보노는「콩바 나튀르」에 1974년부터 사망한 해인 1996년까지 56개의 기사와 논문을 기고했다.[227] 그에 비해, 자끄 엘륄이 게재한 글은 12편이다. 1991년 5월에 실린 그의 마지막 기사는 정치생태학에 대한 비판과 근본 사상 및 행동의 필요성을 재확인한다.

---

227) 본서에 실린 문서들 이외의 나머지 문서들은 『산업 전체주의』(*Le Totalitarisme industriel*, Paris, Éditions L'Échappée, 2019)라는 책에 실렸다.

철저한 생태학을 위하여[228]

자끄 엘륄

새로운 논쟁이 아니다. 오히려 더 심화시켜야 할 논쟁이다. 필자는 본문에서 그동안 다양한 부문에서 이뤄졌던 논쟁을 되풀이하지 않고, 기본적인 비교가 가능한 역사적 사건을 호출하는 정도에 그치려 한다!

1890년에서 1906년 사이에 '아나르코 조합주의자들'les anarcho-syndicalismes과 '사회주의자들'les socialistes 사이에 격론이 일었다. 사회주의자들은 사회주의 정당 창당이야말로 선거에 참여할 수 있는 창구이며, 여론 수렴의 방법이고, 나아가 의회의 자리까지 점할 수 있는-혹시 아는가? 장관 자리 하나 차지할 수 있을지!- 길이라 확신했다. 사회주의 정당의 창당은 정치 활동 전반에 영향을 미칠 수 있고, 사회주의 방식의 기준과 척도를 마련할 수 있으며, 나아가 온 사회가 사회주의를 향해 진화해 가는 데 도움이 될 수 있다. 이에 맞서, 아나르코 조합주의자들은 급진 혁명 노선을 유지했다. 피선출 의원들이 주도하는 개혁으로는 결코 사회주의 사회에 이를 수 없을 것이며, 도박과 투표 사이에서 어

---

228) 원문의 출처는 다음과 같다. Jacques Ellul, 《Écologie et politique》, *Combat nature*, n° 93, mai 1991.

정쩡하게 서성이거나 부르주아 사회 조직에 편입되지 않을 수 없는 순간을 맞으면, 결국 부르주아 사회의 충견으로 활동할 게 불 보듯 훤하기 때문이다. 의원 주도의 개혁이나 부르주아 사회의 편입이나 모두 피할 수 없는 올가미이다. 이후에 벌어진 일련의 사건을 보면, 우리는 아나르코 조합주의자들의 견해가 옳았음을 알 수 있다. 애당초 이들은 알렉상드르 미예랑처럼 열혈 사회주의자이거나 조합주의자였다. 그러나 아리스티드 브리앙과 조르주 클레망소처럼, 의원과 장관에 선출된 이후, 선두에서 부르주아 사회를 옹호했다. 부르주아 사회의 '적대자'가 '지지자'로 바뀌었다. 물론, 이들은 노동자 계급에 유리한 몇몇 개혁을 단행하기도 했다. 그러나 결국 제도화된 사회, 즉 사회 법안과 사회보장사회 법안을 통해 만들어진을 신설했음에도 불구하고, 여전히 "부르주아" 사회로 남았고, 오히려 그 사회를 강화하고 말았다!

1. 냉정하게 말하겠다.

필자는 다음과 같이 말할 것이다. 현실 정치 체제에 들어간 생태주의자들은 기술 사회를 강화하며, "현대"인을 기술 노예가 되라 더욱 압박할 것이다.

일각에서는 독일 "녹색당"의 비약적인 성공을 거론할지 모른다. 하지만 도대체 뭐가 성공이란 말인가? 독일 녹색당이 공해를 감소시켰는가? 라인 강은 여전히 유럽에서 오염도가 가장 높은 강이다. 독일 녹색당이 유해성 산업 독극물을 줄였는가? 독일뿐만 아니라 다른 나라들에서도 제거에 열을 올리는 폐기물도 그렇다. 과연 독일 녹색당이 폐기물을 줄였다고 할 수 있는가? 오히려 독일 녹색당은 무한 성장의 과정이나 기술 및 금융 권력에 대한 열의를 전혀 수정하지 않았다. 그 반대, 그 반대였다! 지난 몇 해 동안 우리가 두 눈으로 똑똑히 봤던 일이지 않은가! 여러분은 무엇을 원하는가? 우파도 좌파도 조금씩 갉아먹을 수 있는 "정당", 기존 정당과 다른? – 과연 다른가? – "정당"이 있으니, 어린애처럼 거리에서 이구동성을 외칠 필요도 없고, 뭐에 홀린 듯이 열광하지 말고 점잖게 행동해야 하는가? 여러분은 그것을 원하는가? 그렇다면, 이 정당으로 과연 "체제"에 무엇을 가할 수 있는가?

우리가 원하든 그렇지 않든, 현 사회에서 정치권력에 가담하는 일은 경제에게 우선권을 내어줄 수밖에 없다. 불가피하다. 그리고 의도와 상관없이 두 번째 자리를 기술에 내줘야 할 것이다. 감히 그 누가 절제와 검약의 경제를 제안할 수 있겠는가? 현실 정치에는 이론의 여지가 없고, 불가피한 선택지만 존재할 뿐이다. 바로 '성장'la croissance이다. 실질적인 대외 무역 수지를 따져야 하고, 아무리 왈가왈부해도 결국에는 생산성 타령을 멈추지 못한다는 말이다.

우리는 1981년 최초의 사회주의 내각에서 환경부 장관이 당한 봉변을 기억해야 한다. 불쌍한 우리 장관 알랭 봉바르Alain Bombard는 "환경에 대한 중대한 관심과 경제적 요구 사이에 갈등이 발생할 경우, 경제는 차 순위로 밀려야 한다."라는 폭탄선언을 하고 말았다. 그는 장관 취임 단 8일 만에 해임됐다. 봉바르가 장관으로서 남긴 말은 저것이 전부였다. 그에게 정치생태학은 일부 여론을 만족시키기 위한 부록에 불과했다. 또 우리는 지스카르 대통령이 회람 서신에서 선언했던 '대체할 나무를 다시 심지 않을 생각이면, 전국 어디에서도 나무를 베지 말아야 한다'를 기억할 필요가 있다. 부동산 개발 및 부서별 장비 관리 등 해당 부문 관계자들은 대통령 서신을 비웃었다.

이러한 정치 참여 조건들에서, 과연 우리는 무엇을 희망할 수 있는가? 최상의 경우라고 해도 "보호 구역"과 "자연공원" 신설 정도일 것이다. 이곳도 경제 이익에 관계된다면, 볼 것도 없이 쓸려 버릴 것이다. 최악의 경우는 지금 우리가 보는 것처럼, 이러한 보호 구역을 휴가철, 여행, 제2별장을 위한 장소로 바꿔 놓고 "농촌"을 지키자고 떠드는 모순과 같은 상황이다. 다시 말해, 우리는 농촌을 정치에 끌어들였다. 사회주의자들이 사회주의를 갖고 거짓말을 했듯이 정치생태학자나 환경운동가들이 농촌을 갖고 거짓말을 할 것이다.

2. 더 철저해야 한다.

생태학이라는 단어는 너무 진부해졌고, 대중들이 거듭 환기하기는커녕 연기처럼 뿌연 그림이 되고 말았다. 소멸 위기에 있는 가련한 야생 동물들을 보호하자는 선량한 심성에 호소하거나 파국을 맞을지 모른다는 두려움을 확산하거나 범인을 색출수질 오염의 주범으로 지목되는 이들은 언제나 농민들이다!하는 데 집중한다. 이러한 상황에 관해, 필자는 생태주의자들이 무엇보다 견고한 사상과 행동, 급진적이고 근본적인 학설을 확보해야 한다고 말하고 싶다.[229] 또 필자는 생태주의자들이 피하지 말고 과감하게 문제 제기에 나서기를 간곡히 바란다.

---

229) 생태학과 관련된 여러 서적에 관해 「르몽드」가 숙고해 읽은 작업(1991년 1월 7일)으로 필자의 의견은 더욱 견고해졌다. 사람들은 우리에게 다음과 같이 말한다. 생태학은 하나의 "감성"을 표출한다. 생태학은 "사회적 충돌을 조율할 수 없다." 혹은 "거대한 환경 문제의 해법은 사회의 선택(물론!), 즉 심오한 정치적 선택을 가정한다." 이러한 표현은 지난 몇 세기 이래로 지속되었던 정치 현실에 관한 무지를 고스란히 드러낸다.

필자는 본문을 누군가의 이목을 끌 요량으로 작성하지 않는다. 지면을 통해 중요한 질문을 제기하고 싶을 뿐이다. 필자는 독성 폐기물을 어떻게 제거할 수 있는지와 같은 방법을 따지는 문제에 천착하지 않으려 한다. 오히려 다음과 같이 묻겠다. "무슨 제품이 처리 과정에서 다량의 다이옥신을 배출하는가? 큰 위험 요소를 내포한 이 제품들이 과연 인간에게 꼭 필요한 제품들인가?" 다시 말해, 확보된 상품의 가치, 효용성, 수요, 새롭게 생성된 위험의 심각성 등을 균형 있게 고려해 봐야 한다. 또 '공장을 폐쇄해야 한다. 실업자를 만들 것이다. 무역 수지 적자를 유발할 것이다.' 등과 같은 사안에 대한 왈가왈부, 평가 작업도 근본적으로 거부해야 한다. 이런 질문들은 모조리 가짜다.

3. 도시화야말로 걸림돌이다.

사회와 인간에 관한 포괄적이면서도 근본적인 교리가 하나 있다. 인구 과밀과 농촌 사막화가 대표 사례다. 매우 단순하면서도 총체적인 현상이다. 우리는 생태 문제와 경제 문제에 있어 가장 중요한 "지점"에 서 있다. "유순한 환경주의"처럼 "도시화로 인해 발생하는 몇 가지 문제"만 규탄하고 끝날 일이 아니다. 우리는 도시화 자체를 문제 삼아야 한다. 지난 50년 동안 문제의 원흉이었던 도시화 자체를 질기게 걸고넘어져야 한다.

국토 전역에 인구를 분산하는 일종의 정비 작업이 필요하며, 가래톳처럼 부풀어 오른 도시의 주거 밀집 구역을 해체해야 한다. 물론, 권위주의적 기준에 의존해 실행할 사안은 아니다. 여러분이 농민의 생활을 지금보다 더 매력적이고, 균형 있고, 풍요롭게 만들 수 있다면, 도시 지역의 서비스보다 더 나은 보건, 사회, 학교, 의사소통 서비스를 농촌 지역에 확보할 수 있다면, "대단위 주택"의 관점에서 농촌의 모든 사람에게 최상의 주거지를 보장할 수 있다면, 돈벌이도 되면서 농촌에 관심을 가질 수 있을 일자리를 제공할 수 있다면, 배터리 사용으로 지저분하기 이를 데 없는 목축업이나 사료용 채소 재배가 아닌 농촌 고유의 질 좋은 생산 활동을 하도록 지원책을 마련한다면, 고소득까지는 아니더라도 모든 농민에게 일반 수준의 소득을 보장한다면, 끝없이 빚만 늘리는 "기술" 과잉 장비를 탈피할 수 있다면, 필자는 유명한 '이촌향도'離村向都 현상도 얼마든지 뒤집을 수 있고, 실업자들의 '귀촌'歸村도 가능하다고 확신한다.

필자가 제시한 이 "기획"을 두고, 많은 이들이 '불가능해!'라고 외칠 게 뻔하다. 그러나 여러분은 1950년에 인류가 달에 갈 수 있으리라 믿었던가? 불가역적이고 회귀 불가능해 보였던 사회의 흐름도 얼마든지 "퇴행적"일 수 있다. 스탈린 공산주의가 이를 입증한다. 오늘날 도시로 몰리는 인구 이동을 뒤집어 농촌으로의 이동을 긍정적으로 생각하도록 유도하자는 계획이 불가능해 보이는가? 차라리 1960년대에 스탈린 공산주의와 같은 방식의 "역사 운동"을 생각하는 것이 더 불가능했다. 그러나 이러한 믿음의 가능성, 불가능성 여부보다 우리의 방향성을 문제 삼는 일이 시급하다. 즉, '기술주의-산업주의-자본주의-노동자 중심'이라는 방향성을 모조리 문제 삼아야 한다.

마지막으로, 사람들은 '고비용을 이유로' 이러한 계획의 불가능을 이야기할 것이다! 이에 필자는 다음과 같이 주장한다. 우리가 실업

수당, 최저 통합 수당, 사회 수당이라 불리는 다양한 지원금, 무절제하게 줄줄 새는 이른바 문화[230] 예산, 파산 기업을 위한 지원금을 모두 합산하면, 농업 생산 가치 재평가 정책, 농촌 일자리 마련을 통한 실업 제거 정책, 농촌 사회와 교육 시설 구축 정책은 고비용 정책이라 할 수도 없을 것이다. 필자가 본문에 제시한 내용은 급진적이고 근본적인 생태주의 학설이 될 수 있을 만한 한 가지 사례, 단 한 가지 사례일 뿐이다.

---

230) 우리는 파리에 문화를 초집중한 프랑수아 미테랑 정부의 미친 정책에 대한 불만을 감출 수 없다. 우리가 미테랑의 정책에 반대해야 하는 주된 이유는 바로 그의 문화 정책 때문이다. 바스티유 오페라 극장, 라르슈 드 라 데팡스, 루브르 박물관의 피라미드 조형물, 국립 도서관(조르주 퐁피두의 이름을 붙인 기괴한 건물인 '보부르'의 진정한 계승자라 할 만한)은 예산 낭비(150-200억 프랑)로 비난받아야 할 뿐 아니라, 파리에 모든 "문화"를 집중시킨 정부의 정책 방향과 의지로도 비난받아 마땅하다. 그럼에도, 미테랑 정부는 앙드레 말로가 제일 똑똑하다고들 난리다! [역주] 프랑스의 미디어 장비와 도서관을 종합한 "메디아테크"(Médiathèque) 중에는 앙드레 말로의 이름이 유독 많다.

옮긴이 후기

본서를 국문으로 옮긴 필자는 내용을 요약하고 정리하기보다, 번역 과정에서 얻은 몇 가지 성찰을 간략하게 독자 여러분과 나누려 한다. 직설적인 문체와 주관적 경험이라는 한계가 분명히 드러날 것이다. 그 한계를 인정하겠다. 다만, 근본적으로 샤르보노와 엘륄의 영향을 받은 시각이라는 점을 감안하고 읽어주기를 바란다. 독자 여러분에게 미리 양해를 구한다.

녹색 시장의 녹색 개발

3년 전, 필자가 거주하는 스트라스부르의 한 공터에 시의 정책을 성토하는 대자보가 붙었다. 공터에는 간이 농구장과 핸드볼 경기장이 있었다. 이따금 동네 청소년과 어린이가 삼삼오오 모여 운동을 하거나 수다를 떠는 공간이었다. 시 당국에서 몇 년 전부터 재건축을 계획했는지 알 수 없으나, 이곳에 신축 건물이 들어설 예정이라는 소식이 돌았다. 여기에 분노한 아이들이 "우리의 놀이 공간"을 빼앗지 말라며 행정 당국에 대한 불만을 표출했다.

아이들에게 도시 재개발 사업 계획은 중요치 않았다. 당장 자신들의 놀이터가 사라진다는 사실이 중요했다. 단지 공간 몇 평이 사라지는 문제가 아니다. 그곳에서 만들었던 그리고 앞으로 만들 웃음과 수다, 땀과 승부, 우정과 다툼과 같은 추억도 공간과 함께 사라진다.

아이들의 분노에는 양으로 치환할 수 없는 질적 차원이 담겨 있다. 시 당국의 설득 과정은 당연히 없었다. 관료주의로 돌아가는 시 행정이 투표권 한 장 없는 아이들의 볼멘소리를 경청할 리 만무하다. 우리가 매일 이용하는 도로나 입출입하는 건물은 이 아이들의 공간을 착취한 결과물이다. 우리가 만약 이런 생각을 한 번도 하지 못했다면, 그만큼 개발주의 사고에 길든 탓일지 모른다.

개발새발 쓴 대자보 중에 눈에 밟히는 문구가 있었다. 조롱조 문구였는데, "아이들의 놀이터를 허무는 대가로 공영 주차장을 건설한다니, 이게 녹색당이 할 정책인가? 누구를 위한 공공인가?"였다. 그렇다. 스트라스부르의 시장은 유럽녹색당 소속이다.

도시의 주요한 간판과 표지판을 녹색으로 교체하고, 탈탄소와 전기차 등을 선전 문구로 홍보하며, 시에서 발송하는 소식지의 테두리를 녹색으로 교체하고, 표지에 푸른 나무 사진을 싣는다.

그러나 도시 내부에서 벌어지는 일은 이와 모순된다. 도시화는 계속 추진 중이며, 도시 내외의 인구는 멈추지 않고 증가한다. 물론, 순수 출산율로 인한 증가가 아닌, 외부 유입 인구의 증가다. 도심 내부로 진입하는 차선을 4차선에서 2차선으로 줄여, 자전거 도로와 보행자 도로를 확충했지만, 교통량은 전혀 줄지 않았다. 오히려 교통 체증이 더 증가했다.

도시 녹화를 추진하겠다며 곳곳마다 공사 구간이 형성됐다. 시민의 불편은 예전이나 지금이나 마찬가지다. 도시화의 효과는 외곽과 인근 농촌 지역에 영향을 미친다. 외곽 도로를 계속 닦고, 도시 진입이 편리해진 농촌 지역은 공동화된다.

시는 국가의 친환경 정책에 따라 자동차 연료 배출에 등급을 매겨, 몇 등급 이상의 오염도를 보이는 차량은 아예 도심 진입을 금한다. 이러다가 휴대전화 데이터 사용 한도처럼, 탄소 배출 개별 한도를 정해 놓고, 초과 시 벌금을 부과할 수도 있겠다는 생각까지 든다. 샤르보노가 우려한 "생태 파시즘"l'éco-fascisme의 도래도 멀지 않아 보인다.[1]

무엇보다 도시 성장을 멈출 수 없다. 그리고 성장 도시를 녹색으로 칠해야 한다. 환경과 개발이라는 두 마리 토끼를 다 잡겠단다. "지속 가능한 발전"le développement durable은 사기꾼 용어로 판명됐지만, 꾸준히 시 예산을 빼먹는다. 그러나 녹색은 선전용 포장지일 뿐, 실제 알맹이는 녹색을 가장한 도시 팽창과 경제 성장이다. 녹색은 또 다른 돈벌이 소재일 뿐이다. 이른바 "녹색 성장" 운운하는 자들이 만드는 현실이다.

사람들이 그리는 '그린 스마트 청정 도시'는 홍보용 그림에나 존재할 뿐, 현실은 나무 옆 차량 통제용 플라스틱 간판과 도로 개조용 대형 드릴이 있다. 공터는 공터로 놔두지 않는다. 터를 파고 철골을 올리고 녹색을 입힌다. 보행권을 보장하겠다며 차로를 좁히고, 포화 상태인 도심 차량의 주차 공간 확보를 위해 아이들의 놀이터에 복층 주차장을 신설한다. 거리의 주차장마다 전기 자동차 충전소를 배당하고, 탄소 귀신 내쫓는 축귀사들이 동네 담을 넘나들며 무료 주차 공간을 유료로 전환한다. 이런 일에는 참 신속하고도 꼼꼼하다.

---

1) Bernard Charbonneau, *Le Feu vert. L'autocritique du mouvement écologique*, Paris, Éditions L'échappée, 2022[1980], p. 100. 샤르보노는 이 책에서 산소의 양까지 할당제로 운영하는 생태 전체주의의 출현을 예고한다. 권력을 추구하는 생태주의는 좌파와 우파 가릴 것 없이 인간의 "자유"를 철저하게 망가뜨리는 전체주의로 질주한다는 진단에서 나온 예측이다.

그래서 필자도 중2의 심장으로 묻고 싶다.

콘크리트를 녹색으로 칠한다고 하여, 콘크리트가 아닌가? 도시의 난방, 에너지, 차량 체계를 "전기"로 바꾸면, 탄소 배출이 줄어드는가? 그렇다면, "전기"를 생산하면서 배출되는 탄소의 양은 왜 이야기하지 않는가? 정의로운 전환, 탈탄소, 녹색 성장, 스마트 도시, 인공지능 이야기하면서, 그와 연동된 전기 및 디지털의 원자재 공급처에서 벌어지는 원주민 살육과 착취 문제는 왜 보도하지 않고, 고발하지 않는가? 초국적 기업, 이 기업의 대주주인 금융 카르텔, 이들의 영업 사원 노릇을 하는 국가 행정부의 합작품인 "글로벌" 자원 수탈에 왜 침묵하는가?[2] 입버릇처럼 "인권"을 외치는 진보 정당과 지식인, 비정부 환경 단체는 이러한 야만과 비인간성을 왜 외면하는가?

정치생태학의 갈림길: 전문가 지배냐 자율적 자기 제한이냐

정치생태학과 탈성장 운동의 선구자로 평가받는 철학자 앙드레 고르스André Gorz는 생태학의 현주소를 진단하며, 생태학의 궁극적 지향점을 이야기한 적이 있다. 간단히 말해, 전문가의 정보와 분석에 의존하는 전문가 지배제l'expertocratie의 길로 가느냐 아니면 민중의 자율성에 기초한 자기 제한l'autolimitation의 길로 가느냐가 생태학의 관건이다.[3] 마치 생복사화生福死禍의 길을 두고 어디로 갈 것인지를 묻는 모

---

2) 디지털 접속 사회를 위해 처절하게 희생되는 아프리카 원자재 광산 문제를 보도한 글로 다음 자료를 보라. Fabien Lebrun, *Barbarie numérique. Une autre histoire du monde connecte*, Paris, Éditions L'échappée, 2024.

3) André Gorz, ≪L'écologie politique entre expertocratie et autolimitation≫, in *Écologica*, Paris, Éditions Galilée, 2008, p. 43 - 69. [국역] 앙드레 고르(스), 『에콜로지카』, 임희근·정혜용 옮김, 서울: 생각의나무, 2008, 45 - 72쪽.

세의 질문4처럼, 현대 생태학은 이 길이냐 저 길이냐의 갈림길에 서 있다.

고르스가 이렇게 날카롭게 양자를 나누는 이유는 전자, 즉 전문가 지배제로 질주하는 생태학의 관료화를 우려하기 때문이다. 과학의 결과를 정책으로 만들고, 정책을 민간에 강요하는 식이다. 여기에서 민중의 자발적 판단과 실천 능력은 배제된다. 이반 일리치Ivan Illich의 목소리를 되풀이하는 것 같은 고르스의 시각5은 본서의 저자인 샤르보노와 엘륄의 시각과 동일한 궤적을 그린다.

두 사람은 "테크노크라트", 즉 전문기술관료가 주도하는 환경 정책을 강력하게 비판했다. 본 역서도 심심치 않게 중앙집권적 방향을 규탄한다. 도시의 개발을 위해 농촌을 희생양으로 삼고, 도시인의 식수를 위해 수원지를 수몰지로 만들고, 도시인의 여행을 위해 농촌을 관광지로 개발하는 일체의 사고에 "효율성"과 "성장"이 깊이 박혀 있다. 물론, 이들 기술관료는 "공익"을 명분으로 내세웠다. 그러나 두 사람은, 그것은 공익을 가장한 착취와 파괴일 뿐이라고 되받아쳤다. 나아가 둘은 환경 보호를 위한 공공 정책의 추진이 아닌 경제 성장의 중단을 외쳤다.6

샤르보노와 엘륄은 전문가 지배 체제를 이념으로만 반대하지 않았다. 두 사람은 무엇보다 실천가였다. 때로는 글로, 때로는 토론장에

---

4) 구약성서 신명기 30장 15절을 참고하라. "보라! 내가 오늘 생명과 복과 사망과 화를 네 앞에 두었나니"

5) 초기 앙드레 고르스는 사르트르와 마르크스의 영향을 받았지만, 1960년대 후반에서 1970년대 초반 사이에 이반 일리치의 영향을 강하게 받는다. 이후 그는 기존의 실존주의와 마르크스주의적 입장에서 한 단계 도약해, 자유의지주의적 사회주의(le socialisme libertaire)의 시각에서 생태 사상을 전개했다.

6) Patrick Chastenet, *Introduction à Jacques Ellul*, Paris, La Découverte, 2019, p. 90.

서, 때로는 현장에서 활동한 실천가였다.

엘륄은 이미 젊은 시절에 프랑스 동남부 사부아 지역의 '슈브릴 댐' 건설에 반대하는 투쟁에 나섰다. 댐 건설 과정에서 노동자 50여 명이 사망했고, 인근 마을이 파괴됐으며, 주민 500여 명이 강제 이주해야 했고, 수천 헥타르에 달하는 삼림과 경작지가 침수됐다.[7] 엘륄의 비판 논리는 명확했다. '인근 도시 하나를 위해 농촌 공동체를 희생양으로 삼지 말라'였다. 공익과 진보라는 명분으로 지역 주민의 권익을 무시하는 관료주의 패권에 대한 저항이다.

비슷한 사건은 1950년대에도 있었다. 당시 수도 파리의 부양을 위해 상수원 지역인 루아르의 계곡 수로를 이용하는 문제가 발생했다. 도시화를 위한 또 다른 희생이었다. 엘륄은 이 사업을 노골적으로 비난했다. 파리가 더 이상 발전하지 못하도록 이참에 파리에게 갈증의 고통을 느끼게 하자고 주장했다.[8]

샤르보노와 엘륄의 투쟁은 아키텐 지역의 해안 개발 계획에서 절정에 올랐다. 프랑스 정부 주도로 대서양 해안 개발 사업을 계획했고, 아키텐 해안 개발을 위한 부처간 위원회MIACA가 결성됐다. 엘륄과 샤르보노는 위원회와 수차례 토론했고, 지역 내 운동가들과 연대해 끈질긴 투쟁을 펼쳤다.

두 사람은 위원회를 "기술자본주의"의 결함 그 자체로 봤다. 샤르보노와 엘륄은 아키텐 해안 보호위원회CDCA를 결성했고, 정부의 사업 계획을 일일이 검토했다. 둘은 1973년에서 1978년까지 교대로 위원장 역할을 맡으며, 연구 보고서 작성, 언론 활동, 관계 부처 회의, 현

---

7) Jacques Ellul, 《Maintenant que Tignes est oubliée》, *Réforme*, n° 380, 28 juin 1952.
8) Jacques Ellul, 《Il faut assoiffer Paris!》, *Réforme*, n° 645, 27 juillet 1957.

장 시위 등을 진행했다. 이 모든 활동의 초점은 지역 유지의 사익에 반대하고, 자연과 생태, 지역 주민의 권리를 지키는 데 있었다. 정부 위원회 측에서 지역 경제의 발전과 수익 창출을 내세우며 반대 활동가를 몰아세웠을 때, 두 사람은 본 개발 사업으로 사업 기획자, 투자자, 건설업자에게 막대한 이익이 돌아간다는 사실로 맞섰다.

정부 측 개발위원회의 사고는 단순했다. 자연은 보호 대상이 아니며, 주민의 자유와 권익은 다수의 공익?을 위해 희생돼도 무방하다. 할 수 있으면, 더 개발하고 가꿔서 수익의 최댓값에 도달해야 한다. 자연의 흐름과 속도에 맞추는 점진적 성장은 시대착오적이며 진보적이지 않다. 자연이야말로 착취하고 개발해야 할 자본이다.

기술관료의 이러한 오만은 결국 개발 사업을 강행했고, 자연은 빠르게 인공 지대로 재편됐다. 삼림 파괴, 해안 지역의 신축, 과도한 굴착, 골프장 건설 등으로 자연의 평형이 무너졌고, 굴 양식업자와 삼림 관리자의 막대한 피해로 인해 인간의 평형도 무너졌다. 그러나 기술관료가 알 바 아니었다. 샤르보노와 엘륄이 본 역서에서도 중앙집권에 반대하며, 지역민 주도의 자율적 사회체le corps social를 형성해야 하고, 사회체끼리의 연방제를 외치는 이유도 바로 이러한 배경을 안고 있다. 두 사람은, 정부와 기술관료의 정책은 공익으로 돌아오기는커녕 대기업과 투자 주주로 대표되는 자본 권력을 강화하고, 효율과 공익을 앞세운 기술 전체주의를 연장하며, 통제 불가능한 권위주의를 확대하고, 특권 카르텔의 입지를 다질 뿐이라는 사실을 정확히 간파했다.[9]

---

9) Jacques Ellul, 《Aménager ou déménager》, *Réforme*, n° 1845, 30 août 1980.

정치생태학은 바로 이러한 배경에서 전문가 지배 체제의 길을 걸을 수 없다. 나아가, 이 체제에 복무하는 과학생태학과도 친구가 될 수 없다. 오히려 정치생태학은 공동체, 마을과 같은 사회체 중심이어야 하며, 중앙 통제에 고분고분하지 않고, 지역의 권익과 권리를 위하는 민중생태학을 지향해야 한다. 정치생태학의 여러 선구자가 이러한 노선을 "자기 제한"일리치, 고르스, "비능력"엘륄, "자연과 자유"샤르보노, "민중의 영혼"카스토리아디스, "탈성장"라투슈 등의 용어로 표현했다.

정치생태학의 네 가지 논제

지금까지 이야기했던 샤르보노와 엘륄의 정치생태학에 덧붙여, 필자는 앞으로 고민해 봐야 할 네 가지 논제를 제안하려 한다. 논제를 제안하려는 이유는 크게 두 가지다. 첫째, 언론과 학계의 생태 담론이 크게 부각하지 않는 논제이기 때문이다. 둘째, 그럼에도 생태학의 투쟁 본질에 해당하는 논제라고 판단하기 때문이다.

첫째, 생산과 소비라는 경제주의의 벽장에서 탈출해야 한다. 인간이 기본적으로 먹고살 수 있는 수준의 생산과 소비까지 제거하자는 말은 아니다. 대량으로 미리 생산해 놓고, 소비를 유도하는 방식, 광고와 선전을 통해 불필요한 소비 혹은 모방 욕망에 따른 소비를 부추기는 방식에서 이탈하자는 말이다. 이 문제는 단지 제품 생산과 소비에만 해당하는 문제가 아니다. 에너지 생산과 소비도 마찬가지다. 이러한 이탈의 기저에는 각 주체의 "주체성"과 "자율성"이 필요할 것이다. 물질주의와 속도전에 휘말리지 않고, 자기의 시간과 공간을 확보하고, 삶의 철학을 다지며, 중앙의 통제에 무비판적으로 움직이지 않고, 광고의 구걸을 과감하게 뿌리치는 주인들이 필요하다.

둘째, 모든 것을 디지털 접속으로 체계화하고 획일화하는 디지털 기술 전체주의에서 이탈해야 한다. 기술 자체를 '악마화'하자는 소리가 아니다. 오히려 이러한 현상을 대하는 우리의 의식과 태도가 문제다. 필자는 이에 대한 의식과 태도 변혁을 강조한다. 여기에는 기술 진보와 미래 낙관론에 대한 비판이 반드시 필요하다. 필자가 보기에, 기술이 만든 문제를 새로운 기술로 해결해야 한다는 생각은 진부하다. 왜냐면 기술이 인간을 압도하는 현실을 외면하고 여전히 인간 손으로 기술을 통제할 수 있다는 19세기 초반 이념에 갇혀 있는 것처럼 보이기 때문이다. 이는 기존 이념에 현실을 구겨 넣으려는 억지일 뿐이다. 현대 기술은 자신의 발전과 진보를 위해 끝없이 원자재를 채굴하고, 자본의 투자를 받고, 정치의 선택을 받아야 한다. 기술로 기술을 덮으려면, 그만한 반대급부를 치러야 한다.

현시대의 "기술 진보"는 인간 해방이 아닌, 인간 족쇄에 더 이바지한다. 기술은 자연 환경처럼 인간의 환경이며 생활 조건이다. 기술은 전체 집합이 됐고, 그 안에서 다양성은커녕 "효율성"을 명분으로 노골적인 획일화 작업이 이뤄진다. 효율성 떨어지는 기계가 구식 취급 받아 도태되듯, 인간도 구식 취급 받아 도태된다. 새로운 기술에 적응을 못한 인간은 비효율적 인간, 계몽되지 못한 인간, 야만인이다. 식민주의 사고의 재탕이 아닌가!

특히, 디지털 접속이 부르는 총체적 통제 사회 혹은 감시 사회에 대한 우려가 크다. 디지털 기술은 안면 인식, 백신 접종 여부, 통장 거래 내역 및 잔고, 포털 사이트 검색 경향까지 다 꿰고 있다. 이미 엘륄은 『기술, 시대의 쟁점』 1954에서 기술 발달에 따른 경찰국가의 출현을 우려했다.10 모든 것을 들여다보는 감시 체제의 확립을 예측한 셈이다. 이러한 시각은 후에 등장하는 미셸 푸코의 "일망감시체제"le panoptisme 11나 사람들의 마음과 의향까지도 세밀하게 관리하는 "사목권력"le pouvoir pastoral 12으로서의 정치권력, 질 들뢰즈의 "통제 사회"les sociétés de contrôle 13비판과도 맥을 같이 한다.

무엇보다 권력의 통제로부터 인간의 "자유"를 외치는 정치생태학은 생태 관련 담론을 비롯해, 여러 매체와 언론에서 전달하거나 은폐하는 정보의 진위 여부를 가리는 능력, 또 점점 교묘해지는 프로파간다 기술을 간파하는 관찰력, 가짜 정보와 허위 선전에 휘말리지 않는 합리적 판단력 등의 신장에 주목해야 한다. 그렇지 않으면, 민중의 기술 예속 상태를 쉽게 저지하지 못할 것이다.14

셋째, 정치생태학은 전쟁 기계에 맞서야 한다. 여기에서 말하는

---

10) Jacques Ellul, *La Technique ou l'enjeu du siècle*, Paris, Economia, 2008[1954], p. 92 - 93. [국역] 자끄 엘륄, 『기술, 시대의 쟁점』, 안성헌 옮김, 논산: 도서출판 대장간, 출간예정.

11) Michel Foucault, *Surveiller et punir. Naissance de la prison*, Paris, Éditions Gallimard, 1975, p. 197 - 229. [국역] 미셸 푸코, 『감시와 처벌: 감옥의 탄생』, 오생근 옮김, 서울: 나남출판, 2004[1994], 303 - 347쪽.

12) Michel Foucault, *Sécurité, Territoire, Population. Cours au Collège de France 1977 - 1978*, Paris, Seuil/Gallimard, 2004. [국역] 미셸 푸코, 『안전, 영토, 인구: 콜레주드프랑스 강의 1977 - 78년』, 오트르망 옮김, 서울: 도서출판 난장, 2011.

13) Gilles Deleuze, 《Post scriptum sur les sociétés de contrôle》(1990), in *Pourparlers 1972 - 1990*, Paris, Les Éditions de Minuit, 2003[1990], p. 240 - 247. [국역] 질 들뢰즈, 『대담: 1972 - 1990』, 신지영 옮김, 서울: 갈무리, 2023, 320 - 329쪽.

14) 독일의 부부 심리학자 베첼과 브루더는 최근에 이 문제에 관한 연구서를 출간했다. 코로나 19, 우크라이나 전쟁 등 2020년대 디지털 정보를 수놓은 자료들이 서구 대중(특히 독일)을 어떻게 세뇌했는지를 탐구한다. 결국 주인으로서 자기 철학을 바탕으로 판단하느냐, 주는 정보를 수동적으로 소비하는 자리에 안주하느냐의 싸움이다. 다음 자료를 참고하라. Almuth Bruder - Bezzel und Klaus - Jürgen Bruder, *Macht und Herrschaft. Wie mit politischer Psychologie und Propaganda unser Verhalten manipuliert wird*, Berlin, Hintergrund, 2025.

전쟁 기계란 무기만을 가리키지 않는다. 전쟁 수행에 이용되는 각종 연구소, 기술, 과학, 예산, 기업, 주주, 정책, 언론 보도 등 기계처럼 작동하는 체계에 맞서야 한다. 2020년대 들어 국지전과 전면전이 두드러졌다. 우크라이나, 팔레스타인, 이란, 인도와 파키스탄에서 이미 전쟁이 터졌고, 대만과 한반도 역시 전운에서 자유롭지 못하다. 오늘날 전쟁 관련 담론은 국제법 위반 여부, 침략자와 피해자, 승자와 패자, 지역과 우주를 넘나드는 첨단 무기 체계 등에 치중됐다. 이러한 전쟁을 누가 기획하는지, 누가 전쟁의 실익을 취하는지, 민의를 배반하는 정부의 결정이 왜 일어나는지 등에 대한 문제는 제대로 탐색조차 되지 않는 형편이다. 전쟁은 엘리트의 이익을 위한 민중의 희생이다. 요컨대 전쟁은 엘리트의 비즈니스다. 기술관료와 같은 엘리트의 수익을 위해 익명의 민중이 희생을 치러야 하는 극악한 불평등 구도가 바로 전쟁이다. 이를 기계화하고 체계화하는 과학과 기술, 자본과 정치를 용인하지 말아야 한다. 나아가 생태 사상을 표방하는 정당과 단체도 "생명"과 "희생"이라는 추상 용어만 반복하지 말고, 구호를 조금 더 구체적으로 다듬기를 부탁한다.

마지막으로, 정치생태학은 세계화 문제와 싸워야 한다. 정치생태학의 선구자들은 "도시화"를 강력하게 비판했다. 기하급수적인 개발과 기술 진보를 바탕으로, 대도시는 지역에 분산됐던 인구와 자본을 식세포처럼 빨아들였다. 한국은 여기에 대학 서열이라는 기이한 현상도 한 몫을 담당했다. 사실, 도시화는 세계화의 축소판이다. 한 도시가 지역을 어떻게 흡수하고 지배하는지를 보면, 세계의 노동력, 자본, 자원이 어디로 몰리고 어떤 결과를 낳는지, 그 작동 기제를 쉽게 이해할 수 있다. 필자는 세계화를 초국적 기업의 "세계 경영 일원화"로 본다. 초국적 기업과 이들의 물주인 거대 금융 자본이 각국 정부를 통해 노동 시장을 유연하게 조정하고, 해외 노동력의 출입을 자유롭게 개방하며, 원자재 채굴권을 독점하는 자유 시장 체제의 별명이 바로 세계화다. 헨리 키신저도 「포린 어페어즈」 1998년 5월에서 세계화를 "세계의 미국화"라고 선언한 적이 있다. 정확하게 미국을 움직이는 엘리트의 세계 지배라고 말해야 할 것이다.

세계화 문제와 맞물려, "탈식민"la décolonie 문제도 정치생태학에서 논해야 할 사안이다. 탈식민 연구는 오래토록 인종주의와 인식론 분야를 탐구해 왔지만, 최근 들어 저탄소 전환에 필요한 자원 점유를 두고 벌이는 살육전의 문제, 탈탄소 담론에 배제되는 아시아와 아프리카의 목소리, 현 사태에 대한 직시 없이 앵무새처럼 반복되는 서구식 용어예컨대, 인류세, 남반구에 대한 생태학 분석의 부재, 타 문화권 획일화 등의 문제를 제기한다. 채굴주의, 생산력주의, 대량 소비, 진보 신화 등을 줄기차게 비판해 온 정치생태학이 사고와 행동의 영역을 넓혀야 할 부분이다.

글을 나가며

이 책은 2021년 프랑스의 레샤페 출판사Éditions l'échappée에서 출간된 『투쟁의 본질: 생태 혁명을 위하여』*La Nature du Combat: Pour une révolution écologique*의 완역본이다. 전작인 『생태 감수성의 혁명적 힘』비공, 2021이 샤르보노와 엘륄의 초기 생태 사상을 담은 글이라면, 본서는 생애 말년에 해당하는 1980년대 생태 사상을 담은 글이라 하겠다. 자연과 자유가 생태 문제의 근본이라는 본문의 내용 통해, 독자 여러분이 생태학의 근본 지점을 파악할 수 있기를 기대한다.

아울러, 기술 비판에 침묵하고, 원자재 채굴 과정에서 발생하는 원주민 공동체 파괴와 인종 살육에 무관심하며, 농촌 공동화를 부추기는 도시화에 동조하고, 정의에 반하는 전쟁 무기 조달에 찬성하며, ESG와 같은 기업 파시즘을 홍보하는 현실 생태학의 여러 모순도 곱씹어 보기를 바란다.

역자는 가독성을 고려해 문장을 가급적 쉽게 옮기려 했다. 특히, 샤르보노의 글은 단어에 함축된 의미를 일일이 풀어서 번역했다. 역자의 미숙함이 저자의 탁월함을 가리지 않을까 걱정이다. 엘륄과 샤르보노의 정치생태학을 가르쳐 준 파트릭 샤스트네, 세르주 라투슈, 프레데릭 호뇽 선생에게 감사한다. 또 본서의 출간을 흔쾌히 허락한 도서출판 비공의 배용하 대표와 편집에 힘써준 분들께 지면을 빌어 감사의 말씀을 전한다. 자연과 자유를 위해 투쟁하는 모든 생태주의자에게 이 책이 작게나마 도움이 되기를 바란다.

2025년 7월 4일
프랑스 스트라스부르